EL
PROXENETA

MABEL LOZANO

EL PROXENETA

LA HISTORIA REAL SOBRE EL NEGOCIO DE LA PROSTITUCIÓN

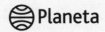
Planeta

Diseño y concepto de portada: Departamento de Diseño Editorial Planeta S. A.
Imagen de portada: Manuel Mejías

© 2018, Mabel Lozano

Derechos reservados

© 2019, Editorial Planeta Mexicana, S.A. de C.V.
Bajo el sello editorial PLANETA M.R.
Avenida Presidente Masarik núm. 111, Piso 2
Colonia Polanco V Sección
Delegación Miguel Hidalgo
C.P. 11560, Ciudad de México
www.planetadelibros.com.mx

Primera edición en formato epub: febrero de 2019
ISBN: 978-607-07-5493-7

Primera edición impresa en México: febrero de 2019
ISBN: 978-607-07-5487-6

Impreso en los talleres de Litográfica Ingramex, S.A. de C.V.
Centeno núm. 162-1, colonia Granjas Esmeralda, Ciudad de México
Impreso y hecho en México - *Printed and made in Mexico*

Para Josep Forment, siempre con nosotros

Quien con monstruos lucha cuide de convertirse a su vez en monstruo.
Cuando miras largo tiempo a un abismo,
el abismo mira dentro de ti.

FRIEDRICH NIETZSCHE

ÍNDICE

INTRODUCCIÓN

Recuerdo que hace más de una década Mabel Lozano, ya entonces amiga y hermana, me llamó para que asistiera a la presentación de su primera película. Era a las doce del mediodía, en la FNAC de la calle Preciados de Madrid. Y había muy poca gente. Apenas una docena de personas. Se trataba de un documental grabado en Rumania, Moldavia y España, titulado *Voces contra la trata*, donde la directora de cine denunciaba la compraventa de mujeres y niñas con fines de explotación sexual. Por entonces nadie hablaba de aquello. Era uno de tantos temas tabú que resulta más cómodo obviar. Pero ella determinó que esa debía ser su causa y que estaba decidida a implicarse pese a que hubiera quien le aconsejara lo contrario, tanto por la desidia de la sociedad respecto al asunto como por las posibles represalias de los malvados que lo manejan. Cuando Mabel comenzó a relatar todo lo visto y vivido para poder grabar aquel primer largometraje, a los contados asistentes se nos nubló la mirada. En un momento de su discurso, yo no pude contener las lágrimas, que me retiraba con disimulo de las mejillas, mientras permanecía muda, como todos los demás, y casi hipnotizada por la extraordinaria capacidad de comunicación de Mabel.

Diez años después volví a acudir al estreno de la última película de la cineasta, *Chicas Nuevas 24 horas*, y a enmudecer y a llorar..., pero en esta ocasión, en compañía de un auditorio a reventar, repleto de autoridades políticas, responsables de instituciones y todo tipo de personalidades relevantes de cualquier ámbito. Desde entonces hasta ahora, *Chicas Nuevas 24 horas* ha conseguido todos los premios posibles e imposibles, nacionales e internacionales, y Mabel, además de consideraciones profesionales las ha recibido sociales, en el mundo entero, por su empeño personal en combatir una de las peores lacras de todos los tiempos: la trata de mujeres y niñas.

Como además de conversar como amigas —hermanas, vuelvo a precisar— he entrevistado a Mabel en infinidad de ocasiones y he asistido a todos los estrenos de sus obras, así como a muchas de sus charlas, llevaba largo tiempo empeñada en convencerla para que reuniera su pasión, su sentimiento, su mensaje y sus palabras en un libro.

Mabel siempre ha escrito mucho, casi siempre guiones de cine, a excepción de uno que otro artículo; por eso, desde la sencillez y la prudencia, rechazaba la empresa una y otra vez; sin embargo, cuando encontró algo que sabía que era imprescindible hacer público y que jamás se había contado antes, resolvió acceder a mis ruegos, apartar las cautelas y lanzarse a la piscina. De ahí nace esta obra que cuenta la historia de un proxeneta, abierto en canal, que ha recogido con excepcional maestría Mabel Lozano y de la que yo he tenido la suerte de poder ser cómplice. Mi orgullo personal radica en haberla persuadido y llevado de la mano hasta la editorial, así como en haber ejercido de editora para redondear un poco la potencia de su voz literaria —en esta historia que no es precisamente bonita, sino enormemente dura

14

y sobrecogedora—, para que la valentía de Mabel, en este trabajo único y espectacular, quedara, si cabe, algo más subrayada.

Mientras leía el texto, obnubilada por la fuerza desbocada del contenido y por las agallas de mi amiga —que ya ha presentado, además, el documental correspondiente—, recordaba su respuesta siempre que se le pregunta qué la empuja a adentrarse en este proceloso escenario y a asumir los riesgos que conlleva su obsesión por luchar contra la trata de mujeres: «Cuando escucho a estas mujeres, a estas niñas —suele decir Mabel—, sigo viendo a mi hija, y quiero conseguir que cualquiera de ellas, el día de mañana, en vez de mirarme con los ojos tristes y vencidos, me mire con los de mi hija y sea libre y feliz».

MARTA ROBLES

CAPÍTULO 1

DE MACARRAS A PROXENETAS

CATEDRÁTICO
PARA LA EXPLOTACIÓN SEXUAL

La primera vez me quedé callado. De mi garganta, seca, no salió sonido alguno. Aunque lo deseaba con todas mis fuerzas, no conseguí articular palabra ni negarme ni pedir ayuda. El miedo y la culpa me cerraron la boca. Sobre todo la culpa. El creer que era yo quien provocaba todo aquello. Yo, que no era más que un muchacho de trece años, solo y asustado...

Por mucho que te lo imagines —y lo había imaginado muchas noches al apagarse las luces, mientras escuchaba los murmullos, las leves y ahogadas protestas y los jadeos y los llantos que, al día siguiente, en las regaderas, se convertían en bochorno y silencio—, cuando llega tu momento no estás preparado para afrontarlo, para reaccionar como crees que debes hacerlo. Sabía lo que ocurría en el orfanato casi cada noche. Nadie hablaba de ello, pero lo sabíamos todos. Por eso intuía y temía que también me pasaría a mí; sólo que pensé que, cuando me tocara, gritaría, correría y pediría ayuda. Pero llegó el día, y el miedo y la angustia me traicionaron. Y un cuerpo desertor e inerte, que no parecía mío, me impidió rebelarme contra quien ejercía su inmenso poder sobre mí, sin compasión.

Fue todo muy lento. Primero una conversación banal, casi sin sentido, luego una frase que lleva a otra, una pregunta, otra... Y, desde el principio, las ganas de decir NO con rotundidad y el notar que ese NO, por más que sonara nítido y real en mi cabeza, no se escuchaba, porque se quedaba ahogado en mi garganta.

A partir de ese instante ya no hay salida. Y lo sabes. Estás solo y nadie te ayudará. Así que..., te resignas y te dejas hacer, esperando que todo aquello termine cuanto antes. Cierras los ojos, aprietas los puños e intentas pensar en otra cosa para que el tiempo, que parece detenido, pase con mayor rapidez; pero es imposible: los minutos se multiplican y se vuelven eternos mientras te invaden un dolor y un asco que no se irán nunca. De pronto, cuando sientes que ya no puedes más, él, por fin, termina y se va.

Entonces, en silencio, recoges tu pantalón de pijama del suelo. Y aceptas que nada volverá a ser igual.

Fue en esta última etapa en el orfanato cuando descubrí que los maltratos previos a este episodio de agresión sexual eran lo mejor que me podía pasar. Comprendí que el dolor de los castigos físicos infligidos hasta entonces era efímero. Mera preparación para esa otra tortura que estaba por llegar.

De las palizas recibidas apenas me quedan recuerdos. El daño físico es pasajero. Después del dolor no hay más dolor, o es una continuación del mismo que ya conoces. La pena del alma es otra cosa. Se queda para toda la vida. Como una cicatriz. Te corroe por dentro. Y te deja sin voluntad.

Nunca antes conté lo que viví en el orfanato. Aquellas visitas nocturnas de los curas que paseaban arriba y abajo por el dormitorio común, como si velaran por nosotros, mientras elegían a su presa y la devoraban, o las mañanas siguientes al horror, recorriendo el pasillo del dormitorio, con las sábanas de la vergüenza en la mano, a la vista de todos, siempre fueron mi secreto mejor guardado. Un oscuro secreto que debía descubrir para entender algunas claves de mi comportamiento posterior. Porque mi pasado —que no mi infancia, si es que alguna vez la tuve— fue el que me condujo a muchas de mis más crueles decisiones...

Yo no me licencié en Educación General Básica, sino en una disciplina que haría de mí un catedrático para la explotación sexual, sin yo saberlo, pues realmente viví, desde pequeño, todo lo que una víctima de trata siente y padece.

EL MÚSICO

Nací un 10 de septiembre de 1963, en las Ramblas barcelonesas, en pleno corazón del famoso barrio Chino. La mía era una familia de inmigrantes cordobeses que llegó a la Ciudad Condal, como tantas otras familias andaluzas, buscando una oportunidad, un trabajo, una vida mejor.

No conocí a mi padre, y mi madre no pudo criarme, no por ser soltera, sino por ser pobre. A los cuatro años me entregaron a un orfanato, como antes habían hecho con mis dos hermanos: mi hermano mayor y mi hermana melliza, Ana. Recuerdo que el primero en desaparecer de mis juegos, por sorpresa, fue mi hermano; un poco más tarde lo hizo mi hermana. Yo sabía que los llevaban a un orfanato, y tenía previsto esconderme bajo la cama, o detrás del mueble que presidía el comedor, cuando vinieran a buscarme, para que no me encontraran. Pero nadie vino por mí: me llevaron mi madre y mi tía, de la mano. Imagino que la razón de esta fatídica decisión no era otra que las lentejas alcanzaran más allá de los miércoles, que era hasta donde llegaba el menú de la semana; pero fueron ellas las que me dejaron allí.

Corría el invierno del 67 cuando mi madre, mi tía y yo llegamos a la que sería mi nueva casa y nos sentamos a esperar a que nos recibieran en un viejo banco de madera, situado en un rincón del *hall* del orfanato. Al poco salió una monja, que saludó amablemente a las dos mujeres que me acompañaban y después me miró a mí y me sonrió, mientras abría su mano para ofrecerme dos quesitos de La Vaca que ríe. Nunca pude olvidar aquellas palabras de mi madre, con las que me despedí de mi infancia...

«¡Miguelín, ahora vete con esta monja!», dijo muy seria.

Años después pensé que eso de que los quesitos fueran de La Vaca que ríe era pura ironía de la vida, porque aquella situación no le hubiera hecho gracia ni a una maldita vaca.

Me levanté y, con la mano que tenía libre, me agarré a la de la monja. Y me fui con ella.

Ingresé en ese primer orfanato con tan sólo cuatro años y salí del tercero con catorce recién cumplidos. Fue este último el que dejó una huella imborrable, una marca indeleble que todavía hoy me atrapa y me somete.

Al salir, y después de tantos años, volví a reunirme con mi hermano mayor y mi hermana melliza. Apenas recordaba cómo eran sus rostros, pero no había olvidado sus nombres. El mío, sin embargo, podría haberse desvanecido en mi memoria, porque desde adolescente me conocen por otro.

* * *

Me llamo Miguel, pero me apodan *el Músico*. El mote viene de lejos, y no fue cosa del azar. Recién salido del orfanato vivía en el Besós, un barrio obrero muy conflictivo a las afueras de Barcelona, donde había mucha delincuencia. Era un mundo aparte, peligroso y salvaje, donde las redadas de la policía estaban a la orden del día. En una de ellas me detuvieron por primera vez. Tomaba algo en un bar, con unos colegas, cuando llegó la policía y nos *invitó* a todos a salir a la calle. Nos montaron en el gran furgón policial, y desde allí, directos al cuartelillo. Como era menor de edad, me llevaron a la comisaría de Pueblo Nuevo —Grupo de menores—, y fue entonces cuando, a la hora de interrogarme para ficharme, les contesté con una máxima del barrio: «Yo no sé nada. Soy músico, y me acuesto a las ocho de la tarde».

Los propios policías me adjudicaron el sobrenombre de *Músico*. Y desde entonces nunca me han llamado de otra manera.

Comencé a trabajar a los catorce años como mozo de los recados en una farmacia, y ya a los dieciséis encontré un puesto como guardia de seguridad en una empresa de vigilancia nocturna de fábricas y polígonos industriales. Un día, un compañero me pidió que lo supliera en otro trabajo muy distinto. «Sólo será una noche —me dijo—, la de fin de año». El trabajo era de portero en un club de carretera y hasta me pareció divertida la propuesta, aunque supuse que algo de peligro tendría cuando me advirtió, con insistencia, lo importante que era que no dijera mi edad —tenía diecisiete años—. No lo pensé mucho. Accedí, con la condición de que, más adelante, fuese él quien me relevara en nuestro trabajo común durante una noche entera. Esa decisión cambió mi destino y marcó el rumbo de mi vida...

UNA NOCHE SE CONVIRTIÓ EN TODAS LAS NOCHES

Era un club muy grande y conocido —de esto último me enteré más tarde, ya que jamás había entrado en uno de esos locales—. Estaba a las afueras de Barcelona y, por lo que luego me contaron, en aquella época se le consideraba el club más glamuroso y afamado de la ciudad. Al entrar había un pequeño tramo de escaleras que descendían hasta el gran salón, situado en un sótano sin ventanas. Era un espacio diáfano y lujoso, recorrido de un extremo al otro por una larguísima barra de cristal rojo, con más de veinte taburetes, tapizados en brillante terciopelo, también rojo. Las luces del techo simulaban constelaciones de estrellas, el suelo estaba cubierto por una alfombra color cereza y el aire olía a limpio. Todo era bonito y luminoso en ese salón. Además, los meseros, uniformados con elegantes esmóquines negros y con moño del mismo color, y los porteros, ataviados con elegantes levitas, conferían un aspecto impecable al club. Parecía un escenario de la película *Casablanca*, en el que Humphrey Bogart podía hacer su entrada en cualquier momento...

En una de las esquinas se veía un pasillo que llevaba a las habitaciones. En ellas todo cambiaba. No es que no estuvieran limpias, pero allí no cabía ni el brillo ni el lujo del salón, sólo la austeridad. Tenían las paredes pintadas en gotelé blanco, un armario empotrado y una pequeña cama de noventa centímetros. Eso sí, todas las habitaciones disponían de un pequeño baño con un bidé, y un lavamanos, todo un privilegio para aquella época.

Aquello me impresionó, pero no tanto como las mujeres que se encontraban dentro de esa larguísima barra, detrás de la línea de meseros, apoyadas contra las estanterías de cristal donde se apilaban cientos de botellas. Eran más de veinte prostitutas, colocadas en perfecta fila india... ¡Y eran impresionantes!

Casi todas eran españolas y portuguesas, aunque también había alguna que otra de nacionalidad argentina... No podía dejar de mirarlas, deslumbrado por su elegancia y por sus esculturales cuerpos cubiertos por un escueto vestuario que dejaba poco o nada a la imaginación. Llevaban *bodies* de lencería fina, muy ceñidos al cuerpo, de colores brillantes, acompañados por medias transparentes y preciosos zapatos con tacones de aguja altísimos. Todas completaban el ligero vestuario con un cinturón, unas veces pequeño, tipo cadenita, otras de cuero, ceñido a la cintura, ancho y de fieltro... Parecía casi un distintivo. En cuanto a sus cabellos, sueltos y ondulados o en preciosos chongos de corte español, dejaban ver el brillo de los pendientes que adornaban sus rostros maquillados y sonrientes.

Mantenían esa fila con el propósito de que, una vez servida la copa al cliente, se le acercara la primera mujer alineada y, durante un máximo de cinco minutos, intentara que el hombre le invitara una copa o cerraran *el trato*. De no ser así, el mesero, discretamente, por debajo de la barra y lejos de la vista del cliente, le haría un gesto con el dedo pulgar hacia abajo, o bien, por si la mujer no veía el gesto anterior al estar de espaldas, le daría un pequeño tironcito del cinturón —la razón por la que todas llevaban este accesorio encima del *body*—. Estas serían las dos señales para que la mujer abandonara el lugar de la barra frente al cliente, regresara al final de la fila y dejara el puesto a la siguiente compañera para que probara suerte. Así con todos los clientes, y todas las mujeres.

Esa noche era especial. La última del año. Así que también los clientes iban vestidos para la ocasión. Con traje y corbata o incluso algunos con esmoquin.

Sonaba la música de Tito Rojas, la Fania, Héctor Lavoe..., me encantaba. Todavía recuerdo la risa de los clientes, el descaro y las bromas de las mujeres coqueteando con ellos... El estilo de los macarras a la hora de hablar, incluso con palabras que yo no había escuchado antes, tales como *lumy, boquerones, primos...* Y su ropa, la ropa de los macarras, que no se parecía en nada a la que vestían los de las películas. Aquellos no eran los hombres musculosos y malencarados que veíamos en el cine y en la tele, ni iban con chamarras de cuero y pantalón de mezclilla. Todo lo contrario. Esa noche parecían elegantes hombres de negocios, con sus trajes impecables, sus camisas blancas y sus corbatas. Además, en su mayoría, eran muy apuestos. ¡Jamás los hubiera imaginado así!

Me sentí bien. Importante. Sobre todo por el respeto y la seriedad con la que me hablaban. Era la primera vez que alguien se dirigía a mí de aquella manera. A mí, que hasta entonces sólo había conocido la sumisión, el miedo y la represión del orfanato. Me pareció un mundo mágico, donde se respetaba la libertad. Así lo veía yo. O quizá así lo quería ver.

Esa primera noche, al terminar la jornada, que era de cinco de la tarde a cinco de la madrugada, el encargado del club me propuso quedarme para ocupar el puesto de portero. Estuve a punto de mentirle con mi edad, pero no me atreví y le confesé que tan sólo tenía diecisiete años.

A pesar de ser menor, ese hombre, *el Flaco* —ese era su apodo—, se las arregló para que me quedara, con la condición de que siempre estuviese un poco en la sombra y fuera otro portero quien diera la cara en caso de problemas con los clientes o con la policía hasta mi mayoría de edad. No sé por qué lo hizo. Tal vez le caí bien desde el primer momento, o le di pena... No lo sé. Pero sí que tuve la suerte de conocer al hombre que más sabía de la prostitución en aquellos tiempos, al Flaco, que llevaba desde los años cincuenta en este ambiente. Y, desde luego, no había nadie que supiera más de *la noche*, que es como nosotros llamamos al mundo de la prostitución.

EL FLACO

El Flaco era un hombre muy elegante. Tendría unos cincuenta años y era muy delgado, calvo, de media estatura; pero, sobre todo, era un tipo muy educado y convincente, que podía estar hablando durante horas sin decirte nada de lo que no quisiera que te enterases y encima hacer que te fueras tan feliz y contento como si te hubiera revelado un millón de secretos. De su mano recorrí todos los clubes que regentaba. Él era supervisor de una pequeña cadena de burdeles de lujo en Cataluña. Durante los siguientes trece años no sólo se convirtió en mi jefe, sino también en mi amigo. Más aún: en mi compadre, mi padrino, mi mentor... Por mi juventud y mi manera de ser, tan reservada, callada y obediente, le fue fácil moldearme a su imagen y semejanza y convertirme en lo que soy, o, más bien, en lo que fui: un profesional serio y respetado en el mundo de la noche y de la prostitución y, más tarde, en el de la trata.

Era especialmente notable la educación con la que se dirigía a las *señoras*; de hecho, ese era el término con el que él obligaba a todo el mundo a referirse a las prostitutas... El *usted* y el *por favor*, además, eran imprescindibles en el vocabulario de todos. Eso sí, con esas y otras buenas palabras, acompañadas de una sempiterna sonrisa, decidía entre invitar una copa a un cliente que se portaba bien o mandarle dar una gran paliza si creía que le había faltado al respeto a una de las mujeres.

Siempre me decía: «¡Niño, las mujeres son sagradas! Los clientes vienen por ellas, no por nosotros. Si no las proteges, los *maridos* —"macarras"— se las llevan».

Su trabajo consistía en mediar entre los dueños de los negocios y los macarras o *maridos* —que eran los *dueños* de las mujeres— para evitar los conflictos. El Flaco suavizaba los agravios entre unos y otros y decidía y ajustaba las multas impuestas por faltar a nuestras leyes, en unas reuniones donde los macarras podían demostrar, realmente, quiénes eran los verdaderos dueños de los negocios.

«Niño, tú aquí, en estas reuniones, calladito —me repetía—. Sólo observando, como los búhos.»

MARIDOS O MACARRAS

En aquella época, la prostitución *clásica* se nutría, sobre todo, de mujeres autóctonas dependientes de un *marido*.

Las jóvenes que llegaban al lenocinio reunían casi un único perfil: eran mujeres con grandes necesidades afectivas, que les pesaban aún más que las penurias económicas, que también tenían. La carencia de afecto convertía a estas en presas fáciles para la captación por parte de los macarras, y hacía que fuera fácil mantenerlas después en el engaño.

Para inducir *voluntariamente* a una joven que reuniera el perfil idóneo en la prostitución todo se cocinaba a fuego muy lento y era imprescindible la complicidad de otra mujer. Esta, poco a poco, iría trabajando a la joven novata para obtener su confianza, ofreciéndole falsamente cariño y amistad.

Una vez que la víctima entraba en el círculo de las nuevas amistades, todas del ambiente, sus prejuicios con respecto a la prostitución iban cambiando progresivamente. La mujer empezaba a considerar ese trabajo tan normal como otro cualquiera, porque esto era lo que le iban contando. Y también a admirar y a envidiar la independencia económica de las mujeres prostitutas y el trato de respeto del que eran objeto. Todo eso acababa por impresionarla tanto como para que entrara en un juego de donde era difícil salir.

Cuando la mujer estaba preparada para ir por primera vez al club, lo hacía como si de una discoteca se tratara, y, una vez allí, o bien era utilizada por un falso cliente, cómplice, o pasaba con un cliente de verdad, pero acompañada de la mujer que la iniciaba y a la que consideraba una amiga fiel. Lo normal es que el macarra tuviera tan sólo una mujer con la que le unía un lazo afectivo, una sola relación de pareja, donde el engaño consistía, en la mayoría de los casos, en un falso enamoramiento por parte del macarra. Si había dos mujeres era porque la relación se convertía en un triángulo que se sostenía con un proyecto de vida en común que ambas aceptaban.

El macarra que mantenía a más de dos mujeres en la prostitución lo conseguía con el engaño individual de cada una de ellas —todas en clubes distintos—, o bien con la complicidad de su principal mujer, que le servía de captadora. En esa época, para que una mujer trabajase en cualquier club era imprescindible que estuviera representada por algún *marido*. Si no lo tenía, buscaba el de una compañera para poder solicitar plaza en uno de los negocios.

Para mantener a una mujer, los trucos más comunes eran alquilar un departamento, falsificar el contrato haciéndolo parecer de compra y ponerlo a nombre de la mujer, que trabajaría para pagar la falsa hipoteca del inmueble que creía suyo. También se le hacía soñar con un posible negocio, bar, peluquería, un pequeño club, etcétera, que le sirviera de motivación y le hiciera soñar con un horizonte, no muy lejano, en el que podría abandonar la prostitución y tendría su vida resuelta.

La mujer solía descubrir, al año o año y medio a lo sumo, que todo lo que le había prometido el *marido* era falso. Entonces, si era una mujer emocionalmente fuerte, abandonaba al macarra; pero si era una mujer sumisa o si tenía miedo de que su familia se enterase de que había ejercido la prostitución, se quedaba con el macarra que la mantenía trabajando para él, ejerciendo la violencia física y amenazándola con contarlo todo.

Los dueños de los clubes eran cómplices de los macarras y protegían sus intereses —que de alguna manera eran también los suyos— vigilando constantemente a las mujeres. Se les prohibía atender el teléfono público del club, para aislarlas del exterior e impedirles una relación con cualquier cliente más allá de las horas de apertura de los negocios. Se evitaba a toda costa que la mujer pudiera trabar una relación afectiva, de amistad, con ningún hombre que no fuera *su marido* o macarra.

Cuando el encargado del negocio observaba un acercamiento fuera de lo normal entre mujer y cliente tenía la obligación de notificárselo al *marido* para que ella fuese trasladada inmediatamente a otro club. Al no existir entonces los celulares, la *incauta* perdía el contacto. Y si el cliente seguía insistiendo en algo más que la compra de un servicio sexual, los macarras le hacían *una visita* y el cliente desistía.

El incumplimiento de estas dos reglas por parte del encargado suponía una falta de respeto y ser sancionado con una multa por parte de los *maridos*. No pagar tales sanciones podía suponer la retirada de las mujeres de los locales. O, lo que era lo mismo, el fin de sus negocios.

En aquella época, la rentabilidad de su explotación sexual era muy escasa para los dueños de los clubes. A finales de los años ochenta, un pase o servicio sexual reportaba unas tres mil pesetas, de las que tan sólo quinientas iban a parar al negocio. El resto se guardaba y entregaba al macarra, mientras se le informaba puntualmente del comportamiento de su mujer durante el trabajo: si se acercaba a los clientes, si coqueteaba —con lo que esto representaba para la mujer—... El maltrato físico existía, pero estaba *normalizado* al ser en el ámbito de la pareja. Era violencia de género, más o menos consentida y aceptada tanto por la mujer como por la sociedad de la época. Ser los *maridos* de las mujeres proporcionaba mucho poder a los macarras; en realidad, ellos eran los dueños del negocio, aunque no lo fueran de los locales.

Así era el mundo del *macarroneo* que descubrí de la mano de mi mentor. Con él aprendí las leyes de *la noche*, los distintos tipos de clientes y de policías que había y, sobre todo, me enteré de lo fácil que era corromper a las personas, de la importancia de «saber nadar y guardar la ropa» y de lo que mi maestro consideraba lo principal: que el sexo doblegaba a los hombres y por eso era un arma tan poderosa. Todo se resumía en ese discurso corto que me repetía una y otra vez: «¡Niño! Para sobrevivir en este ambiente se necesitan tres cosas: paso corto, vista larga y mala leche».

HAY QUE VIGILAR LA PUERTA

Según iban pasando los días, más a gusto me sentía en el negocio. Y no era raro: el Flaco cada vez me daba más información, más detalles, haciéndome estar al tanto de todo y parte de lo que allí pasaba. Yo prestaba mucha atención a sus palabras. Sabía que todo lo que me decía me serviría antes o después. Como ese lema suyo que también me enseñó: «Todo lo bueno o malo entra o sale por la puerta», me dijo. Y añadió: «Por eso lo importante del negocio se resume en dos cosas: las mujeres y vigilar la puerta. Lo demás viene rodado». Y tenía razón. Por esa puerta entraban los clientes y los indeseables y la policía... Si la tenías controlada, tenías también controlados los problemas.

En esa época, las mujeres que ejercían la prostitución estaban obligadas a someterse a controles médicos periódicos. Eran chequeos preventivos —aunque estigmatizantes— para evitar las enfermedades de transmisión sexual. Y eran, además de obligatorios, completamente gratuitos, y se hacían en dependencias sanitarias del Estado.

Cuando había una redada —control selectivo—, la policía, incluida la secreta, además de pedir la documentación de las prostitutas, también les solicitaban la cartilla que acreditaba estar al día en los asuntos sanitarios. Si todo estaba correcto, en la mayoría de los casos los agentes se marchaban, puesto que la prostitución era —y es— alegal y no existía la trata. A los clientes rara vez se les molestaba, ni siquiera se les solicitaba su documentación, puesto que el sexo de pago ni siquiera estaba mal visto.

Estas redadas suponían un engorro de tiempo, pero la mayoría de las veces, poco más. Sólo en algunas ocasiones se llevaban a los trabajadores y a las mujeres a dependencias policiales, para ficharlos y volver a ponerlos en libertad. En estos casos era de vital importancia que el encargado colaborara de buen grado con las autoridades para así evitar que les aplicaran la Ley de Peligrosidad y Rehabilitación Social, que sustituyó, en 1970, a la de Vagos y Maleantes y que era de términos muy parecidos a esta última, pero que incluía penas de hasta cinco años de internamiento en cárceles o manicomios para los homosexuales, proxenetas, prostitutas o cualquiera que fuera considerado peligroso, moral o socialmente, para que se *rehabilitaran*.

Todo esto me lo fue contando el Flaco antes de vivirlo yo. Era importante que lo aprendiera todo bien, que retuviera las *normas* de ese negocio, que para él era el mejor del mundo, antes de que me dieran responsabilidades.

«¡Niño! La mirada siempre en la puerta», me repetía una y mil veces el Flaco.

Como digo, el Flaco era un enamorado de *la noche* y tenía su propia jerga y sus propias reflexiones: al club lo llamaba *cabaret* y aseguraba que el negocio era el termómetro de la sociedad:

«Si funciona, es que el dinero sobra... Para los vicios hay que tener dinero».

Solía repetirme con mucha frecuencia que no me fiara de nadie de *la noche*, que lo dicho en una barra, en la barra quedaba, y que muy pocas veces, a la mañana siguiente, la gente cumplía con lo prometido después de tomar un trago o de fantasear con alguna mujer. Insistía en que nunca le llamara la atención a un cliente delante de las mujeres, porque eso incitaba a la violencia: el cliente, que se avergonzaba de su comportamiento, se crecía y costaba más hacerlo entrar en razón.

«¡Niño! Siempre que tenga que llamar a un cliente la atención por su comportamiento, hágalo en privado», precisaba.

Cuando el Flaco por fin lo consideró oportuno, me puso bajo la tutela de una *señora*. Se trataba de una prostituta con mucha clase, muy respetada por sus compañeras, que servía de enlace entre mujeres, macarras y dueños, además de ser la más solicitada por los clientes de mayor rango social, como los notarios o los médicos. Mi mentor le pidió que me enseñara a dirigirme y a tratar a las mujeres y me dejó a sus órdenes.

«Señora Maika, hágame el favor y enséñele al niño a hablar con las señoritas», le rogó con mucha educación.

Y la señora Maika aceptó. Tenía unos cincuenta años y era alta, elegante y muy guapa. Su distinción le hacía sobresalir entre las demás prostitutas, parecía una actriz de Hollywood, por lo menos. Y me enseñó mucho. Ya lo creo. Con ella aprendí el arte de la manipulación, en primer lugar con los clientes, para más tarde ponerlo en práctica con las mujeres, los macarras e incluso con la policía. Me grabé bien todas sus recomendaciones en el cerebro:

«Niño, en este negocio, cuando se acaba el dinero se termina el amor».

«Nunca te fíes de una mujer que te dice su edad, ya que, si la dice, es capaz de contarlo todo».

«¡Niño! La música no muy alta, tan sólo por encima de las conversaciones, que no se oiga lo que hablan los clientes con las mujeres».

Durante los años que estuve bajo su tutela pude ver que las prostitutas eran en realidad las personas emocionalmente más vulnerables. No gozaban de verdaderas amistades, apenas se relacionaban con personas ajenas al mundo de *la noche*, eran sometidas por sus *maridos*, con la complicidad de los dueños de los clubes y los empleados, a un estrecho control y vigilancia precisamente para aislarlas. Todo eso las hacía muy dóciles y manipulables. Y, sobre todo, muy receptivas al cariño. Les ofrecías siquiera un poco y hacías de ellas lo que quisieras. Su mundo, muy al contrario de lo que pensaba la mayoría de la sociedad, no era de fiesta continua y de facilidad desmedida. Era un mundo muy duro y muy triste. Por eso no deja de ser paradójico que haya quien las llame «mujeres de la vida alegre». La señora Maika lo sabía bien:

«Niño, enamorar a una mujer del ambiente es lo más fácil que existe. Somos las personas con más falta de cariño y amor. Ni siquiera hace falta que te acuestes con ellas... ¡Están cansadas de tíos!».

«¡Niño! Nunca digas "cariño", "te quiero", "mi amor", todo eso dicho en un minuto suena muy falso».

Estuve con la señora Maika hasta 1987, que fue el año en que se retiró... Después la volví a ver en 2004 en Tarragona, muy mayor, pero tan guapa, tan elegante y tan señora como siempre. Estuvimos hablando mucho tiempo. De mi vida, de mi compadre, de ella, del mundo de *la noche* y de lo que ella me enseñó. Maika era de fiar... ¡Nunca me dijo su edad!

Una tarde, mi compadre, mi mentor, me mandó llamar. Me contó que estaba a punto de llegar un macarra que venía para multar a nuestro patrón. Un mesero había cometido una falta de respeto contra el *marido* al dar una palmada en las nalgas a su mujer en lugar de darle el correspondiente tirón del cinturón como marcaba la norma. El macarra estaba indignado y pedía al dueño medio millón de pesetas como multa por el agravio contra él, pero cometido contra *Basy*, nombre de guerra de una de sus mujeres, una chica portuguesa de dieciocho años, bajita y analfabeta, pero muy guapetona.

Antes de que llegara, mi mentor me dijo que no debía pasar de ninguna manera. Lo que ni él ni yo sabíamos es que ese macarra, que entonces tenía diecinueve años y nueve mujeres de su *propiedad*, a las que explotaba regularmente, con el paso del tiempo se convertiría en uno de mis socios.

Como ya he contado, eran los macarras o *maridos* quienes ponían las multas en los negocios, por contestar mal a una mujer, no atenderlas bien y, desde luego, no pagarles. Si no se pagaban, los clubes podían quedarse sin mujeres, puesto que los macarras las retirarían del local hasta saldar la deuda. Se podía multar a un mesero, una mami, un encargado y hasta a un cliente. Y, siempre, la cantidad de la deuda tenía que ser liquidada por el dueño del negocio, como máximo responsable.

El agravio tenía que estar justificado y ser analizado por otros macarras ajenos al conflicto; pero la decisión que se tomase no sólo tenía que ser respetada, sino cumplida.

Este sistema de multas lo utilizaban los macarras para sacar un dinero extra a los dueños de los negocios; pero, más adelante, cuando la trata se implantó en el mundo de la prostitución, las multas se siguieron utilizando para incrementar la deuda de las mujeres, aunque en este caso ya, más que mujeres, serían un *producto*. Así se las vería desde la nueva manera de entender la explotación del negocio.

El macarra que esperábamos esa tarde era —y es— un hombre muy violento con sus mujeres, pero también muy distinguido y encantador. Lo llamaban —lo siguen llamando— *el Dandy*. Por sus trajes y sus maneras.

Yo venía de un mundo y un barrio muy salvajes, así que mi forma de ser y de comportarme parecía hecha a la medida para estar en la puerta de los negocios. Aquella tarde, mi mentor me había dado una orden directa: ese macarra no debía pasar bajo ningún concepto. Así que no pasaría. No estando yo allí. Lo esperé y, en cuanto apareció, lo reconocí por sus maneras chulescas, su postureo y el modo de dirigirse a la entrada del negocio, acompañado de otros tres macarras. Alguno de sus colegas me conocía desde que empecé a trabajar en el club y eso me dio confianza para venirme arriba y dirigirme a él con cierta altanería yo también; eso, y el arma que llevaba en el cinturón. Así, me encaré con él y le espeté: «Mira, ni el jefe ni el encargado quieren recibirte para darte ninguna explicación por un agravio que no ha existido. La falta de respeto la cometéis tú y estos al venir aquí en este plan. Vuestras mujeres están bien, ganáis dinero, si queréis os la lleváis y punto; pero ni hay dinero por este tema ni lo habrá en este club. Las cosas han cambiado y más van a cambiar; así que lo tomas o lo dejas. O eres un macarra con mujeres o un guardia urbano poniendo multas... Tú decides».

Esta táctica de atajar los conflictos rápidamente, sin preámbulos, la aprendí en el orfanato. Mi hermana Ana siempre decía que todo lo que pasara de cinco minutos era darle ventaja a los mayores, que transcurrido ese tiempo era mejor empezar por el final. Si halagas mucho, las personas confunden la cortesía o el querer evitar la confrontación con el miedo, y esto acelera una posible agresión. Si, por el contrario, desde el primer momento te sitúas en una actitud retadora, se evitan las peleas.

Los tres macarras acompañantes del Dandy, al ver cómo me dirigía a su colega, dada mi juventud, más la ventaja de que ellos me conocían y siempre les caí bien, me dieron la razón, y lo dejaron solo. Y no es que él tuviese miedo, pero sabía perfectamente que, en esas circunstancias, le sería difícil pasar. Tal vez por eso lo único que dijo fue: «Estas putas hoy están con nosotros y mañana en contra de nosotros, dejemos la fiesta de este tamaño, mejor. Ya hablaré yo con Basy. Dile al Flaco que todo bien, gracias. Y que perdone, las mujeres nunca cuentan las cosas como son».

A partir de entonces hablábamos mucho y forjamos una amistad que se mantuvo durante más de treinta años.

Él era justo la persona idónea para montar más adelante nuestro propio negocio, porque al tener sus propias mujeres y ser respetado en el ambiente podía disponer incluso de las de otros macarras.

También en esa época conocí a mi otro socio. Ejercía de jefe de barra en uno de los locales que mi compadre regentaba. Era un joven de dieciocho años. Una persona fría, apática, distante y con una actitud enfermiza con el dinero. Sólo tenía una virtud: era un hombre de una sola palabra. Tenía dos mujeres trabajando para él. Y parecía extraño, porque no era muy agraciado. Pero, pese a ser más bien bajo, encorvado y enclenque, sabía cómo explotar a una mujer.

El Chepa, que así lo apodábamos, sabía perfectamente cómo hacer que un cliente se sintiera a gusto en la barra, mandar a cualquier mujer en el momento justo, controlar las bebidas, las sábanas, los pases y, en definitiva, todo lo relacionado con la dirección económica del negocio. Su avaricia lo convertiría en un socio especialmente cualificado para la forma de explotación que estaba por llegar al mundo de la prostitución. Porque en esos momentos todavía no éramos conscientes de que estábamos viviendo los últimos coletazos de un tipo de negocio que llegaba a su fin y que ese modelo de prostitución daría paso a otro muy distinto, mucho más cruel y brutal. Quien sí lo sabía era mi compadre, y ahora, pasado el tiempo, sé que me preparó para ello.

A aquellas últimas mujeres de macarras que ejercían ese tipo de prostitución en sus últimos tiempos, de nacionalidad española, portuguesa y argentina, se sumaron algunas uruguayas. Muy poco tiempo después llegarían muchas más de todas partes del mundo, que pasarían de ser prostitutas a convertirse en esclavas sin voluntad. Las primeras, las dominicanas.

EL PRELUDIO DE LA TRATA

La aparición de las primeras mujeres libres de macarras en los negocios se produjo a finales de los años ochenta. Comenzaron a aparecer, entonces, en los clubes, mujeres extranjeras y sin *marido*. Ellas daban una savia nueva a los negocios y otorgaban fuerza a los dueños de estos, porque al no tener *marido* no estaban sujetas a los macarras ni a nuestras leyes.

Los propietarios de los clubes las recibían con las puertas abiertas de par en par, porque les proporcionaban seguridad e independencia del macarroneo y propiciaban que dejaran de estar sometidos al capricho y los abusos de esos personajes. Eran de origen dominicano, disciplinadas y trabajadoras. Por eso se les dio un lugar de inmediato dentro de los negocios. Bueno, por eso y porque, al carecer de macarra, era muy fácil intimidarlas o enamorarlas, y así convertirlas en mujeres de *marido*. O eso es lo que pensaban los dueños de los clubes. No sabían que ellas no se dejaban ni intimidar ni enamorar porque necesitaban gestionar su propia deuda, girando el dinero que ganaban a su país de origen para que lo recibiera su *captador*, no su macarra. No tenían miedo ni querían chulos. Decían que sus únicos chulos eran sus hijos, o sus padres. Y así era: para ellos era todo su dinero.

Fue justo antes de las Olimpiadas de Barcelona en 1992 cuando, tras los pasos de las dominicanas, llegaron las de nacionalidad brasileña. Llegaban a nuestro país vía Lisboa, sin deuda, y de nuevo con macarra, siempre portugués. El tratado que existe entre Brasil y Portugal, de libre acceso y tránsito, les beneficiaba y facilitaba la entrada a España por dicho país. Ellas seguían siendo mujeres libres; o, al menos, más libres de lo que serían luego. Y quedaba muy poco tiempo para que se produjese el cambio: la trata de mujeres para su explotación sexual estaba naciendo en España.

Los primeros tratantes fueron, precisamente, portugueses. Descubrieron que era infinitamente más rentable captar con engaños a las brasileñas para después explotarlas sexualmente, uniendo a este beneficio los intereses de usura de la deuda contraída por las mujeres para emprender el viaje, que tomarse otras molestias. Además, estas ya serían de su propiedad y eso era mucho más lucrativo, fácil y duradero que enamorarlas y explotarlas como *maridos*.

Un poco más tarde, en 1994, aparecieron las primeras colombianas víctimas de trata con fines de explotación sexual, ofrecidas directamente por sus captadores, a un precio de seis mil dólares, que había que abonar por adelantado. Fue entonces cuando se implantó definitivamente la trata en la prostitución, y cuando estas mujeres pasaron de ser prostitutas a convertirse en esclavas dentro de los clubes.

En menos de tres años estas eran las inquilinas de la mayoría de los clubes de alterne en España, como consecuencia, en buena parte, de la bonanza económica de las Olimpiadas de Barcelona y la *expo* de Sevilla.

La variedad de chicas de nacionalidades diferentes y sin *marido* hizo que se redujese el poder de los macarras dentro de los clubes, y que los dueños tomasen las riendas de sus negocios.

Los macarras no sólo se quedaron sin el control de la prostitución, sino que sus mujeres fueron apartadas y no les resultaba fácil obtener un lugar, si es que lograban hacerlo. Los tratantes no querían que las mujeres de *marido* o las dominicanas se relacionasen con sus víctimas de trata porque, al ser libres, podrían *contaminar* con sus pretensiones a las esclavas sexuales... Eran, según decían, una «mala influencia».

Los grandes clubes empezaron a llenarse de chicas con esa deuda contraída en su país de origen, que avalaban con sus escasas propiedades y, desde luego, con sus vidas.

En este tipo de prostitución la gente como nosotros no tenía cabida. Las palabras que poco a poco se introdujeron en el negocio y que no comprendíamos eran *deuda* y *trata*. Y eran palabras que daban paso a una nueva forma de proxenetismo, ajena a la nuestra, más brutal y más efectiva.

Mi mentor, que llevaba tiempo intuyendo que algo así sucedería, ratificó que la época de las prostitutas y los macarras había llegado a su fin, y concluyó que había que dar paso a la nueva era. Una era con grandes clubes atestados de mujeres controladas por organizaciones, por grupos ajenos a nuestras leyes y nuestra forma de vida, donde nuestras chicas ya no tenían cabida.

Los dueños de los negocios, para asegurarse ese poder de los clubes —que tenían por primera vez—, se asociaron con los captadores de las mujeres. Y a partir de ese momento la trata quedó definitivamente implantada en España.

Con todos estos cambios parecía que nuestro sustento, nuestra forma de vida, tendría que ser otra; pero no estábamos dispuestos a renunciar sin luchar a todo lo que nos pertenecía. Ellos, que tenían las mujeres y ponían ahora las normas, creyeron que el poder empezaba a ser suyo... Pero cometieron un error: creyeron que con las normas bastaba y no se dieron cuenta de que frente a sus normas estaban nuestras leyes, y que mientras ellos actuaban solos nosotros estábamos muy unidos. Tanto como para lograr, en poco tiempo, retomar las riendas de la prostitución y hacernos con las de la trata.

¿Cómo lo hicimos? Muy fácil: aprendimos rápidamente cómo captar y trasladar a las víctimas de trata. No nos costó mucho trabajo porque, aunque éramos unos *macarrones analfabetos*, de explotación de mujeres nadie sabía tanto como nosotros.

EL AÑO QUE COMENZÓ LA TRATA

Conseguimos las conexiones con los países de captación hablando con las primeras víctimas de trata colombianas. Y así, en 1997, decidimos viajar a los lugares de origen, ser nosotros quienes captáramos a las mujeres y saltarnos al intermediario.

Ese *modus operandi* molestó a los captadores de Colombia, pero como carecían de la infraestructura necesaria para hacernos frente, tras algún pequeño tiroteo sin más acataron nuestra decisión y acabaron quedándose al margen, después de tres años de conflictos con nosotros. Algo más de tiempo nos costó echar definitivamente del negocio a los nuevos tratantes y a los dueños de los clubes a los que se unieron; tuvimos que quitarles el dinero, multarlos e incluso secuestrarlos... Y, al final, todo este asunto les quedó grande y desistieron.

Nuestra unión los paralizó y prefirieron convertirse en captadores y dejarnos la explotación de los negocios y de las mujeres. El pastel era —y es— muy grande, y había para todos. Aunque tampoco convenía darle publicidad al asunto. Lo mejor era guardarlo en el más estricto secreto. Lo contrario no era —ni es— bueno para el negocio.

El caso es que, en un espacio de tiempo no demasiado largo, ellos quedaron fuera y nosotros, después de más de treinta años, seguimos aquí... Aprendimos rápido. Nos costó muy poco. Después de todo, era nuestro mundo.

NUESTRAS LEYES

En el mundo de la prostitución y la trata existen unas leyes no escritas, pero aceptadas y respetadas desde los tiempos de los macarras. Unas leyes que sirven para que, en caso de conflicto entre nosotros, nos mantengamos unidos, pero que también permiten seleccionar a quienes permanecen en el ambiente y quienes pueden o no pueden entrar.

Esta es una profesión donde el silencio y el hermetismo en nuestras decisiones son imprescindibles para poder intimidar o coaccionar a cualquiera que no esté de acuerdo con nuestra manera de llevar este tipo de negocios.

La unión hace la fuerza. La gran conexión que existe entre unos y otros en los distintos negocios hace que una mujer que denuncie sea fácil de localizar en cualquier local, porque al tener sus datos, el nombre y la fotografía del pasaporte siempre hay alguien que acaba reconociéndola. Y, en cuanto se la encuentra, suele ser sencillo disuadirla o amenazarla para que no siga adelante con la denuncia.

Tener un control de precios, todos iguales, para no hacernos una competencia desleal entre nosotros o no dejar que nuevos dueños se instalen en una zona donde estén los negocios de nuestros socios o amigos es una medida con la que no sólo se evita la competencia de fuera, sino que se posibilita el mantenimiento de nuestro código y de esas leyes nuestras, que nos vuelven imbatibles. Son estas:

1. Los problemas de los clubes se arreglan entre los clubes.
2. No meterse con las mujeres de macarras, o de deuda (trata).
3. No delatarse ante la policía.
4. Seguir las normas establecidas del negocio más antiguo, si eres tú quien va a su zona.
5. No entrar en otro negocio sin permiso, si eres del ambiente.
6. Estar dispuesto a cooperar con los hombres de respeto en cualquier problema.
7. Las decisiones tomadas por los hombres de honor son respetadas.
8. Pagar las multas impuestas por los agravios.
9. La palabra dada en los negocios es sagrada.
10. Las reuniones son para la solución de los conflictos.

El incumplimiento de este código de honor conlleva una multa en proporción a la falta cometida. Y su cuantía se paga rigurosamente. Porque todos respetamos las leyes. Sabemos que nos hacen fuertes.

De hecho, gracias a seguir con estas leyes que parecen sin sentido no hay personas ajenas al frente de los negocios. Vinieron rusos, colombianos, rumanos, todos tratantes de mujeres, pero ningún grupo logró afianzarse en los grandes negocios; y en los pequeños les hacemos mucha competencia.

Nuestro poder de convocatoria es muy grande. En caso de problemas o del incumplimiento de las normas, en tan sólo unas horas disponemos de un gran número de hombres llegados de los diferentes clubes. En menos de veinticuatro horas, más de cincuenta tipos armados pueden estar allá donde haya conflicto. Y eso crea una imagen sólida, de unión y poder.

Todas estas cuestiones son las que apuntalan un monopolio en la toma de las decisiones. Si alguien no las cumple o falta al respeto, recibe una visita para explicarle el agravio y se le hace *entrar en razón*. Si no lo entiende, entonces tiene que irse o cerrar. Voluntariamente o por la fuerza.

Además, los miembros de nuestro mundo están obligados a utilizar un código, una peculiar forma de hablar, tanto en las reuniones como, sobre todo, en las llamadas telefónicas, por seguridad. Para protegernos, entre nosotros las cosas se llaman de otra manera:

-Primos: policía escala básica.

-Señores: policía secreta.

-Lechugas o verdes: Guardia Civil.

-Macarra o *marido*: de la vieja escuela.

-Chulo: mal macarra.

-Baranda: jefe.

-Señora: mujer de *marido*.

-Lumy: mujer que se maneja sola.

-De deuda: mujer de trata.

-Hombre de respeto: que sabe mucho del ambiente.

-Hombre de la noche: que trabaja en la noche, pero no vive de ella.

-Hombre de honor: pacificador, juez. Sus decisiones y su palabra se cumplen.

-Compadre: una relación muy fuerte, más que amigos.

-Compadres: socios.

-Tontos: clientes.

-Herramientas: armas.

-Calzado: ir armado.

-Multa: precio por un agravio.

-Hotel, universidad: cárcel.

-Un mierda: policía corrupto.

-Venir con luces: estar investigado.

-Boquerón: delator.

-Soldado: escolta, portero, seguridad.

-Jureles: dinero.

-Llevarlo al campo: ajusticiar, advertir.

-Poner las pilas: amonestar, amenazar.

Utilizando ese vocabulario propio se evitan las sorpresas si los teléfonos están intervenidos. Aunque, claro, se debe saber utilizar las palabras para construir esas frases que no delaten lo que se está contando: «A este que parece tonto habría que invitarlo al campo, a casa de tus primos. Sé que le gustan los boquerones, y si no, al final lo invitarán los señores». Es decir: «A este cliente hay que advertirle, está hablando con la policía, es un chivato, y si no, al final se enterarán los secretas».

PROXENETAS

El proxenetismo requiere una cierta habilidad. Entre otras cosas consiste en escuchar a las mujeres y en conseguir que confíen en ti.

Cuando conoces a una mujer víctima de trata le preguntas en qué lugar —por ejemplo, de Colombia— nació, cómo se encuentra, qué tal la familia, sus niños... Cuando la conoces bien y te has ganado su confianza, es cuando le propones el negocio y le preguntas si se ve capaz de captar mujeres de su país para ser explotadas en España. A cambio, le ofreces perdonarle su deuda, e incluso algún dinerillo extra. Es entonces cuando ellas empiezan a contarlo todo: quiénes las mandan, cómo las captan, cómo es el viaje, etcétera. Ellas mismas te facilitan todos los contactos en origen y, con ellos, viajas, hablas, negocias y se formaliza el futuro trato, que consiste en un precio fijo por mujer enviada —la cantidad era de trescientos euros—, en el que se incluye la responsabilidad de hacer presión sobre los familiares de la víctima que se quedan en su país, normalmente personas mayores o algún menor a cargo de la mujer. Así, si la incauta no paga su deuda o se atreve a denunciar, se hará una *visita* a su familia.

La trata de mujeres es muy sencilla porque, aunque parezca mentira, es una mercancía muy fácil de importar, ya que sólo requiere una sencilla y mínima infraestructura. De hecho, traerlas es lo más sencillo del negocio. Más tarde, con el tiempo, se aprenden las rutas adecuadas y los fallos que tiene la policía en el sistema de fronteras.

El envío de dinero para los gastos que pueda tener la futura víctima en concepto de traslado desde su ciudad o pueblo al aeropuerto, boleto de avión, los mil doscientos euros en concepto de bolsa de viaje —requisito de entrada como turista—, la comisión del captador en origen y otros gastos, como la solicitud del pasaporte, se realiza a través de los locutorios, con la documentación —pasaporte— de cualquier mujer que previamente está ya en el negocio. Los mil doscientos euros que la víctima debe llevar en mano se recuperan en el mismo momento en el que ella llega a España y entra en el negocio.

Si al principio pasar a una mujer generaba un gasto inicial de seis mil dólares, en poco tiempo se redujo a un costo total de mil. Y así, con el dinero que antes pagábamos por una, ahora podíamos comprar seis mujeres, y al ser completamente de nuestra propiedad se las podía exprimir tanto como quisiéramos. Lo suyo era sacarle al *producto* todo el jugo hasta dejarlo seco. De una botella de whisky salen sólo diez cubalibres; pero a cada una de estas esclavas sexuales se les podía sacar, al menos, tres años de explotación sexual. Y eso significaba cientos de servicios sexuales.

El primer país donde fuimos, como digo, fue Colombia, por el idioma, y porque las mujeres eran muy disciplinadas. Además nos tenían mucho miedo, porque creían que éramos tan violentos y despiadados como los narcotraficantes de su país, y esta consideración nos ayudó mucho, sobre todo al principio, para poder intimidarlas y coaccionarlas.

Las colombianas fueron las víctimas a las que más dinero sacamos. Además de explotarlas sexualmente, las utilizamos como conejillos de indias. Eran las primeras y no sabíamos cómo tratarlas; así que sufrieron mucho. Muchísimo. Además, en esa época, tanto la carencia de leyes específicas como la poca o ninguna formación y conocimiento que tenían las fuerzas y cuerpos de seguridad del Estado sobre este delito nos benefició una barbaridad. Íbamos cien pasos por delante de la justicia.

Aún recuerdo a la primera víctima. Y recuerdo también mi nerviosismo, la adrenalina que se descarga cuando se sabe que todo son riesgos. Sabía que todo el proyecto dependía de mí, de que todo saliera bien en esa primera ocasión. Y que no podía dejar nada al azar.

Traer a la primera mujer y que pasase los controles de emigración y llegase al club era demostrar a mis socios que se podía hacer, sin problemas y sin intermediarios. Representaba el inicio de un nuevo, gran y lucrativo negocio. Si la mercancía lograba atravesar las aduanas, nos convertiríamos en los amos de la trata y la prostitución. Y eso sólo sería posible si se controlaba el producto desde la captación en su país de origen, el traslado a nuestro país, para después su posterior explotación. Si lo conseguíamos, no sólo no dependeríamos de nadie, sino que además no tendríamos que pagar la mercancía por adelantado, antes de que diera beneficios.

Nos jugábamos mucho en aquella primera vez.

YAMILETH

La primera mujer con la que trafiqué se llamaba Yamileth y era colombiana. Recuerdo que estaba eufórico, conduciendo de camino al aeropuerto para recogerla. No podía dejar de pensar que, si pasaba esta, la primera, pasarían todas. ¡Y desde luego que pasaron todas! Durante los seis siguientes años trafiqué con cerca de 1 700 mujeres: 1 117 colombianas, 311 brasileñas, 19 venezolanas y un sinfín de paraguayas. Tan sólo me devolvieron cinco. Incluso pasó sin problemas la que, años después, me llevaría a la cárcel. Pero la primera fue Yamileth. Y de su entrada dependía la de todas las demás.

Corría septiembre de 1997 cuando la recogí en el aeropuerto de Valencia, a donde llegó en un vuelo procedente de Italia. Nos habían explicado que era mucho mejor que el vuelo se realizara con escalas para evitar los controles de inmigración. El vuelo de Bogotá directo a Madrid era considerado un trayecto *caliente* por las autoridades, debido a la entrada de narcotráfico, y era más frecuente el control de los pasajeros, el control de equipajes y las innumerables y molestas preguntas de la policía: *¿a qué viene usted?, ¿conoce a alguien?, ¿cuánto tiempo va a estar?*... Y todo eso, claro, podía poner nerviosa a la víctima, a quien, aunque estaba aleccionada para contar a las autoridades que venía como turista a España, podían traicionarle los nervios y no sólo delatarla, sino llevarla a delatar a quien la esperaba para recogerla. Para evitar todo esto era mejor elegir el sistema de vuelo indirecto o de tránsito. Aunque estoy seguro de que cuando recogí a Yamileth estaba mucho menos nerviosa que yo. Habíamos quedado en que la identificaríamos por la ropa. Yo sabía perfectamente lo que ella llevaba puesto en el momento de embarcar en su país: color de pantalones, blusa, y, desde luego, cómo era físicamente. Pero ella, para salvaguardar nuestra seguridad, no sabía nada: no tenía nuestro teléfono, ni conocía el verdadero nombre de la persona que la recogería en el aeropuerto. Tampoco el nombre del negocio donde trabajaría, ni la ciudad o el pueblo donde estaba el negocio. Así, en caso de ser interrogada en emigración, no podría contar nada aunque quisiera. Incluso le dijimos que su destino era un club de Galicia, cuando en realidad estaba en La Mancha. Y ese dato falso era el único que la chica conocía antes de su viaje. Yo había quedado con ella en que, al llegar, debía esperar en la cafetería del aeropuerto. Tan sólo le dijimos una palabra clave para identificarnos. Y eso me dio la oportunidad para observarla un buen rato, desde la distancia.

Yamileth era una chica muy alta, alrededor de un metro ochenta centímetros. Tenía dieciocho años recién cumplidos y era morena, de cabello muy rizado cayéndole en cascada hasta la cintura y grandes ojos negros. Vestía con pantalón y chamarra de mezclilla a juego, y llevaba una pequeña maleta de tipo piloto en color rojo sangre.

Me acerqué muy lentamente a ella. Y cuando ya estaba a su altura, dudé. No sabía muy bien qué decirle. Tenía ganas de decirle «bienvenida», pero... ¡al infierno!

—Hola, soy el Músico —dije sin más. Esta era la contraseña, mi apodo. Ya estaba todo dicho. No hacía falta añadir nada.

Salimos del aeropuerto a paso ligero, ella unos pasos por detrás de mí, hasta llegar al estacionamiento situado al aire libre. Cuando alcanzamos mi coche, me dio los dólares que le habíamos entregado en su país a modo de bolsa de viaje para la aduana, para que pudiera justificar su entrada como turista. Pero había mil ciento noventa en vez de mil doscientos.

—Perdón —me dijo Yamileth, temerosa—. En Roma me he tomado un café. Lo siento mucho. Me advirtieron que estaba prohibido gastar nada, pero el vuelo salía muy retrasado y yo tenía mucha hambre...

Cuando nos subimos al coche y se acomodó en el asiento del copiloto, empezó a hablarme de ella, de su familia y de lo que le habían contado que conseguiría con su trabajo. Me dijo que tenía un hijo, que sus padres eran extremadamente pobres y que estaba muy contenta porque en muy poco tiempo pagaría su deuda, para después poder trabajar libre.

Nunca antes había trabajado en la prostitución. Ni siquiera se le había pasado por la cabeza dedicarse a esto. Pero ante las circunstancias económicas de su familia lo había aceptado con total resignación. Aseguró no tener otra salida.

En su imparable verborrea me contó que unos días antes de emprender el viaje, haciendo un reparto en moto taxi, se había quemado la pierna con el tubo de escape y que la herida se le había infectado porque no tenía dinero para comprar medicinas. El captador le había dicho que no podía anular el viaje, que acá se le curaría, que le comprarían las medicinas necesarias para curar la pierna, y que este importe se le añadiría a su deuda. Total, qué más daba, si iba a ganar muchísimo dinero...

En un momento del viaje se quedó en silencio, mirando por su ventanilla, con el rostro muy serio, para después comenzar a llorar, primero con un llanto casi ahogado, arrugadita como iba en el asiento, y después con un llanto ruidoso y amargo al recordar de nuevo a su hijito. La tranquilicé y le dije lo que ella quería oír. Lo que todas quieren oír:

—Eres una chica muy valiente, Yamileth. No te preocupes, vas a estar muy bien y vas a ganar tanto dinero que podrás ayudar a tu familia y regresar muy pronto a casa.

Un poco más tranquila, me dedicó una gran sonrisa de agradecimiento. Tenía los dientes muy blancos y sus ojos eran muy expresivos, no ocultaban sus emociones; miraban con inquietud a ambos lados de la ventanilla durante todo el viaje, y le brillaban cuando recordaba a su hijo.

Cuando llegamos al club, le di una habitación y le dije que comiera algo. Como nos habían dicho, le retiré el pasaporte y le informé cómo se pagaba la deuda:

—Señora, acá se trabaja en ropa interior. Como tiene la herida de la pierna, póngase un pantalón de lencería o camufle el vendaje con unas medias blancas. Todas las noches, el dinero que haga se le descontará de su deuda. Primero se le cobra *la diaria* (gastos fijos que deben pagar cada día por estar en el club); también se le descontarán los gastos de peluquería, ropa o las curas que se le hagan o necesite.

—¿Podré llamar a mi hijito? —preguntó la mujer.

—Por supuesto, se le dará dinero para que llame a su casa y que sepan que usted está bien. Cuando necesite llamar, pida dinero para el teléfono... ¡Ah!, recuerde que las llamadas son muy caras y el precio se sumará a su deuda. Quiero que sepa que acá —proseguí aleccionándola— nuestra policía es tan corrupta como la de su país. Si la detienen, no hable usted. Aquí sólo habla su abogado, que es el mismo que tengo yo, que tenemos todos los que trabajamos en el club, y es de fiar.

Yamileth estuvo más de un año con nosotros, hasta que un joven —que se hizo pasar por guardia civil— se enamoró de ella y la compró por ochocientas cincuenta mil pesetas —cinco mil euros—. Pero Yamileth no era una chica con suerte. Al poco tiempo de que la retirara su novio, este se mató en un accidente de coche cuando iba a buscar a otra chica a un club, una paraguaya de dieciocho años que se quedó esperando a su príncipe azul.

El que es putero, es putero; lo que pasa es que ellas no lo saben...

PASO CORTO, MALA LECHE

Todo tiene un aprendizaje, nadie nace enseñado. Por esto fue necesario cambiar la mentalidad de *macarra* a *tratante de esclavas*. El modo de relacionarte y de mantener a una mujer, *a tu mujer*, en la prostitución cambió, y esa nueva manera era muy diferente. No era lo mismo cuando la víctima estaba ligada emocionalmente al macarra que cuando pasó a convertirse en un *producto*. El trato era muy distinto.

Y debo decir que nosotros tardamos en acostumbrarnos a ese cambio. Y eso motivó una situación muy violenta y confusa para las nuevas mujeres, que no acababan de entender su estatus dentro de la organización.

Al no ser tu mujer, sino tu esclava, la violencia física o emocional tenía que ser diferente, porque al no existir un proyecto de vida en común la mujer no entendía la reacción del proxeneta. Los celos, los falsos celos que se utilizaban para el engaño, los maltratos o la violencia verbal a la que la mujer del macarra estaba acostumbrada ahora ya no hacían falta. En una mujer en *propiedad* todo eso era innecesario, por la sencilla razón de que a la primera la tenías que confundir para que siguiera trabajando para ti, mientras que la segunda era *tuya*. Era una propiedad que habías comprado, por lo cual la carga emotiva y el vínculo afectivo no existían.

Con el tiempo fuimos aprendiendo y profesionalizando la trata y cambiamos definitivamente nuestra manera de tratar a las mujeres.

La primera regla que se aprende es a no mirarlas como tuyas, sino como la materia prima de tu negocio. Es importante no involucrarse en su vida más allá de lo necesario. Al convertirlas en un objeto, cosificándolas, las deshumanizas y así, además, la carga emocional, si es que en algún caso existe, no te hace daño. Simplemente es una propiedad, como la Coca-Cola que vendes, y hay que tratarla como tal. Si te involucras en su vida o en sus problemas, te puede afectar, porque esa mercancía tiene sentimientos, y no muy diferentes de los tuyos, pero hay que separarlos. Ella es lo que es, una esclava. Y tú, su dueño, su amo.

Traer mujeres fue muy fácil. Mantenerse era —y es— lo difícil. Pero, al dejar de ser simples macarras para convertirnos en proxenetas profesionales, ya todo lo demás vino rodado: creamos una forma de vida que se sostiene gracias a la esclavitud, sin siquiera saberlo o pensarlo.

He de reconocer que mi viejo y querido mentor no se equivocó en sus predicciones: la trata dio paso a los grandes macroburdeles para los clientes, que no eran otra cosa que cárceles de lujo, repletas de miseria para las mujeres esclavas de un sistema nuevo y cruel. Con ese vacío de legislación, y nuestra falta de escrúpulos, las convertimos en grandes máquinas expendedoras de dinero.

Lo que el Flaco llamaba «el glamur de las mujeres» —si es que alguna vez existió— se convirtió en sufrimiento. Los tacones de aguja, y su sonoro y alegre repiqueteo, dieron paso al silencioso ruido de unas cadenas invisibles que ataban a las víctimas de trata a sus proxenetas.

La última vez que vi al hombre que me lo enseñó todo de la prostitución fue en el verano de 1996 en la playa de Tarragona. Ya se había jubilado. Yo venía de solucionar un conflicto entre macarras y dueños y me acerqué a verlo. Hablamos de todo lo vivido y de todo lo nuevo que yo estaba viviendo y que él me había anticipado. Nos despedimos con un fuerte abrazo. Eché a caminar y, cuando me encontraba a unos metros de él, me llamó:

—¡Niño! Ya sabes: paso corto y mala leche.

CAPÍTULO 2

LOS AMOS
DE LA PROSTITUCIÓN Y LA TRATA

CHOCHALES

Cuando abrimos el primer negocio, mis socios —el Chepa y el Dandy— y yo ya llevábamos más de once años juntos. Después de haber coincidido muchas veces en el mismo local trabajando, nos conocíamos y nos respetábamos. Incluso nos llevábamos bien, pese a ser tan diferentes. Yo llevaba mucho tiempo con ganas de montar mi propio negocio. Quería poner en práctica todo lo que mi mentor me había enseñado del ambiente. Y asociarme con ellos me proporcionaba la oportunidad. Ellos dos, mis socios, eran familia. Primos segundos, en concreto. Y además compartían otro negocio en Albacete: un pequeño club que habían abierto un año antes en compañía de un chulo andaluz —muy mala gente, por cierto— apodado *el Toño*, antes macarra, y ahora reconvertido en tratante de mujeres brasileñas.

Llegué a La Mancha en agosto de 1994, con las primeras luces del día. A pesar de la hora tan temprana hacía mucho calor en ese verano típico manchego, seco y sofocante. Fue un viaje muy largo en tren, casi una jornada completa. En la pequeña estación de Valdepeñas me esperaba con su coche el Chepa. Tanto él como el Dandy ya habían estado con anterioridad en el lugar para echar un vistazo al local que albergaría nuestro futuro negocio. Salimos hacia las afueras del pueblo, rumbo a una zona totalmente despoblada. El Chepa detuvo el vehículo en un descampado, bajamos y entonces vi el club. Se me cayó el alma a los pies. Pero ¿qué era aquello? Me dieron ganas de salir corriendo y no parar hasta llegar de nuevo a Barcelona, o más allá... Pero no me iba a rendir tan fácilmente.

El club que íbamos a regentar estaba situado a las afueras del pueblo de Valdepeñas. Era un *chochal* de mala muerte que no tenía nada que ver, ni de lejos, con los elegantes locales en los que había trabajado en Cataluña, esos lugares donde me profesionalicé y en los que aprendí todo del mundo de la noche.

Era un club pequeño, con tan sólo diez habitaciones. Tenía el tejado de uralita y una sola planta, cuadrada, y muy mal distribuida. Al entrar recibías una terrible bofetada de mal olor, un tufo mezcla de humanidad y tabaco que te echaba para atrás.

En un lateral, divididas por un estrecho y oscuro pasillo, estaban las pequeñas habitaciones. Disponían de un lavabo, una regadera, una silla y una cama de noventa centímetros. El salón estaba pintado de azul manchego —ese añil tan característico— y blanco, aunque este último color aparecía ya amarillento por la cantidad de nicotina acumulada. El suelo era de un vasto terrazo gris perla y se encontraba alfombrado por cientos de colillas. Unas toscas lámparas fluorescentes amarillas, verdes y rojas iluminaban el lugar. Eso sí, como en todo buen club que se preciara, el salón contaba con media docena de grandes espejos, estratégicamente colocados. Unos espejos que no servían para que las mujeres, o los clientes, se atusaran las melenas o comprobaran si estaban guapos; servían para observar todo lo que ocurría dentro del salón. Te permitían ver desde cualquier ángulo del local, sin necesidad de contemplar directamente a la persona a la que estuvieras controlando.

Como el club estaba situado en medio de un gran descampado, completamente salvaje, sin asfaltar, los días de lluvia —muy escasos en verano, por suerte— se convertía en un inmenso lodazal.

Después de pulverizar litros de aromatizante para neutralizar el mal olor, y adecentarlo un poco, repartimos los distintos quehaceres entre los tres; el Chepa se encargaría de la contabilidad y de los trabajadores, el Dandy de suministrar mujeres de macarras —que ya no encontraban plaza— y, por último, yo me encargaría de la seguridad, relaciones públicas con clientes, macarras y policías.

El pueblo al que pertenecía el club era Valdepeñas, un pueblo vitivinícola, agrícola en general, en el que los habitantes del lugar, mayoritariamente, vivían del campo. Hacía casi cuatro años que apenas llovía en la zona, así que la economía no andaba muy boyante.

Mi mentor hubiera dicho que aquel no era un lugar para abrir un club, porque los vecinos no tenían dinero para vicios y el pueblo no parecía estar para fiestas.

Muy cerca de nuestro chochal también había otros clubes de la competencia, cuatro en total, con una separación entre ellos de dos kilómetros. Estos negocios estaban siendo extorsionados desde hacía años por unos gitanos del ambiente, también macarras, pero, sobre todo, abusones. Se dedicaban a extorsionar a los propietarios de los clubes con un impuesto diario, que era el salvoconducto para poder abrir las puertas del local y poder vender copas y alquilar mujeres. Cuando los abusones hacían la *visita* para obtener el cobro del impuesto, no sólo no pagaban lo que consumían, sino que ellos mismos se ponían detrás de la barra para servirse sus copas.

La zona, además, estaba siendo controlada y menoscabada por unos *caimanes* —guardias civiles— de la última promoción de la Dictadura, acostumbrados también a pasar todas las semanas por *lo suyo*, su astilla de dinero, que exigían con mucha arrogancia y despotismo.

Desde luego, aquellas no eran las mejores condiciones para abrir un club. Pero, con todo, lo abrimos.

Los macarras amigos que nos cedían sus mujeres lo hacían por tan sólo una semana, porque allí no entraban ni las moscas. Disponíamos de cinco o seis como máximo y, además, el material era de tercera: la mujer que no era drogadicta estaba ya más que entradita en años. Hubo una semana que nos quedamos sin ninguna mujer y el Dandy trajo a una de las suyas. Concretamente a la Basy, a la que yo conocía muy bien desde hacía años; de hecho, como ya he contado, fue gracias al altercado con sus nalgas que el Dandy y yo empezamos a ser amigos. Esta mujer era de toda confianza, pero, como siempre, su *marido* le mintió diciéndole que venía como mami —encargada de las mujeres— y no a ejercer; pero, claro, cuando no había chicas en el salón, Basy era la única que podía ofrecerse a los pocos parroquianos que entraban en el local, así que le tocaba trabajar. Y ella lo hacía, porque hubiera hecho cualquier cosa por el Dandy. Jamás vi a nadie tan enamorado como lo estaba ella de su macarra, a pesar de que este la maltratara.

Lo único bueno de esta situación tan precaria fue que el antiguo dueño del local nos lo cedió sin costo alguno. Tenía que cerrarlo, así que le daba igual. De esta manera, al menos lo tenía vigilado, limpio y, encima, le deberíamos un favor por habernos dejado gratis tan *lucrativo negocio*.

El Chepa iba y venía de Valdepeñas, porque también tenía que atender su otro negocio de Albacete, ese club que más o menos se defendía con las mujeres que el Toño le suministraba. De vez en cuando, el Chepa aparecía por el nuestro para ver cómo íbamos y si por fin terminaba de arrancar. El Dandy, más o menos lo mismo. Tampoco paraba mucho por allí, porque igualmente tenía que atender a sus otras *mujeres* colocadas en distintos clubes. Así que yo estaba casi siempre solo y toreaba como podía a los gitanos y a los *caimanes*, que a pesar de la apurada situación no perdonaban su cuota de participación en *el negocio*.

A los tres meses de abrir las puertas, cerramos. El club era una auténtica ruina.

Esas Navidades las pasé con mi hermana, en Barcelona. A Ana le conté mi corta, pero intensa aventura empresarial. Le narré con pelos y señales las anécdotas de los gitanos, empezando por aquel primer día en que se presentaron en el club para cobrar:

—Eran diez adultos y un gitanillo menor de edad —le contaba—. El chiquillo era muy bajito y de cabello muy largo. El resto de los gitanos adultos tenían tal pinta que ni Curro Jiménez les hubiera contratado para su cuadrilla de bandoleros, por miedo a que le robaran y cortaran el gaznate mientras dormía. Una vez dentro del club, los adultos jaleaban al menor para que este sacara una pequeña pistola que llevaba en el cinturón. Con risas, gritos y aplausos levantaron al niño y lo depositaron encima de la barra del bar. El gitanillo, feliz con el arma en la mano, apuntaba aquí y allá, haciendo al mismo tiempo el ruido de los disparos con la boca: «¡Pum, pum, pum!». «Maestro —me dijo el patriarca gitano—, ¿te han dicho cómo funciona esto? Pues yo te lo voy a explicar. Nosotros no pagamos ningún consumo y, además, cada día viene mi muchacho, este —dijo, señalando a uno de melena larga y lacia—, el Pinocho, y tú le pagas cinco mil pesetas... ¡Y sin tardar!, rapidito, que mi Pinocho no es de esperar».

También compartí con mi hermana el suceso con los *caimanes* y le conté cómo entraban dentro de la barra y cómo ellos mismos también se servían sus copas. Estos exigían una pequeña mordida a cambio de no reclamar la documentación de las mujeres; pero como apenas teníamos ninguna trabajando, tampoco podían demandar mucho...

Mi hermana se la pasaba en grande con mis imitaciones de los dos tipos de cobradores, y yo disfrutaba imitándolos, pero ella me conocía bien y sabía perfectamente que no me rendiría y que regresaría a Valdepeñas. Ana sabía que mi ilusión era regentar mi propio negocio para aplicar las enseñanzas de mi mentor, deseaba dejar de ser un títere como había sido toda mi infancia y adolescencia, para ser el titiritero y bailar al son de mi propia música. No se equivocaba, una vez pasadas las fiestas navideñas volví, pero no sin antes hablar con mis socios y convencerlos de que lo intentáramos de nuevo. Tenía claro el discurso:

—El club tiene posibilidades —les dije convencido—, y quitando las extorsiones, los gastos son mínimos. Intentémoslo una vez más.

Aceptaron y emprendimos de nuevo el viaje a La Mancha. Recuerdo perfectamente que era el día 8 de enero de 1995 y que, esta vez, no hice el trayecto solo, ni tampoco en tren. Fuimos en tres coches, en los que nos repartíamos mis dos socios y yo y cinco amigos, antiguos macarras de la vieja escuela, como nosotros. Con el tiempo, todos ellos serían también socios de otros clubes.

A los pocos días de llegar, abrimos de nuevo las puertas del club, esta vez sin mujeres, tan sólo con el Chepa como mesero detrás de la barra y dos grupos de supuestos clientes —se trataba del Dandy con el resto de amigos que habían llegado con nosotros—, y yo de portero, esperando al Pinocho. Cuando el gitano se presentó, le conté con mucha normalidad que habíamos cerrado debido a las fiestas navideñas, pero también, y sobre todo, porque no teníamos prostitutas. Lo invité amablemente a pasar dentro del salón, a tomarse algo a discreción, y a cobrar su impuesto. El Pinocho entró primero en el club, con paso decidido, y yo lo seguí muy pegado a su espalda. Dentro del salón, todos, el Dandy y compañía, estaban preparados para darle su merecido.

Así que cobró, ¡vaya que si cobró!, ¡cobró de lo lindo! Le pagamos entre todos por el mes que estuvo cerrado el club. ¡Y le pagamos a conciencia! Como el hombre después no podía ni conducir por la cantidad de *dinero* que se había llevado, nos ofrecimos gentilmente a acompañarlo a su casa, y a *pagar* también a su padre los intereses que le pudiéramos deber... Y así lo hicimos. Esa misma noche le *pagamos* también al padre todos los atrasos, para que a su vez saldara cuentas con el resto de su cuadrilla. Al terminar, le pedimos que nos dijera si estaba de acuerdo con la *suma* recibida o por el contrario quería que regresáramos a *pagar* más... ¡Esa noche nos sentíamos tan magnánimos y generosos! El patriarca gitano, farfullando con un hilillo de sangre que le salía de la boca y le llegaba hasta la barbilla, nos pidió que no fuésemos tan espléndidos... Fue necesario que una y otra vez nos lo rogara e incluso suplicara para que nos marcháramos de su casa.

Así sería, a partir de ese momento y en adelante, como *pagaríamos* a todos los extorsionadores, abusones y chantajistas.

Después de ganar el primer asalto con los gitanos, ahora tocaba el turno de saldar las cuentas con los *caimanes*. Me apersoné en el puesto de la Guardia Civil del pueblo y, ante el sargento de guardia, aparentando una tranquilidad que en ningún caso sentía, le expliqué que la próxima vez que fueran a nuestro club les pondría una denuncia por lo que sabía por propia experiencia de ellos: sus abusos, sus extorsiones y gorroneo continuo...; además, envalentonado, le aseguré que me inventaría muchas más cosas para acusarlos. Si ellos me obligaban a cerrar, nosotros nos quedaríamos en la calle y tendríamos que echar el candado al club definitivamente, pero ellos necesitarían dar algunas explicaciones a sus superiores.

Les quedó bien claro, tanto a unos como a los otros, que nosotros éramos diferentes, que habíamos venido a quedarnos y a trabajar en nuestro local. Que no íbamos a dejarnos intimidar por unos chulos extorsionadores de poca monta —porque para chulos ya estábamos nosotros—, ni aunque algunos de ellos llevaran placas oficiales.

Lo que más sorprendía a propios y extraños era que, a pesar de tener apenas mujeres —y de que las que teníamos dejaran bastante que desear—, de disponer apenas de medios y de que se pudieran contar con los dedos de una mano los pocos clientes que se aventuraban a entrar en el club, fuéramos capaces de dar al negocio otra imagen completamente diferente a la de los chochales a los que estaban acostumbrados en la zona. El portero con traje, el mesero perfectamente uniformado, mucha disciplina con los clientes, prohibición de bailar o gritar... Además, había que respetar también la hora de apertura y de cierre del negocio y las mujeres tenían que cumplir las estrictas normas que les imponíamos. Entre otras, no podían abandonar la barra si no era para *ocuparse* con un cliente. De esta manera, siempre había alguna en el salón cuando entraban los *usuarios*.

Cuando llegó Yamileth de Colombia y la llevamos a Valdepeñas, todo cambió. No es que cambiáramos las normas o nuestro estilo, que siempre mantuvimos escrupulosamente, sino que el número de mujeres en condiciones que teníamos en el club aumentó. Porque, a partir de ella, poco a poco, empezamos a tener mujeres de deuda. Eran víctimas de trata por las que previamente teníamos que pagar al contado seis mil dólares al recibirlas de los tratantes colombianos. Ellos quedaron gratamente sorprendidos desde el principio al ver nuestra seriedad, nuestro comportamiento tan estricto con la mujer y nuestra forma tan elegante de llevar el negocio; así que Yamileth fue la primera, pero luego vinieron muchas más...

En el club nos empezó a ir de maravilla, la cosa funcionaba tan bien que nos quedamos con la explotación de tres de los pequeños chochales vecinos al nuestro. Llegamos a un acuerdo y pagamos un módico alquiler a sus propietarios. El cuarto, que se resistió a alquilárnoslo, lo cerramos en unos meses. ¡Era imposible competir con nosotros! Así que nos quedamos solos trabajando en esta zona, sin ninguna competencia. Éramos los dueños de los únicos clubes que daban servicio a una provincia relativamente grande; Ciudad Real, Valdepeñas, Manzanares, La Solana... Eso significaba más de ciento cincuenta mil habitantes entre la capital y los pueblos, pero además nos beneficiábamos de la cercanía a la Nacional IV —carretera de Andalucía—, que tenía entonces salida directa a nuestro club.

También al Chepa le funcionaba de maravilla su negocio de Albacete. Su socio, el Toño, lo tenía bien surtido de mujeres brasileñas, que previamente él mismo probaba durante horas en un pequeño hostal de mala muerte a las afueras de Madrid, al que se llevaba a las víctimas en cuanto las recogía en el aeropuerto. Las sometía a un trato tan despiadado, a las pobres, que nunca quise que me trajera ninguna de su propiedad. Sin embargo, el Dandy se asoció con él en otro club a las afueras de Córdoba. Precisamente de esta etapa vienen las conexiones existentes entre los grandes clubes. Todos los propietarios que fueron macarras antes de la llegada de la trata en la actualidad son los dueños de los clubes más importantes de España, socios todos, directos o indirectos, que se fueron haciendo poco a poco con el negocio.

El caso es que nosotros, en cuanto tuvimos las conexiones en Colombia para la captación directa de mujeres y su posterior explotación sexual, nos encontramos en condiciones de embarcarnos en más clubes, además de los pequeños que teníamos a pleno rendimiento en La Mancha.

Como ahora la mercancía dejaba un beneficio bastante sabroso, podíamos doblar los alquileres y adjudicarnos la explotación de los negocios, así que fuimos hablando con diferentes propietarios para que nos los alquilaran. A finales del 98 ya teníamos clubes en Alicante, Valencia, Mallorca y Tarragona. Todos eran pequeños y sencillos locales, pero con el tiempo y nuestro particular estilo acabábamos convirtiéndolos en locales de lujo. La trata lo hacía posible, porque dejaba un beneficio enorme y porque, gracias a ella, además, teníamos los negocios llenos de mujeres jóvenes, exóticas y distintas. Ellas eran el reclamo para los clientes que llenaban nuestros negocios. Los teníamos de todas las edades. Los más jóvenes iban los fines de semana con amigos y no se *ocupaban* con las mujeres; pero después regresaban solos entre semana y la cosa cambiaba... En definitiva, ¡nos iba de auténtico lujo!

MICHEL

Nuestro proveedor, jefe de captadores y hombre de confianza en Colombia, era el Negro James. Él se encargaba de la captación de las mujeres en su país, trabajaba sobre todo la zona del Valle del Cauca, Cali, Buga y Palmira. En Colombia también estaba el Gordo, concretamente en Medellín; pero todo lo supervisaba el Negro James. Este hombre, que no levantaba del suelo más de metro y medio, era todo un personaje, capaz de tener firmes a las familias de las víctimas a través de las amenazas que más las amedrentaban. El tipo tenía mucha sangre fría y mala leche, pero después, en contraste, era educado y capaz de convencer a las mujeres de que viajaran a España con bonitas palabras. La mayoría de estas chicas eran muy jóvenes y nunca antes habían ejercido la prostitución, pero el Negro, que era un cazador de primera, las convencía de que lo hicieran en España por mucha plata. Llegar, trabajar, ahorrar mucho dinero y volver enseguida para así ayudar a su familia, a sus hijos, a su padre enfermo... El Negro conocía la situación concreta que volvía vulnerable a cada una de ellas, e iba tejiendo, despacito, la red específica para cazar a cada presa.

Era domingo por la noche cuando sonó el teléfono del club. Al otro lado del hilo telefónico, el Negro, desde Colombia, preguntaba por mí. Saltaron todas mis alarmas. Por precaución, las llamadas las hacíamos nosotros, y siempre desde teléfonos públicos situados fuera del local.

—Patrón —me dijo el Negro—, tengo a una chica que para viajar a España exige antes hablar con usted. Si no, no viaja. Y la *pelada* vale la pena, es cosa seria, ¡hágale, patrón!

Una de las normas de seguridad consistía en no hablar nunca con las mujeres que estaban listas para viajar. Todas las noches, desde la cabina telefónica situada en la plaza del pueblo, llamaba directamente al Negro James para comentar los envíos de dinero, saber cómo eran las chicas nuevas que estaban a punto de viajar a España, sus horarios de vuelo, de llegada, vestimentas o cualquier peculiaridad que debiera saber de la materia prima.

Hablar directamente con una mujer y más aún llamarla a su casa suponía un riesgo que no acostumbrábamos correr. Pero el captador insistió con tanta pasión en que la mujer valía la pena que cuando me pasó su número lo marqué.

—Buenas noches, con Michel, por favor. Llamo desde España.

—Con la misma —respondió una voz de mujer profunda y suave—. ¿Es usted don Miguel? ¿Cómo es la vuelta?

—Mire, es trabajar como en una discoteca, usted paga la deuda como pueda y le sobra tiempo para ganar mucha plata.

—¿Y yo paso con quien quiero?

—Claro, nadie le obliga a nada. Usted estará bien. Además, hay muchas paisanas suyas, somos gente seria. ¡Hágale sin miedo! No se arrepentirá.

—Bueno, me lo pienso y le confirmo al Negro. Buenas noches.

La conversación fue corta y despertó mi inquietud. Al colgar, llamé de nuevo al Negro y le advertí que tuviese mucha precaución, no fuera a ir la policía a hacerle una visita. Podía ser que estuvieran utilizando a esta mujer como cebo para engañarnos.

—Tranquilo, patrón, que conozco a la *pelada*. La flaca es buena gente, patrón, ¡hágale sin miedo! —dijo el Negro desde el otro lado de la línea, con voz melosa.

En los siguientes días organicé el viaje de Michel y tres mujeres colombianas más. La ruta para llegar a España pasaba por Cali y Suiza. Allí debían tomar el tren bala nocturno a Barcelona, donde las recogeríamos. Esta ruta era bastante cara, pero evitaba el espacio Schengen cuando este estaba *caliente*; además, el viaje en tren era más fácil de controlar para nosotros, porque con una propina al revisor se evitaba el control de pasaportes en Francia, siempre y cuando las mujeres permaneciesen en sus compartimentos tranquilitas, y justo pasaran al vagón restaurante cuando el avispado revisor se lo indicara.

El episodio con Michel me había dejado muy descolocado. No me fiaba. Por eso quise que ella tomara el primer tren para Barcelona sola, mientras a las otras tres mujeres se les ordenó que se quedaran con nuestro enlace en Suiza dos días más.

Corrían los últimos días del mes de octubre del 98 cuando, una mañana otoñal, algo fresca, llegué a la estación de Barcelona-Sants, muy temprano.

Había pasado la noche en casa de mi hermana. Como siempre que tenía que recoger a una mujer en Barcelona, ya fuera en la estación de tren o bien en el aeropuerto, llegaba la tarde antes para compartir unas horas con Ana. Ese día había venido desde Valdepeñas con un coche nuevo de alta gama, también lucía buenas joyas, reloj de oro y varias cadenas alrededor de mi cuello. Además, insistí en invitarla a cenar en un buen restaurante.

Una vez sentados a la mesa, Ana me sometió al tercer grado, estaba segura de que andaba metido en malos rollos.

—Cabezón —así me llamaba mi hermana—, ¿no estarás metido en temas de droga?... ¿No serás traficante?...

—¿Cómo se te ocurre, Ana? —le dije para tranquilizarla—. Las drogas acabaron con la vida de la mitad de nuestros amigos del orfanato, yo nunca traficaría con drogas. Simplemente, es que en el club nos va de lujo.

Nunca le conté que en realidad era traficante, pero de personas, de mujeres. Ahora yo movía los hilos como titiritero de cientos de ellas. Nunca le conté nada de la trata, como tampoco le narré los episodios de abusos sexuales que había sufrido en el orfanato, a pesar de ser la mujer a la que más quería. Ana no era tan sólo mi hermana, era mi madre, mi amiga... Pero me avergonzaba de ambas cosas, y por eso siempre le mentía.

Ana dormía cuando salí esa mañana muy temprano hacia la estación de Sants, casi tres horas antes del horario previsto, para la llegada del tren de Suiza. Me paseé por toda la estación con cautela y observé con detenimiento si había movimientos extraños en la estación o más policía de la cuenta... Todo parecía normal y en orden. Recorrí todo el espacio para encontrar el punto concreto en el que situarme, a cierta distancia, para ver sin ser visto, y encontré un lugar perfecto en la parte alta de la escalera que da a las vías. El tren llegó con mucha puntualidad. Desde mi posición podía ver a los pasajeros descender de los vagones, caminar por el andén y subir por la misma escalera donde me encontraba yo. Y, de pronto, la vi. La reconocí por la ropa: pantalón de mezclilla muy ceñido, camisa de seda verde esmeralda y jersey anudado a la cintura del mismo color. Vigilé todos sus movimientos, primero al subir la escalera y luego al pasar a mi lado, tan cerca de mí como para poder percibir su olor y ver el miedo y la incertidumbre pintados en su precioso rostro. ¡Era una mujer impresionante! La seguí hasta la cafetería donde ella tenía que esperar sentada a que yo me presentara... La observé largo rato desde lejos. Primero la miré como a la posible confidente de la policía; pero muy poco después, con la curiosidad con la que se mira a una chica que te gusta. Michel era muy delgada, de mediana estatura, fibrosa como un junco, con el cabello negro, lacio, y de un largo infinito, de piel trigueña y con unos ojos maravillosos... ¡Me enamoré de ella nada más verla!

A pesar de lo que me gustaba esa chica, pudo más mi cautela y decidí no llevarla directamente al club de Valdepeñas. Con la excusa de que tenía una reunión, la llevé a un departamento que teníamos alquilado en la costa, donde ella debería esperarme hasta que terminara y la recogiera para proseguir el viaje; pero cuando llevábamos dos horas de trayecto, tuvimos que regresar a la estación ¡porque había dejado el celular en la cafetería! Fueron los nervios. Nunca me había ocurrido nada parecido con otra víctima, y ya era un experto: había recogido a más de un centenar... Pero Michel era otra cosa. O era distinto lo que, de pronto, de manera inesperada, sentía yo.

La conversación dentro del coche fue banal y no muy distinta a la que mantenía habitualmente con cualquiera de las otras mujeres que recogía.

Michel me habló —como lo hacían todas— de sus parientes. De su abuela, a la que quería como a una madre, de sus hermanos..., de la familia completa que había dejado en Colombia para venir a España y poder ahorrar algo de dinero. Su deseo era poder regresar muy pronto a casa y estudiar Geriatría. Michel ignoraba que el *trámite* no sería tan corto.

Llegamos con retraso al departamento de la costa. Michel estaba sobreexcitada y no paraba de hablar, así que, en vez de dormir, prácticamente pasamos toda la noche charlando, sentados uno junto al otro en el gran sofá que presidía el salón. Por fin el sueño la venció y se quedó dormida. Yo la dejé allí, no sin antes repasar sus delicados rasgos con la mirada, y me fui a dormir a la única habitación del departamento. Estaba cansado, pero me sentía distinto, alterado, turbado por unas sensaciones que no había sentido jamás. Me acosté deseando que amaneciera, que llegara pronto el nuevo día para poder volver a perderme en los bellos ojos de Michel.

A la mañana siguiente desayunamos algo rápido en una cafetería para reiniciar el viaje. Lo normal habría sido que en cuatro horas llegáramos a La Mancha, pero esta vez no tenía prisa. No había lloriqueos, la conversación de Michel era agradable y yo me encontraba a gusto con ella, así que decidí hacerle un *tour* por los bonitos pueblos cercanos a la carretera. Fuimos parando, primero para comer, después para merendar, más tarde para cenar... Llegamos a Valdepeñas diecisiete horas más tarde.

Cuando entramos al local fuimos directamente a la pequeña oficina y le expliqué el funcionamiento del club: los horarios, las normas, las condiciones... Hasta ahí, todo exactamente igual a lo que hacía cuando llegaban otras mujeres. Luego abandoné por unos minutos la oficina para que, como también era habitual, ella hiciera la llamada de rigor a su familia, diciendo que había llegado bien, pero en esta ocasión le dejé mi celular personal, en lugar de darle monedas, como solía hacer con las demás para que utilizaran el teléfono situado en la oficina. Esas monedas también se les apuntaban en su cuenta después, como todo lo que necesitaban, pero a ella no se las quise cobrar. La dejé sola marcando y me dirigí a la recepción para hablar con Basy, que ahora ya no ejercía y por fin era la encargada de las chicas, y mujer de confianza, como siempre había querido.

—Basy, a esta mujer me la coloca sola en una habitación, mire cómo lo puede organizar. Ya sé que estamos a tope, pero es que tengo compromiso con un buen amigo mío... Lo que ella necesite me lo hace saber —le dije.

En ese momento, en el club había treinta y una mujeres de deuda —veinticinco colombianas y otras seis brasileñas—, además de cinco mujeres de macarras amigos nuestros.

—¡A la orden! Como guste, señor —me contestó Basy.

Así, desde el primer momento, le dejaba claro a todo el personal que ella era especial.

Las recién llegadas, y que nunca antes habían ejercido la prostitución, siempre compartían habitación con una mujer de las *nuestras* para que poco a poco vieran que aquel oficio era algo normal. Las dejábamos que los primeros días salieran al salón sólo a tomar copas con los clientes, les enseñábamos los números de su deuda, les decíamos lo precioso que estaba su hijo al salir del colegio, o les hablábamos de la mejoría de su padre enfermo, cualquier otra cosa para proporcionarles la confianza necesaria para que dieran el paso. Luego ya se acababan los miramientos. En realidad, era el mismo procedimiento que usaban los macarras en los viejos tiempos, la misma película, sólo que ahora la actriz no tenía ninguna opción, ni siquiera podría salir corriendo, porque ¿adónde iría?, no conocía a nadie, y nosotros sabíamos todo de su familia, a la que el Negro estaría dispuesto a hacerle una visita si fuera necesario.

Por aquel entonces, cuando no estaba de viaje, dormía en el club de Valdepeñas, nuestro centro neurálgico, en una habitación muy pequeña situada justo al lado de la oficina, a pesar de que ya teníamos no sólo los pequeños clubes alrededor de este, sino también los otros cuatro en Alicante, Valencia, Mallorca y Tarragona.

Yo tenía que controlar el negocio, así que siempre estaba en el club, salvo cuando tenía que recoger a alguna mujer que llegaba de su país de origen, o cuando me reclamaban en alguno de los otros locales porque se había producido algún problema.

Esa mañana me levanté con ganas de ver a Michel, de saber cómo había pasado la noche. Le mandé llamar a la oficina. Y ella acudió y entró en mi despacho preciosa, cimbreándose como un junco, pero muy seria y callada.

—No estás muy habladora esta mañana —le dije—. ¿Te pasa algo?

No contestó.

—Bueno, mira, salgo de viaje a recoger a las otras mujeres que vinieron contigo desde Colombia, mañana estaré ya por acá. Tienes mi teléfono, cualquier cosa me llamas... Es más, mira este teléfono —dije, mostrándole el mío—. Te lo regalo. Eso sí, si te preguntan las otras mujeres o alguien del club les dices que te lo dio un cliente, así no me lo pedirán las demás. ¿Vale, Michel?

—Gracias —contestó ella, sin inmutarse.

En esta ocasión debía viajar hasta Suiza, porque habíamos tenido un problema con una de las tres colombianas que viajaban en el tren. Este hacía una parada en Francia, donde se solicitaba la documentación a todos los pasajeros; también la policía hacía un pequeño interrogatorio aleatorio. Esa noche le tocó a una de nuestras mujeres, que se puso muy nerviosa y la devolvieron a Suiza. Pagábamos al revisor para evitar estas situaciones, pero esa noche algo salió mal.

El Negro James les explicaba a las mujeres que esto podía suceder y que debían estar tranquilas si ocurría. Ellas no habían cometido ningún delito y no les pasaría nada, incluso si las man-daban de vuelta.

Cuando las deportaban a Suiza de nuevo, el tren bala las de-jaba en la estación de Berna. A pocos metros de ella se encon-traba el hotel Metrópoli, un pequeño negocio regentado por un dominicano que sabía perfectamente la realidad de las mujeres que paraban allí, pero que, como tantos, recibía nuestras genero-sas propinas cuando saldábamos la cuenta de las chicas y miraba para otro lado.

De este modo, el problema se subsanaba recogiendo a las mujeres en ese hotel de Suiza y llevándolas a España por carrete-ra. El viaje se realizaba de noche, que era cuando más fácil resul-taba abandonar el país en coche y atravesar unas fronteras que, a esas horas, ni siquiera estaban vigiladas. Las españolas tampoco suponían demasiado problema, así que el trance era incómodo, pero nada más.

Salí de viaje esa misma mañana —esta vez muy a mi pesar— y tanto a la ida como a la vuelta no paré de pensar en Michel. Por primera vez en tantos años estaba infringiendo la primera de todas nuestras reglas: no involucrarse personalmente con mujeres de deuda. Era una regla vital. Saltársela te impedía coaccionarlas y exprimirlas convenientemente.

Cuando regresé —el viaje se me hizo eterno—, decidí quedar-me un tiempo en el club de La Mancha. El resto de los clubes que regentábamos en aquella época iban muy bien; es verdad que eran pequeños, pero estaban muy bien surtidos de mujeres. Yo debía pasar en cada uno de ellos dos o tres días al mes, hablando con ellas para comprobar su estado de ánimo, controlar que trabajasen, atenderlas y animarlas —siempre con mentiras— para que estu-viesen *relativamente* bien, y por si se presentaba alguna redada de la policía. En ese caso, ellas tenían que estar de nuestro lado, por convicción o por el miedo a las represalias contra sus familias. Era preciso que no dudaran, que les quedase claro que, cuando ellas llegaran a la comisaría, el Negro James ya estaría en sus casas en Colombia, o en la puerta del colegio de sus hijos menores, y que, si no se portaban bien, actuaría en consecuencia. Era la forma de evitar alguna posible denuncia, además de la violencia física, que en sí misma suponía un modo de coacción bastante eficaz.

A mi regreso al club, y como era habitual, revisé los libros para ver los pases efectuados por las mujeres y miré con especial atención la ficha de Michel. ¡No había trabajado! Quise llamarla directamente, pero decidí, muy a mi pesar, llamar primero a otras chicas para no levantar sospechas sobre mi interés por la nueva. No me preocupaban tanto mis socios, con los que también tendría que acabar hablando del tema, como el resto de las mujeres, que siempre se descontrolaban cuando había una *favorita*.

No lo resistían. Enseguida te soltaban un: «¡Oiga! O todas en el suelo, o todas en la cama».

Empecé a salir con Michel por las mañanas, con la complicidad del Poli, mi ahijado, que era el cocinero del club, y me la acercaba en su coche hasta un bar de carretera. Allí tomábamos café, para después pasear por el campo hasta la hora del almuerzo. Cada día la invitaba a comer a un lugar distinto en los alrededores del club y más tarde la mandaba en taxi hasta el local. Y todos los días le daba el dinero para que pagara *la diaria*, como si se hubiera sacado el dinero con las copas dentro del salón, pero tenía la deuda, como todas, y debía trabajar. Cuando se ocupaba con algún cliente, yo me volvía loco. Me molestaba, me dolía de una manera casi física; por eso decidí darle más dinero para que, sin tener que ocuparse con nadie, pudiera pagar *la diaria* y la deuda, hasta que yo hablara con mis socios y la retirase definitivamente.

Mientras pensaba en el mejor momento para hacerlo, me seguía viendo con ella y me iba enamorando cada vez más.

Recuerdo aquella época como una de las buenas, porque, además del extraordinario humor que me provocaba ese inesperado amor, los negocios no podían ir mejor. En menos de dos años habíamos conseguido tener ciento veinte mujeres en propiedad y nuestros pequeños locales a pleno rendimiento; además, gracias a la variedad y el exotismo de la materia prima, nuestros clubes eran los más populares. No sospechaba que se avecinaba un problema que, aunque era de los frecuentes, de los que yo solucionaba con rapidez y sin despeinarme, en esta ocasión me afectaría personalmente.

Una tarde, cuando regresaba de nuestro club de Alicante, donde había llevado a dos mujeres después de recogerlas el día anterior en el aeropuerto de Barcelona —las nuevas solían pasar primero por La Mancha, pero ahora ya no había sitio—, al llegar a Valdepeñas, Basy, mi *mujer de confianza* en el control de las víctimas, me contó que esa misma noche tres mujeres tenían planeada una fuga. Podía tratarse de cualquiera, pero eran las chicas de Cali. Entre ellas, Michel.

Las tres colombianas querían denunciar a la policía la situación en la que se encontraban, poner en conocimiento de la autoridad que eran sometidas y obligadas a tener relaciones sexuales en contra de su voluntad. Nadie les ponía una pistola en la cabeza, pero la deuda aumentaba y a esta se añadían también las cuantías de las multas por no trabajar, así que no les quedaba más remedio que hacerlo.

En ese momento, este club contaba con más de cincuenta mujeres de trata, así que de ningún modo podía permitir que se amotinaran estas tres, y mucho menos que denunciasen. Teníamos, como de costumbre, varios frentes abiertos con los tratantes y otros dueños como para tener que enfrentarnos además a la justicia. Era imprescindible que atajara esa pequeña rebelión de inmediato dándoles a estas mujeres el escarmiento que se merecían. Así no volverían a intentar nada parecido y les quedaría claro, tanto a ellas como al resto, que cualquier intento de fuga o denuncia tendría, siempre, unas consecuencias nefastas para ellas y para sus familias.

Muy envalentonado y con bastante mala leche, me dirigí a la oficina, y una vez allí le dije a Basy que las llamara. Enseguida se presentaron las tres.

—Bueno, señoras —les dije muy serio y tratando de evitar la mirada de la mujer que me volvía loco—. Así que esta noche se marchan ustedes de aquí, ¿verdad? Pues muy bien... ¿Eso quiere decir que están mal, las princesas? ¿Y entonces? ¿Cómo es la vuelta? ¿Me cobro acá o en Colombia?... Porque cobrarme, me cobro lo que me deben, ¿no les parece, señoras?

Las tres, sentadas y en silencio, miraban el suelo, como si el asunto no fuera con ellas. Fue entonces cuando tomé con ambas manos el bate de beisbol que estaba apoyado contra la mesa. Con furia, empecé a golpear al aire, primero en todas las direcciones, después a la mesa, a las estanterías, a la computadora... En poco más de media hora había destrozado la pequeña oficina entera. Las dos mujeres salieron corriendo asustadas al salón, entre sollozos y gritos. La tercera, la cabecilla, que no era otra que Michel, ni se movió de la silla donde había tomado asiento desde el principio. Tenía diecinueve años recién cumplidos, un coraje natural innegable y la valentía que proporcionaba saber que estaba enamorado de ella por completo.

Me miró directamente a los ojos y, con total frialdad, me dijo:

—Mire, señor, ustedes son unos aprendices de mafiosos, así que haga lo que quiera porque yo me voy de aquí, y si quiere me cobra en Colombia; pero ya le anticipo que no voy a pagar, ni acá ni allá. Es más, o me pide un taxi o me voy andando para la comisaría. Usted decide, *chichipato*. (Persona que aparenta lo que no es). Usted tiene mucho tilín y poco de *paletas*. (Falta de huevos para cumplir las amenazas). Entonces ¿qué, señor?

—Pero, Michel —dije yo, desconcertado y atrapado en su mirada—, usted sabía a lo que venía y aun así lo aceptó. Y le enviamos el dinero para el viaje...

—No era así como el Negro nos lo había pintado. Todo es un engaño y usted lo sabe. Así que hágase a la idea de que yo vine a montar en avión; ahora ya lo hice, y quiero regresar a mi casa.

Se levantó y, dejándome con la palabra en la boca, se dirigió, caminando con arrogancia, hacia su habitación para empezar a empacar las pocas pertenencias que tenía. Yo me quedé en la oficina con cara de tonto, bloqueado, sin saber qué hacer, hasta que entró Basy alarmada.

—Dice el Dandy que esto hay que solucionarlo, Miguel —me dijo—. ¡Que esta tía nos denuncia!

Me desprendí de mi pistola y se la entregué a Basy para que la guardara. Luego caminé lentamente hacia la habitación de Michel. Estaba aturdido, sabía que la osadía de Michel se debía a que ella conocía mis sentimientos, y eso me molestaba, pero es que yo ya no era capaz de ocultar más lo enamorado que estaba de una mujer de deuda, una mujer de nuestra propiedad. Abrí la puerta de su habitación y me quedé apoyado en el quicio mirándola. Mientras ella recogía sus cosas apresuradamente y las metía en la maleta con la que llegó, sin pensarlo, le dije:

—Señora, ¿por qué en vez de denunciarme no se casa usted conmigo?

Michel clavó sus ojos en los míos muy seria, y yo proseguí con aquella locura. No podía hacer nada contra ella y lo sabía. Ni siquiera aunque me rechazara.

—Mire, señora, quédese esta noche aquí y mañana la llevo a mi casa, en el pueblo. O, si lo prefiere, puedo trasladarla con sus amigas a otro de nuestros clubes. Si decide cambiar de club, sin denunciar, le perdono la deuda; así, todo lo que gane *ejerciendo* será para usted, pero no le diga nada a sus compañeras, ni a mis socios, tengo que guardar mi imagen... Y si por el contrario opta por irse a su país, también le perdono la deuda y la ayudo a marcharse... Pero ya sabe que si se va, lo hace sin nada de plata, que es lo que había venido a buscar.

Sin esperar respuesta, mandé llamar a las compañeras de rebelión de Michel, Estele y Marta, que seguían asustadas en el salón, y las esperé de nuevo en la oficina, donde todo estaba destrozado. Ellas, temerosas, no se atrevían a entrar, ni a conversar conmigo, pero les pedí con suavidad que se acomodaran en medio del desastre y aceptaron hablar conmigo.

—Bueno, señoras, todo está bien, no pasa nada. Ustedes tienen una deuda y lo saben. Ahora yo les voy a mandar a otro club a las tres juntas. A un club mejor cerca de Alicante... Usted, Marta, ¿no decía que tenía familia en Castellón? Pues así podrá irse con su familia cuando descanse. Mientras soluciono esto con mis socios, se van las tres a mi casa del pueblo unos días. No van a estar vigiladas, pero, de verdad, no se metan en más líos. Les conviene no hacerlo, no ya por ustedes, ni por mí, sino por sus familias, que correrían mucho peligro... Y ahora, ¡andando! Vayan a la habitación de Michel y mañana temprano las llevo al departamento para que piensen. A las diez en punto las quiero ver en el comedor con las maletas cerradas. Y ni medio comentario al resto de las mujeres, ¿entendido? De mis socios me encargo yo.

A las diez en punto las mujeres estaban en el comedor. Dejé que desayunaran algo rápido y después las conduje en mi coche al departamento que tenía alquilado en el centro de Valdepeñas.

Al despedirme, le di dinero a Michel para que comprara comida, o por si salían. Después me marché para Alicante, no sin antes aconsejarlas.

—¡Juicio, señoras, tengan juicio! Hagamos esto bien.

Las tres mujeres asintieron desde la puerta, mirando cómo me marchaba.

Al salir, llamé al Poli, que ya estaba en la cocina del club.

—Dile al Dandy que te vas a tomar unos días de fiesta, que no te encuentras bien. Con discreción, me controlas a estos tres personajes. Si se acercan por el cuartelillo, te dejas ver y me llamas de inmediato. Si no, las dejas tranquilas y que no sepan ni que estás. Yo tengo que ir a Alicante, que hay problemas con unos húngaros. Me tienes informado.

En Alicante había surgido un nuevo problema. Unos tratantes de origen húngaro que explotaban un pequeño club cerca del nuestro, concretamente en Denia, llevaban varias noches visitando nuestro local. Primero invitaban copas a nuestras mujeres —todas de deuda— y trataban de convencerlas, con un buen discurso, de que se fueran con ellos a trabajar a su club. Les aseguraban que ganarían más para ellas, que estarían mejor. Incluso atosigaban a la encargada y a los meseros para que se dejaran comprar con una propina y les permitieran llevarse a la fuerza a las víctimas, sin importarles las deudas que tuvieran pendientes con nosotros.

Durante varias semanas los húngaros anduvieron sopesando la fuerza de nuestro club, revisando si los dueños aparecían regularmente, si el personal estaba armado. En el club sólo llevaba revólver el portero, el resto del personal no pertenecía al ambiente, así que no era un local con mucha defensa y parecía perfecto para robar mujeres. Esto de robarse a las mujeres esclavas se hacía con frecuencia en nuestro gremio. Eso sí, sin que los clientes se enterasen, que esas eran cosas internas de los clubes. Como solíamos decir: «La ropa siempre la lavamos en casa». El caso es que no era un asunto que me resultase desconocido en absoluto.

En otras circunstancias habría urdido una de nuestras visitas de *cortesía* a su chochal, acompañado con catorce o quince macarras; pero esta vez tenía prisa por volver, así que lo hice a las bravas, empezando por el final y ahorrándome los lentos preliminares de la presentación. En cuanto llegué al club de Alicante, donde me esperaban tres hombres nuestros, de confianza absoluta, porteros de algunos de nuestros clubes, me puse manos a la obra.

—Bueno, señores —les dije, casi sin terminar de entrar—, tengo prisa. Así que vamos a arreglar esto, de golpe, sin citas ni conversaciones. Vamos, hacemos lo que tenemos que hacer y esperamos su reacción. Si no contestan después del aviso, volvemos con toda la caballería, cerramos el tugurio y nos quedamos con sus mujeres. ¡Se entra y se sale como siempre! ¿Está claro?

Con esa consigna de eficacia máxima nos dirigimos al local de los húngaros en Denia. Al llegar, estacionamos el coche en posición de salida, por si las cosas se torcían. Y así, al más puro estilo del Oeste, entramos en su club. Lo más importante era que reconociesen a nuestro portero para que entendieran a la primera quiénes éramos y el aviso que traíamos. ¡Y vaya que si lo identificaron! En un instante, antes de que pudieran reaccionar, comenzó la fiesta. Sacamos las pistolas y vaciamos los cargadores dentro del negocio. En medio del tiroteo, las mujeres gritaban y corrían a esconderse en sus habitaciones, mientras los pocos clientes que había en ese momento se echaban al suelo o corrían a esconderse también donde buenamente podían. Una vez dado el aviso, salimos sin prisas y le dimos el recado a su portero.

—Dile a tus jefes que somos los del club, más vale que nos llame hoy. Si no, que vaya cerrando este negocio.

Esa misma noche, como era de esperar, se pusieron en contacto con nosotros, hablamos y se aclararon las cosas. Ellos a lo suyo, y nosotros a lo nuestro...

Una vez solucionado el conflicto, llamé a mi socio, el Chepa, para contarle el resultado del altercado con los húngaros, y le pedí que me esperara en el negocio de La Mancha; necesitaba hablar esa misma noche con él, por supuesto de Michel, me urgía. Sin embargo, tendría que esperar. El Chepa tenía un viaje entre manos que no podía retrasar y no podríamos hablar hasta pasados unos días.

A pesar de tanto *mambo* no podía olvidarme de las mujeres alojadas en mi casa. Sabía que debía hablar con ellas y conocer su decisión cuanto antes. Así que, en cuanto estuve de vuelta, me fui derecho al departamento, donde me las encontré viendo la televisión tranquilamente. Después de hablar con ellas un rato y de preguntarles si querían ir o no al local de Alicante que les había ofrecido, por supuesto las tres juntas, y de recordarles su deuda y la situación de peligro de sus familias, quedé en enviarlas en un taxi para que no se sintieran vigiladas y les ofrecí que contaran conmigo si surgía algún problema. Además, les dije que yo iría un par de días a la semana por allí para darles una mayor seguridad. Tras la conversación todo pareció quedar claro. Esa noche se marcharían en taxi al nuevo club, pero necesitaba despedirme de Michel.

—Bueno, señora, lo hablado... Usted no tiene deuda conmigo, no así sus compañeras. A partir de ahora, lo que usted haga es para usted, una vez pagada *la diaria*. Cuídese, y cualquier cosa que necesite me lo dice.

Sin más, se marchó. Y esa noche, mientras ellas viajaban, yo me quedé en el departamento, aferrado a su olor, que aún permanecía en el salón, tratando de sentirla cerca. Ya sería de madrugada cuando, de pronto, me despertó el teléfono. Era Michel, hablaba muy asustada. Lloraba. Entre sollozos me empezó a contar que en el club de Alicante el Dandy, que esa noche estaba allí —yo no lo sabía—, la había amenazado e insultado por el episodio de la fuga, además de recordarle que tenía una deuda que pagar. Michel lo insultó a su vez y se enzarzaron en una discusión muy fea y llena de amenazas. Cuando el Dandy iba a pasar a las manos con ella —algo muy frecuente con sus mujeres—, Michel agarró una botella de cristal y lo amenazó con partírsela en la cabeza. Y esto delante de todas las mujeres.

Como mi socio no sabía nada de mis intenciones con Michel, su reacción con ella fue la normal. Y debo reconocer que también fue lógico que se enfadara conmigo y que sus gritos en el teléfono se oyeran incluso en Castellón. Con todo, cedió a mi demanda y esa misma noche un taxi de confianza recogió a Michel y la trajo de vuelta a mi departamento del pueblo.

A la mañana siguiente me reuní con mis socios y les compré su parte de la deuda de la mujer que amaba. Nadie puso problemas.

—Bueno —les dije muy tranquilo—, la perra ya tiene collar. Si algo le pasa, el de la rabia es el dueño. ¿Os queda claro? ¿Te queda claro, Dandy?

Ninguno puso ningún inconveniente. Nadie dijo ni una palabra. Lo importante siempre era el negocio y el dinero y no había nada más. Concluida la transacción económica de la venta de Michel nos pusimos a hablar de nuestros asuntos y después nos fuimos juntos a almorzar, como si Michel no existiera. No se volvió a tocar el tema.

Regresé a casa y le comenté a Michel que ya no se tenía que preocupar ni de la deuda, ni de mis socios, ni de nada. Todo estaba arreglado. Y ella asintió y se quedó a vivir en mi casa; pero no hacíamos vida de pareja, sino de amigos. Michel, en una de las largas conversaciones que sosteníamos, me había contado que tenía novio, y esta era una de las razones por las que deseaba volver a su país. Y yo, sencillamente, comprendía y aceptaba, pero, aun así, trataba de pasar el mayor tiempo posible en el departamento con ella, tal vez albergando la posibilidad de que pudiese cambiar de criterio, de que pudiera llegar a amarme. Pero las cosas no salen siempre como uno quiere y una madrugada, cuando llegué después del cierre del negocio, me la encontré sentada en el suelo, envuelta en lágrimas.

—Miguel, quiero irme ya para casa, ha muerto mi abuela.

Esa noche dormimos juntos por primera y única vez. Al día siguiente nos fuimos en mi coche a Madrid, y la llevé al aeropuerto. Nos abrazamos en la puerta de embarque y, al despedirse, me entregó una carta con la condición de que la leyera cuando ella se hubiera marchado.

8 de enero de 1999

Querido Miguel, me ha demostrado que es mejor persona de lo que realmente quiere aparentar. Me hubiese gustado compartir mi vida con usted, pero no puedo amarlo, y tampoco quiero hacerle daño. No sé si todavía estoy enamorada de otra persona, pero necesito averiguarlo para poner en orden mis sentimientos. Ojalá que, cuando los aclare y sepa verdaderamente lo que siento por usted, no sea tarde... Quererle a usted, creo que dejaré de hacerlo el día que la luna sea más grande que el sol.

La muerte de mi abuela ha precipitado mi partida, de no ser así seguro que me hubiese gustado pasar y compartir más tiempo con usted. Me encanta cuando habla de salsa, y la manera en que me trata, la forma en que me mira, y sobre todo, su sonrisa, aunque sé que muchas veces ha sido muy forzada por los problemas que ha tenido con sus socios por mi causa.

Ojalá pudiese usted dejar esa vida que yo creo que no le encaja.

Nunca le podré pagar todo lo que usted ha hecho por mí, pero tenga la seguridad de que nunca le olvidaré, y que eso que dice usted de que es «un cordero en un mundo de lobos» es cierto; pero también que usted, aparte de ser bueno, es más sabio.

No le pido perdón, porque el único que debe perdonar es DIOS, pero sí disculpas, y que ese mismo Dios sea quien me le bendiga y le proteja.

Leí la carta con un extraño temblor. Nunca podría olvidar a esa mujer, ni lo que sentí con ella. De hecho, seguí con mi vida, pero todos los meses le hacía llegar un dinero a Colombia para que pudiera estudiar y cumplir su sueño. Y siempre que llamaba al Negro preguntaba por ella sin poder evitarlo. Este, que ya sabía todo, me decía: «Lo que es de Dios, nunca puede ser para el diablo».

Pensé que nunca más la volvería a ver...

DINERO A CAPAZOS

Ese año 99, a pesar de la despedida de Michel, el dolor que me ocasionó y lo que me costó volver a la cotidianidad, todo continuó en orden. Yo estaba bien, en los negocios no teníamos más problemas que los habituales y seguíamos creciendo con más rapidez de lo previsto. Comenzamos la construcción del macroburdel de Castellón, un complejo que cambiaría la estética de cárceles de los burdeles de entonces. De hecho, este local sigue siendo un referente del lujo dentro de los clubes. Y como esto de la trata daba para mucho, empezamos también la construcción de otros dos, uno en Valencia y otro más en Ciudad Real capital. No teníamos competencia alguna, nuestro producto anulaba el resto, y eso que, muy despacito, iban apareciendo las mujeres rumanas.

Alguien se preguntará cómo unos ignorantes sin estudios llegamos a ser los amos de la prostitución y la trata, pero la respuesta es muy sencilla: carecíamos de moral, no teníamos escrúpulos y sí mucha empatía entre nosotros, como suele suceder entre todos los delincuentes. Nosotros no éramos más de veinte personas, entre las que nos repartimos el pastel de la venta y el alquiler de mujeres. Así que éramos pocos y encima estábamos muy unidos. Y ahí estaba la clave de todo.

Hay que tener en cuenta que los anteriores dueños de los locales desconocían el procedimiento para traer a las víctimas de trata, y eso los ponía tan en desventaja con respecto a nosotros que poco a poco fueron cediéndonos sus clubes o asociándose con nosotros por un precio más que razonable.

Como la mirada atenta del propietario es imprescindible para que todos los negocios funcionen mejor, y este, por motivos obvios, con mayor motivo, empecé a viajar aún más a menudo para visitar todos los clubes, incluido el de Castellón, que estaba por terminar, pero en el que quería seguir de cerca las obras.

Una noche, a mi regreso al club de Valdepeñas desde Castellón, entré directo al pequeño despacho para dejar encima de la mesa la bolsa de las armas —dos pistolas, un revólver y una nueva escopeta comprada, como el resto, en Portugal, aunque las recogíamos en Galicia— y me dirigí al salón para sentarme a mirar y descansar. De pronto, tres policías salieron de las sombras, me empujaron contra la pared y me esposaron. Tras ellos, un ejército de policías con chalecos antibalas entró por la puerta principal y a continuación hizo su aparición el juez de guardia, que me leyó la orden de entrada y el registro del establecimiento...

Los policías empezaron a separar a las mujeres del personal del club, mientras a los clientes, después de pedirles su documentación e identificarlos, los dejaban marchar —los clientes siempre se van libres.

No estaba preocupado por una posible denuncia de alguna mujer —teníamos un control absoluto sobre ellas a través de sus familias—, lo que realmente me daba miedo era la bolsa de armas abandonada encima de la mesa del despacho.

Llevaban varias horas de registro cuando por la puerta entró el cocinero, mi ahijado, al que empujaron junto al resto del personal del club. Después entendí que el Poli había tardado tanto porque, arriesgándose, me había salvado, ocultándose y escondiendo la bolsa de las armas en la cocina. Ninguno teníamos permiso de armas, salvo el Chepa, que tenía permiso de caza, así que por ahí sí podrían habernos agarrado por los huevos.

—¿Quién es el jefe de este operativo? —pregunté al policía que me custodiaba—. Me gustaría hablar con él.

El policía me abandonó por unos instantes y volvió con su jefe, el inspector jefe de la policía del pueblo. Era un hombre bajito, de unos cincuenta y pico años, con fama de buen poli y honrado, y eso podía resultar nefasto para nosotros. Aun así, cuando se colocó frente a mí, no perdí los nervios.

—¿Es usted el jefe? Sé que no hay ningún problema —le dije—. Me han dicho además que usted es un buen profesional.

—Pues a mí me han dicho que tú eres un sinvergüenza —contestó él, sin inmutarse—. Entonces ¿vas a hablar? —no contesté—. Pues, de momento, ahora nos vas a acompañar a la oficina.

Cuando les abrí la oficina, lo único que encontraron fueron los cambios de las dos cajas de la barra y poco más, aparte de la computadora reventada desde el intento de fuga de Michel, que no había tenido tiempo de reponer. Toda la información relativa a las deudas de las mujeres y las verdaderas cuentas del club estaban en mi departamento del pueblo, y la policía, por lo que se veía, desconocía la existencia de ese lugar.

El inspector no se daba por vencido:

—¿Y tú dónde vives? ¿Dónde están las cuentas del club? ¿Y los controles de las mujeres?

—Yo no vivo aquí, sino en Barcelona. Hoy estaba de visita para ver a una amiga, que por lo que veo no está, y no me han dejado tiempo ustedes para preguntar por ella... —respondí, mintiendo descaradamente.

Los policías siguieron registrando minuciosamente todo, sin encontrar nada. Las armas, que eran lo único que nos podía preocupar, habían sido escondidas a conciencia por Poli en la cocina.

—Mira, Miguel, no hemos encontrado nada, pero los jefazos de Ciudad Real quieren investigar a las mujeres —dijo el inspector—. Tenemos indicios de que en este club existen mujeres de deuda, así que todos os venís a la comisaría para tomaros declaración.

—Mire usted —le contesté muy amablemente—, esto ya sabemos cómo va a acabar: no va a pasar nada. Si quiere, tome aquí las declaraciones a las mujeres y los empleados y después yo me apersono en la comisaría y me la toma a mí. Inspector, le aseguro que aquí no hay nada. Estas mujeres no son de deuda, nosotros estamos en contra de la trata de blancas esa...

Pese a mis palabras, nos obligaron a subir a los coches de la policía para ir a la comisaría del pueblo. Yo con las esposas puestas.

Como era de suponer, ninguna de las chicas declaró en nuestra contra. Y tampoco ninguna víctima reconoció que tenía deuda alguna ni con nosotros ni en su país de origen con las personas que habían hecho el contacto para venir a España.

A varias de nuestras mujeres les había expirado el plazo establecido para permanecer en España como turistas, así que les abrieron un expediente de expulsión; al resto las dejaron en libertad y ellas solitas, mansamente, volvieron al redil.

Al día siguiente, como siempre, la parafernalia de la prensa: un reportaje ilustrado con la foto de una chica ligerita de ropa contaba que si se había desarticulado una banda organizada para la explotación sexual, que si había armas, que si bla, bla, bla... Las tonterías de siempre; se dedicaron a pasar la nota informativa del delegado del Gobierno y nada más, sin profundizar mucho, no fuera a ser que perdieran un buen cliente.

Un par de años más tarde de aquella redada, hablé con el inspector jefe. Le propuse que se pasara a la segunda actividad y que trabajara para nosotros como abogado. No se hizo de rogar mucho y aceptó, con la única condición de que no explotáramos a mujeres de deuda y estuviésemos siempre en contra de la trata de mujeres. Creo que era una manera de justificarse delante del espejo cada mañana.

Aquel hombre era mejor policía que abogado, como picapleitos nunca ganó un juicio para nosotros, ni siquiera ese donde me echaron veintisiete años de cárcel. Aunque a lo mejor lo que ocurría era que no quería ganarlos, sabiendo como sabía que, pese a su condición, a lo que nos dedicábamos, precisamente, era a la trata.

Los negocios siguieron funcionando bien. Cada vez mejor. Ganábamos tanto dinero que podíamos permitirnos tener el frente de la justicia abierto sin que nos supusiera demasiado problema.

Empezábamos a tener muchas redadas, porque la policía ya sabía de la existencia de las mujeres de deuda en los negocios, pero siempre salíamos victoriosos por la falta de denuncias de las mujeres por miedo a que les ocurriera algo a sus familias. Y si ellas no se declaraban víctimas, no había delito; así que las redadas suponían una molestia y una pérdida de tiempo, más que de dinero. Sin embargo, a las pobres infelices de las mujeres la visita de la policía especializada sí que les perjudicaba: cada vez que se las llevaban al cuartelillo su deuda aumentaba considerablemente porque tenían que pagar, además, a los abogados, el papeleo...

Pese a que siempre salíamos victoriosos de las redadas, y viendo cómo crecía el negocio, los dueños de los grandes burdeles, los que éramos amiguetes y respetábamos nuestras leyes, decidimos que para funcionar aún mejor y no tener problemas con la justicia, con la policía, y ser objeto de redadas, una detrás de otra, teníamos que asociarnos. Porque ahora las redadas empezaban a ser extremadamente peligrosas —los clubes estaban llenos de mujeres de deuda— y debíamos tener el mejor de los aliados. Y, claro, no estaba entre nosotros; ese no era otro que la brigada central de la UCRIF (Unidad Central de Redes de Inmigración Ilegal y Falsedades Documentales). Es decir, teníamos que aliarnos con nuestros mayores enemigos, la policía especializada en inmigración ilegal, en trata y tráfico de personas.

Se nos ocurrió, para empezar, delatar a los socios menos cercanos, así conseguíamos la confianza de la UCRIF y de paso nos quedábamos con sus negocios. La UCRIF nunca sospechó que nosotros traíamos mujeres de trata. Las denuncias las hacíamos por un interés lucrativo y para eliminar los clubes que nos podían hacer sombra, pero, encima, nos beneficiaban en cuanto a imagen delante de la policía. Le pasábamos tanta información que la teníamos más que ocupada persiguiendo y metiendo en la cárcel a todos los que nos hacían la competencia.

Nosotros no necesitábamos defendernos de la ley, necesitábamos adelantarnos a la ley.

No es que los que nos quedábamos fuéramos de verdad amigos, no era ese el lazo que nos unía, sino nuestras leyes. De hecho, entre nosotros siempre hubo diferencias —muchas, incluso—, pero se arreglaban por el bien de los negocios. La palabra dada se tenía que cumplir. «Si no, cierras, te vas y punto». Las diferencias las solucionábamos en unos días, eso sí, siempre utilizando la violencia. Nuestro mundo es así, extremadamente violento. Y a través de este método lo mantenemos. Pero siempre en la más estricta intimidad; todo se queda en casa. La publicidad no es buena para el negocio, y en este, ¡hay mucho dinero en juego!

Todos los proxenetas y tratantes de esclavas que he conocido sienten una gran desafección hacia las personas en general, incluida su familia, por esta razón también tenemos esa enorme y pasmosa facilidad para traicionarnos unos a otros, entre socios y conocidos.

Con nuestros aliados de la UCRIF entretenidos y silenciados con las denuncias a otros compañeros y nuestros clubes hasta arriba de carne fresca y clientes —¡ahora sí!—, los típicos chochales se convirtieron en lo que son hoy en día: grandes negocios atestados de esclavas sexuales y depredadores consumistas.

Fue en octubre del año 2000 cuando realmente dimos el gran salto y nos consolidamos como los verdaderos amos de la trata, los grandes capos de la prostitución. Justo cuando abrimos las puertas del mayor complejo hotelero de la época, situado a las afueras de Castellón.

Los negocios de las bombillas de colores dieron paso a los fluorescentes, y estos, ahora, a las luces *led*. Todo se fue modernizando y profesionalizando, como la prostitución y la trata.

Inauguramos el nuevo club de Castellón con nada menos que ciento sesenta y cuatro mujeres, todas ellas víctimas de trata, llegadas desde Colombia y Brasil en un tiempo récord. En menos de dos meses fueron captadas en su país de origen y trasladadas a España. Las recogíamos de los aeropuertos, las conducíamos directamente a nuestros clubes de La Mancha, principalmente, y también a los dos de Tarragona, y una vez en los locales las aleccionábamos y explotábamos mientras permanecían encerradas y hacinadas en espera del gran acontecimiento.

El día antes de la inauguración del macroburdel castellonense rentamos tres autocares para trasladar a todas nuestras mujeres. Las pobres incautas pensaban que iban de excursión. Cantaban, comían sus bocadillos, parecían felices... Estaban esperanzadas. Cualquier cosa sería mejor que lo que llevaban vivido hasta ese momento. Eso creían. Al final del trayecto les esperaba la realidad: más de lo mismo. Un interminable cautiverio y una despiadada explotación sexual.

La inauguración fue todo un éxito. No sólo se estrenaba el primer macroburdel, el más grande de España en ese momento, sino que contaba con unas instalaciones que asombraban y maravillaban a todo el mundo. En el club había piscina, gimnasio, peluquería, sauna... Disponía de cuarenta habitaciones, cinco de ellas eran *suites* con nombre propio y distinta decoración. A estas *suites* se podía acceder directamente desde el ascensor situado en la recepción para, de esta manera, no ser visto.

Un lugar que sin duda ofrecía a los ojos de cualquier invitado una demostración del lujo y el bienestar en el que vivían las mujeres. Estas, pese a las apariencias, estaban presas, y sólo hacían uso de esas magníficas instalaciones a demanda de los clientes y en su compañía. Cuando no había clientes, el lujo se cerraba con llave.

Una cárcel de neón que abría las veinticuatro horas del día. Con tres salas diferentes. La primera era una sala VIP para los clientes más importantes, personas conocidas y muy populares, como futbolistas de primeros equipos, políticos, grandes empresarios... De esta manera no eran objeto de miradas extrañas, nadie de la calle se enteraba de su presencia en el local, y así, resguardados en el anonimato, podían dar rienda suelta a sus instintos más variopintos con las jóvenes y exóticas presas.

En otra de las salas siempre había un espectáculo de *striptease*, que interpretaban en turnos de una hora las distintas mujeres del club. Y en la tercera y última sala, el cliente de todo tipo de clase, de cultura e incluso religión se amontonaba para estrenar las magníficas instalaciones del elegante macroburdel, elegir la carne fresca de las mujeres exóticas recién llegadas de países tan lejanos y, desde luego, estrenarlas a ellas también.

Con tantos negocios abiertos, y tanta y tan novedosa materia prima, el dinero comenzó a entrar a montones. Nos convertimos, casi de la noche a la mañana, en hombres no sólo ricos, también poderosos, porque la competencia nos admiraba y nos envidiaba, pero también, y sobre todo, nos temía.

Ahora sí, los directores de las sucursales bancarias ya no nos veían como a los ignorantes dueños de los puticlubs, sino que nos recibían a cualquier hora, nos ofrecían todo tipo de negocios, nos respetaban y nos ayudaban informándonos sobre cómo lavar ese dinero que llegaba en cantidades ingentes.

Éramos los grandes amos de la trata, y nuestro lema era: «Paso corto para no caer, y mala leche para traicionar a tus semejantes».

ENTRAMADO FINANCIERO

Con tantos y fructíferos negocios abiertos, era de suma importancia seleccionar bien a los empleados y colaboradores que trabajaban en nuestros locales. Esto permitía que los socios iniciales —nosotros tres— gozáramos de autonomía suficiente para seguir captando y creciendo, sin necesidad de tener que estar constantemente en los clubes. Sólo era necesario que fuéramos de vez en cuando, de visita, para ver cómo iba todo y que nos vieran también a nosotros.

Para llevar un club pequeño bastaban un total de seis personas, máximo siete. De estas, tan sólo se daba de alta al encargado del local y a la encargada de las mujeres —los empleados, antiguamente, no estaban asegurados, todo era más liviano.

En primer lugar estaba la encargada de las mujeres, la mujer de absoluta confianza, que suele ser la pareja de uno de los dueños —casi todas las encargadas han ejercido la prostitución antes—. Este era el caso de Basy, la *mujer* del Dandy, que ya llevaba en ese puesto una larga temporada. La misión prioritaria de estas mujeres de confianza era el cobro de *la diaria* y de las multas de las víctimas, además de ser los ojos y oídos de los dueños para estar al día de lo que pasaba por la cabeza de las chicas. Desde un posible plan de fuga, hasta los problemas que pudieran tener en su casa de origen. Esta información era de suma importancia para nosotros, los proxenetas; gracias a ella podíamos anticiparnos y reaccionar a tiempo ante cualquier imprevisto.

Eran una de las piezas más importantes de un club. Además de su trabajo con las chicas, las encargadas también eran las jefas de las mamis de la limpieza. La limpieza del negocio la realizaban mujeres que trabajaban en dos turnos, de día y de noche. No participaban en el negocio de la trata, como tampoco el jefe de barra ni los meseros; simplemente eran gente acostumbrada a trabajar en la noche, pero no vivían de la explotación de las mujeres y, si sospechaban algo, miraban para otro lado.

Por el contrario, el encargado del local y la mujer de confianza también eran cómplices de la explotación y, cómo no, sacaban tajada de la tarta, llevándose un sobresueldo en dinero negro.

La contabilidad de antaño era como una especie de *cuenta de la vieja*. Consistía en manejar dos sobres: el de la caja diaria, que correspondía a los ingresos facturados en el bar, y el del cobro de las plazas, la famosa *diaria*, esa cuota fija y obligatoria que tienen que pagar todas las mujeres por estar en el club en concepto de comida, cama —que no habitación— y lugar de trabajo. Este último dinero lo tenían que abonar antes de salir al salón y al contado, y, naturalmente, no quedaba registrado en ninguna parte.

Lo facturado en el bar por la venta de las copas o consumos diarios, a su vez, se registraba en dos cajas diferentes: una, la que siempre facturaba menos, que era la contabilidad que presentábamos a los gestores externos —ajenos a la empresa—, para su declaración como cualquier tipo de negocio; y la otra, la de los consumos que no se declaraban y pasaban a sumar al gran bote de dinero negro.

Cada club era independiente uno del otro —aunque lo explotáramos los mismos proxenetas—. En cada uno de los locales el encargado hacía y deshacía con total autonomía —por esto era tan importante que fuera una persona de total confianza— para así evitar conexiones entre negocios de cara a una inspección de Hacienda o a una investigación policial.

La simpleza de este sistema era la clave para crear el gran entramado financiero, que, por cierto, es muy similar al que sigue vigente en la actualidad.

¡Era tal el volumen de dinero negro que manejábamos! Porque si por sí sola la prostitución era muy rentable, ahora, sumándole la trata con todo lo que esta arrastraba, deudas, multas, etcétera, ¡el dinero se multiplicaba y se volvía incontable!

Empezamos a darnos cuenta de la magnitud del beneficio económico que genera la trata el primer domingo que necesitamos las mesas del comedor del personal para poder colocar sobre

ellas el dinero procedente de la explotación sexual de las mujeres, que, como tenían que saldar la deuda, nos lo quedábamos
directamente. A este se sumaban las cantidades de las *diarias* de
cada una de ellas, las multas y un porcentaje de todos sus gastos en cualquier cosa: peluquería, salidas, productos de limpieza,
llamadas telefónicas, preservativos, lubricantes, gastos médicos
generales, abortos...

Los pequeños chochales se convirtieron en grandes salas de
lujo, en grandes complejos donde hacinábamos a las mujeres, sin
respetar ningún aforo ni permiso municipal. Los banqueros nos
recibían a cualquier hora y nos ofrecían todo tipo de negocios y
los abogados nos asesoraban..., y ni unos ni otros nos preguntaban por la procedencia del dinero. De la noche a la mañana todos
nos veían más guapos, más altos, e incluso más cultos... A nadie
le importaba de dónde viniéramos, cómo fuéramos o lo que hiciéramos: sólo les importaba nuestro dinero.

Los burdeles tenían una triple contabilidad. La primera es
la que exigía Hacienda en cualquier tipo de negocio: nóminas,
gastos normales de empresa tales como luz, agua, gas, teléfono,
alquileres, consumibles... La segunda, ya en B, era la destinada a
los asuntos internos del negocio tales como financiamiento de
campañas de antisensibilización, creación de grupos de presión
como ANELA (Asociación Nacional de Empresarios de Locales
de Alterne) y otros medios para lavar la cara de la prostitución,
como recursos directos para la captación de mujeres en sus países
de origen, sobornos, extorsiones, comidas, reuniones, seguimien-
to y creación de foros en Internet y en redes sociales a favor de
la prostitución.

Después, el dinero de la tercera y última caja servía para la creación de empresas *lícitas* para dar servicio a los clubes: lavanderías,
peluquerías, gimnasios, empresas de seguridad... Estas eran espe-

cialmente importantes porque nos permitían tener controlados a los controladores; es decir, a los porteros y al personal de seguridad, que nos ofrecían toda la información sobre los clientes. Una información muy valiosa que podíamos utilizar en cualquier momento, para cualquier cosa. Y por último, también invertíamos en inmobiliarias, para ser los propietarios de los locales de nuestros negocios. Para la compra de todas esas empresas utilizábamos como pantalla a testaferros, prestanombres que teníamos totalmente controlados, no sólo porque el negocio fuera nuestro, sino porque no éramos gente a la que se pudiera engañar sin consecuencias. Invertíamos en todas estas empresas, supuestamente lícitas, y en su mantenimiento, y con ellas íbamos lavando todos los activos.

La facturación diaria se distribuía siempre en dos fases. El veinticinco por ciento, para los gastos legales de la empresa, y el setenta y cinco restante, todo en negro.

Una de nuestras empresas *normales/legales*, ajena a nuestro negocio real, gestionaba el veinticinco por ciento legal de la contabilidad; así, en caso de una inspección de Hacienda eran estas cuentas las que se presentaban, y como, por supuesto, apenas daban beneficios, durante varios años seguidos Hacienda nos devolvió dinero. Nos parecieron muy honrados: todos querían nuestro dinero menos Hacienda.

El otro setenta y cinco por ciento lo gestionaba la propia organización con asesores contables dependientes de la empresa. Eran empleados nuestros, muy bien pagados, que trabajaban fuera del club e incluso en ciudades distintas donde no teníamos ningún local abierto. Estos asesores eran, cómo no, expertos en el lavado de dinero.

La creación de esas empresas legales nos permitía la solicitud de préstamos a los bancos, y este era otro modo de legalizar el dinero negro no declarado procedente de la trata y la prostitución;

y, encima, eso nos daba un barniz de honorables hombres de negocios... Cuando creábamos una de estas empresas, les inyectábamos una cantidad de dinero en efectivo procedente de nuestro setenta y cinco por ciento no declarado; así convencíamos a los bancos de la buena marcha del negocio. A continuación, solicitábamos un préstamo presentando un proyecto de expansión de la empresa, por supuesto con su respectivo aval, que solía ser una cantidad entorno a los trescientos mil euros. Nadie nos negaba los préstamos, incluso era un momento de bajo interés. Las letras mensuales, como es natural, las pagábamos con los beneficios de la trata. Cuantas más empresas, más préstamos bancarios, más dinero legalizado, y además con la ventaja añadida de poder decidir de entre todas esas empresas cuál entraba en crisis, o en suspensión de pagos, cuando nos convenía hacerla desaparecer.

Todo este entramado financiero se sostenía con la más absoluta impunidad. Empresas fantasma, testaferros indigentes... Éramos grupos fuertemente organizados y asesorados por buenos profesionales; todos, ellos y nosotros, claro, sin escrúpulos.

Es cierto que existen otras organizaciones ajenas a nosotros, así como también locales de alterne más pequeños e independientes de los más grandes, pero es completamente imposible que estén asociados entre ellos, aunque siguen el mismo patrón financiero de las grandes organizaciones. El club pequeño no tiene empresas legales porque carece de los recursos suficientes, pero, aunque con menor cantidad de dinero, la manera de hacer la contabilidad es la misma. Se declara un mínimo para Hacienda que corresponde a los pagos necesarios para sostener el negocio y el resto es dinero contante y sonante que no se declara.

Para que funcionen bien estos negocios, como tantos otros, tienen que estar regentados por sus propios dueños, «al ojo del amo engorda el caballo». Y esos *amos* casi siempre somos hombres. Existen algunas mujeres, pocas en realidad, que son exvíctimas de la trata. Mujeres a las que el deterioro físico y psicológico les ha vuelto la piel dura y resistente a los sentimientos y no les ha dejado otra salida. Como no saben hacer nada más, ni encuentran trabajo en ninguna otra parte, optan por seguir vinculadas al mundo de la prostitución, sobre todo como mamis, encargadas de vigilar a las mujeres.

En junio de 2015 se efectuó la operación más grande contra el entramado financiero de doce clubes de toda España. Se bautizó como Operación Pompeya y fue efectuada y llevada a cabo por la UDEF (Unidad de Delincuencia Económica y Fiscal).

En dicha operación la policía incautó en los burdeles más de un millón y medio de euros en efectivo, y posteriormente detuvo a quince responsables o testaferros de los negocios acusados por el fisco de haber defraudado a Hacienda la cantidad de ciento quince millones de euros. Eran los ingresos correspondientes a los servicios sexuales de las mujeres pagados por los clientes a través de tarjetas de crédito.

La ganancia de la empresa guipuzcoana dueña de las TPV (Terminal Punto de Venta) desde donde se cobraba a los clientes era de un diez por ciento a modo de préstamo o anticipo al cliente. Este beneficio se repartía entre la empresa dueña de las TPV, que se quedaba con un seis por ciento, y el club, que se hacía con el restante cuatro por ciento del cargo total de los servicios pagados con las tarjetas de crédito.

Un sistema ideado para que toda la suma de estos pagos no aparecieran en la contabilidad del negocio, pues en las TPV no figuraban los datos del burdel, sino de la empresa que gestionaba los ingresos de dichas terminales. Una suma que se acercaba a la cantidad de quinientos millones de euros —según Hacienda— y que se lavaba en las empresas legales de los señores de la prostitución y la trata. También con la adquisición de obras de arte, inmobiliarias, nuevas macrocárceles burdel e incluso algunas ONG con estatutos legales para hacer donaciones que, encima, nos suponían desgravaciones fiscales.

Este blanqueo de capitales es la punta del iceberg del dinero negro que mueve el entramado financiero de estas organizaciones, que, lejos de acobardarse con la investigación por parte de la UDEF y su resultado, buscan nuevos caminos a través de los que perfeccionarse y siguen en activo tres pasos por delante de lo que se va descubriendo.

Tras el escándalo ocasionado por la famosa Operación Pompeya, después de esta macrooperación los clubes siguieron abiertos. Los cientos de páginas de cobertura que ocuparon todos los medios de comunicación no sirvieron más que para que el asunto estuviera en la conversación durante algún tiempo; pero no pasó nada más. Curiosamente, no se precintó ni un solo club; tan solo se cerraron durante un par de días, mientras se llevaban al personal a declarar; después, cada uno a lo suyo. Y lo nuestro era seguir ganando mucho dinero y encontrando las fórmulas adecuadas para ir por delante de la justicia.

En la actualidad, el entramado financiero es muy parecido. Algo más sofisticado, sí, pero no muy diferente. Para poder construirlo han sido necesarias casi tres décadas en el mundo de la prostitución, y todo ha sido posible gracias a la impunidad que rodea a la trata.

ANELA
(Asociación Nacional de Empresarios de
Locales de Alterne)

Con el comienzo del siglo ya estábamos fuertemente asentados en el mundo de la trata y era de vital importancia para la tranquilidad de los negocios crear buena fama, hacer un lavado de cara de la prostitución, tan estigmatizada y tan mal vista, a pesar de su popularidad.

El primer y más importante paso de todos era confundir a la policía y hacerle creer que nosotros, por supuesto, también estábamos en contra de la trata de mujeres. Por esa razón denunciábamos a muchos tratantes —en realidad, lo hacíamos también para quedarnos con sus negocios y sus mujeres— y les asegurábamos que la prostitución profesionalizada con la que trabajábamos era otra cosa muy distinta. Así nos ganábamos su confianza. En segundo lugar, necesitábamos la complicidad de la ciudadanía, convencerlas de que la prostitución era un trabajo como otro cualquiera, donde las chicas llegaban por voluntad propia, eran libres para marcharse en cualquier momento y, además, ganaban mucho dinero. ¿Cómo alguien en su sano juicio podía dejar sin trabajo, sin pan, a todas estas mujeres y sus hijos, cuando ellas de manera voluntaria habían elegido ser prostitutas? ¿Dónde quedaría lo más importante, la libertad del individuo? También era vital contar a la opinión pública que, dada la cantidad de dinero que generaba este negocio, el pago de nuestros impuestos contribuiría al bienestar de la nación, a construir carreteras, hospitales, a que no desaparecieran las pensiones... Nosotros éramos tan honestos como cualquier empresario, y deseábamos pagar religiosamente nuestros impuestos. Necesitábamos de manera urgente el lavado, centrifugado y secado de nuestra imagen, y para ello debíamos convencer no sólo a las autoridades, sino también a la opinión pública y a la prensa.

En esa época apareció por nuestros negocios, y se fue introduciendo poco a poco en el mundo de la prostitución, un abogado valenciano, dueño y gerente de una empresa de seguridad que buscaba y encontraba a sus futuros trabajadores entre los grupos de jóvenes más violentos, con ideologías neonazi, como los *skinheads*. A nosotros tener en la puerta de nuestros locales ese tipo de hombres nos beneficiaba, pues su sola presencia resultaba disuasoria y evitaba problemas con borrachos o pequeños conflictos con clientes. Contratar a todos sus *skinheads* hizo que la pequeña empresa del abogado valenciano empezara a generar grandes ingresos. Como todos los grandes capos de la prostitución y la trata estamos relacionados entre nosotros, las contrataciones de todo este nuevo personal de seguridad se hizo en bloque; de esta manera, tendríamos nuestros intereses perfectamente protegidos en las puertas y, a la vez, podríamos liberar a nuestros hombres de seguridad de esa tarea y ocuparlos en los posibles problemas con los tratantes que estábamos denunciando a la UCRIF.

El abogado valenciano tenía mucha labia y una carrera universitaria y era un hombre supuestamente culto e instruido; tanto como para convencernos a todos, en primer lugar, de que contratáramos los servicios de su empresa de seguridad, pero también para seducirnos y hacernos creer que él era la persona ideal para mejorar la imagen de nuestros negocios en particular y de la prostitución en general. Y así fue como decidimos contratar al valenciano para convertirlo en el paladín de lo indefendible: ¡la esclavitud!

Corría el otoño de 2000 cuando este ilustre abogado convocó a una reunión a todos los mayores empresarios de prostitución y trata en España. En esta cita nos propuso crear una asociación para cambiar la imagen del negocio, para tener una sola voz común, y se postuló como futuro secretario y portavoz de la misma.

Todos los dueños vieron con buenos ojos ser representados por un personaje tan siniestro y avaricioso, así que ya en esa primera reunión se le dieron plenos poderes para crear la asociación que proponía; pero, aunque lo que trascendió en su día a la opinión pública fue que este individuo había conseguido unir a los amos y señores de la prostitución y la trata en España, no era en absoluto cierto: cuando él apareció, nosotros llevábamos más de veinte años unidos. Él sólo era un títere que comía de las migajas que le dábamos, pero que, a través de su labia, su falta de ética y moral que le habilitaban para mentir abiertamente, nos permitía aumentar el número de clientes y salir del anonimato.

La primera reunión para formalizar la creación de ANELA y la captación de nuevos socios fue en agosto de 2001, en el hotel Meliá Castilla de Madrid. También sirvió para elegir la directiva y unir fuerzas para desarrollar este nuevo proyecto en común.

Aquel sábado, el abogado valenciano y su cuñado, de la misma profesión, dos tipos ambiciosos, tan sin escrúpulos como cualquiera de nosotros, pero con estudios, creyeron ser más listos que los ignorantes y analfabetos que tenían sentados frente a ellos; pero todos sin excepción éramos unos rufianes, mafiosos, macarras y proxenetas que, al término de esa cita, salimos convertidos en unos grandes empresarios: los empresarios de los clubes de alterne. Es decir, unimos a nuestro poder y nuestro dinero un estatus y una consideración que nunca hubiéramos imaginado poder alcanzar.

La primera directiva resultante de ese día tan caluroso de verano madrileño estuvo formada por los grandes señores de la prostitución, los propietarios de mayor cantidad de burdeles, más mujeres —de deuda— y, por tanto, más dinero y poder. Por supuesto, el ilustre abogado accedió a ser el portavoz e imagen de la asociación por el módico precio de más de cuatrocientos mil euros anuales. Cada club se comprometía a pagar una cuota de trescientos euros mensuales por pertenecer a la asociación, más minutas aparte si demandabas los servicios jurídicos que ofrecían el dúo formado por el abogado y su cuñado.

Lo primero que el gran defensor de la prostitución y la trata solicitó una vez tomada posesión de su cargo fue una tarjeta de crédito de ANELA, donde él era el único beneficiario de la misma, como también el único que podía disponer de la liquidez de la asociación, convirtiendo su imagen en un mero negocio.

La creación de ANELA suscitó mucho interés en la prensa, y la opinión pública no vio con malos ojos nuestra propuesta. Al contrario. Ya se sabe que todo lo relacionado con el sexo y la prostitución da mucho morbo; y los programas siempre andan ávidos de este tipo de contenidos, que suelen obtener grandes audiencias. Así que a nuestro ilustre representante, con su labia y su prepotencia, se lo rifaban en todas las tertulias televisivas. Se paseaba de estudio en estudio, de emisora en emisora, concediendo entrevistas donde, con toda rotundidad, defendía lo indefendible, no sólo sabiendo que todo era mentira, sino, además, ocultando los pingües beneficios que obtenía por confundir y engañar descaradamente a la sociedad. Y todo lo hacía sin ningún tipo de rubor y sin vergüenza; más bien todo lo contrario, parecía sentirse orgulloso de su singular tarea.

A la opinión pública le vendíamos a través de nuestro representante la necesidad de regularizar el sector, de cubrir un vacío legislativo. Siempre, naturalmente, en beneficio de las mujeres. Se hablaba de la prioridad de legalizar la magnífica profesión de prostituta, también de que el sexo de pago era y es necesario, casi como una actividad social, una forma de servicio a la ciudadanía; vamos, que éramos como una ONG defendiendo los derechos de las más vulnerables y, en el plano profesional, unos empresarios modélicos. Tengo que reconocer que en muchas ocasiones sentíamos un enorme bochorno cuando escuchábamos los argumentos que exponía; pero lo cierto es que su pericia era innegable.

Cuando lo atacaban en las tertulias de televisión, él siempre defendía lo modélico de nuestro trabajo, y disparaba contra todo lo que se movía para protestar por lo mal que éramos tratados por culpa de las mafias callejeras —los rumanos habían hecho ya su aparición— dedicadas al proxenetismo. Además, culpaba a los jueces de una mala interpretación del código penal, a los inspectores de trabajo y Hacienda de un concubinato con la policía por asistir a los registros y redadas, y a las ONG de frívolas y mentirosas. Defendía una y otra vez, a capa y espada, que la prostituta era la única empresaria de su actividad, dueña y señora de su cuerpo, del que podía disponer a su libre albedrío. Lo que no contaba, como es lógico, era que las ganancias de la venta de ese cuerpo eran para sus dueños, o sea, para nosotros.

Su discurso se fue profesionalizando más y más a medida que acudía sin parar a un medio y a otro. Y así acabó por inventar algunas medidas y soluciones que, según él, era imprescindible que acataran los gobiernos para vestir de derechos a las mujeres, desnudas de estos.

En primer lugar exigía que se luchara por la plena integración de las prostitutas en una actividad laboral, pero sin hablar, claro, de una integración en la sociedad de las mujeres, siempre víctimas de exclusión social. Tenían derecho a una cotización en el régimen de autónomos, como cualquier trabajador, eso decía. Olvidaba añadir que eso estaría muy bien siempre que ejercieran en nuestros burdeles. Además, apuntó que se necesitaban controles en los locales del sector para que las chicas estuvieran al día en cuanto a temas sanitarios, sin mencionar, por supuesto, que esos controles los organizaban los laboratorios valencianos contratados por ANELA y que la asociación cobraba un buen pellizco de comisión por unos absurdos análisis que aumentaban la deuda de las mujeres en doscientos euros cada mes.

Todo su alegato se mantenía con la defensa de la prostitución como un trabajo cualquiera, de libre elección. El pequeño detalle que olvidaba en sus argumentos era que estas mujeres no llegaban a la prostitución por voluntad propia ni en libertad, sino por la precariedad en la que vivían, por la necesidad de sus familias y porque nosotros, conociendo su vulnerabilidad, les dábamos caza como si fueran animales indefensos.

Para apoyar todo el discurso de nuestro representante necesitábamos también la voz de algunas mujeres que lo ratificaran y aportaran veracidad a sus afirmaciones; pero era una tarea muy sencilla para nosotros, que éramos sus dueños y explotadores, conseguir que ellas hablasen delante de las cámaras de lo bonita y fácil que era esta vida. Si lográbamos, amenazándolas y atemorizándolas, que no denunciaran y que enmudecieran ante los jueces, ¿cómo no íbamos a ser capaces de convencerlas para que fingiesen en televisión gozar de una vida feliz, glamurosa y alegre?

Elegíamos a las que eran de nuestra confianza para que atendieran a los distintos medios de comunicación, después de aleccionarlas a la perfección. Algunas de estas mujeres, la mayoría españolas, a las que también explotábamos y exprimíamos, al tener un estatus algo superior al de sus compañeras, ni siquiera eran conscientes de que también eran víctimas. Hasta ese punto llegaba el engaño.

Detrás del discurso para que la prostitución se reconociera como un trabajo estaba una vez más el interés económico. La facilidad y la libertad que supondría el poder elegir a las posibles trabajadoras en su país de origen con una oferta de trabajo. Como si venir desde Colombia con un contrato legal impidiera contraer una deuda y pagarla, con el cuerpo, con la vida entera.

El secretario de nuestra modélica asociación siempre negaba la existencia de mujeres de deuda, es decir, negaba que la trata formase parte de nuestros negocios; pero, detrás de los focos, nos marcaba con cartas muy explícitas cómo se debía actuar en caso de redada y nos insistía una y otra vez en que el aleccionamiento de las víctimas debía ser constante. Era necesario convencer a las víctimas de que si había una redada tenían que negar la deuda con nosotros, y amenazarlas, en caso contrario, con una despiadada actuación del Negro James.

También nos aconsejaba sobre la importancia de que las víctimas firmaran en el país de captación un contrato asegurando que venían de forma voluntaria, y nos insistía en que se añadiera a este contrato un aval con la casa de sus padres o algún bien que tuviesen en propiedad.

Debatía ante cualquier medio como si fuera el paladín de la verdad, el justiciero defensor de la mujer y sus derechos, y no el mercenario que era en realidad. Salía en todos los programas de televisión y ganaba muchísimo dinero; pero nada era suficiente para este personaje, tan ambicioso de dinero y de poder: quería más y más.

En una nueva reunión convenció a toda la directiva de ANELA de que deberíamos unificarnos también para tener una central de compras. Cuanto mayores fueran nuestros pedidos, más se abaratarían los costos de los productos que necesitábamos a diario, como bebidas, comida, vasos, toallas, sábanas, preservativos, lubricantes... Todo ello, cómo no, lo controlarían él y su cuñadísimo desde su feudo en Valencia. Alquilarían una nave donde se almacenarían los productos no perecederos y desde allí se haría el reparto semanal a cada local, según su orden y necesidad; pero su intento de monopolio fracasó, porque no creó la infraestructura necesaria para suministrar a los socios sus pedidos y porque el reparto era muy deficiente. En realidad, ni siquiera había previsto esta parte del negocio, la entrega de los suministros, porque lo que pretendía era cobrar comisión de todos los representantes de los distintos productos, de todos los servicios. Lo que quería, en definitiva, era ser un comisionista de todo el gran pastel.

Como todo tiene un final cuando las cosas no se hacen como corresponde —o al menos así debería ser—, sus mentiras fueron descubiertas, la notoriedad de sus afirmaciones y sus argumentos fueron cayendo poco a poco, desmontadas por las fuerzas y cuerpos de seguridad del Estado, por las mujeres, por las asociaciones que trabajan contra la trata y, desde luego, por sus propias contradicciones.

Entre 2001 y 2015 la mayoría de los miembros de la junta directiva y sus socios fueron acusados por delitos relativos a la prostitución, fraude fiscal, alzamiento de bienes, blanqueo de capitales, falsedad documental, amenazas, sobornos y un sinfín de delitos juzgados y con sentencias firmes.

En uno de los últimos juicios contra ANELA, en 2015, la asociación reconoció que en los clubes de alterne se practicaba el sexo con menores, debido a que las mafias falsificaban los documentos de las niñas. Eso no gustó a sus socios y fue el detonante de la ruptura del matrimonio por interés, formado por los señores de la trata y la propia asociación. Claro que, después de esa asociación, vinieron otras. Se llamaran ANELA, Mesalina, etcétera, eran, son y serán el mismo perro con diferente collar. Una manera de convertir a los grandes explotadores de la prostitución y la trata, macarras y proxenetas, en honrados empresarios.

CAPÍTULO 3

PASO CORTO, MALA LECHE

PASO CORTO

Corría el año 2000. La llegada del nuevo siglo, que tantas incertidumbres supuso para muchos, en nuestro caso se tradujo en una total consolidación del negocio. O, mejor dicho, de los negocios. Era tal la cantidad de dinero que nos proporcionaban los clubes que no sólo reinvertíamos en más locales, sino que seguíamos destinando buena parte del capital a empresas legales, sobre todo de construcción, con las que íbamos blanqueando nuestros activos, cada vez con mayor rapidez. Tanto dinero hizo que nos sintiéramos más poderosos, por tanto, también más capaces de involucrarnos en empresas a las que antes ni se nos hubiera ocurrido acercarnos. Nos convertimos en mecenas de pequeños equipos de futbol juvenil para contentar a los ayuntamientos de los que dependían nuestros burdeles y en apoderados de jóvenes promesas del toreo, con la misma intención. ¡Hasta nos atrevimos a gestionar una plaza de toros! Cualquier opción nos parecía válida, siempre que no implicase olvidar una de nuestras inversiones prioritarias: el oro. Ese metal tan preciado era primordial en nuestra forma de vida. Cuestión de imagen. El oro deslumbra siempre, pero más a una mujer pobre, sin recursos, sin posibilidades, que ve en él el reflejo de sus sueños. Yo siempre llevaba un buen reloj de oro acompañado de una esclava, además de un medallón al cuello y varios anillos. Piezas lo más grandes y ostentosas posible de oro amarillo, bien visible y refulgente, que resaltara mi poderío económico. Esto resultaba tan hipnótico como los coches grandes de marcas importantes. Y de paso, nos proporcionaban unos activos fáciles de vender. Vamos, que si las cosas venían mal dadas, tanto el oro en todas sus versiones como los coches buenos se traducían en dinero contante y sonante. También los caballos nos gustaban. La mayoría de los dueños de los negocios hacía quinielas y se compraba una finca con caballos. Nosotros compramos una en Ciudad Real, donde teníamos más de setenta equinos de los que se ocupaba el Chepa, al que le encantaba el campo y la caza.

Teníamos de todo: oro, coches, empresas, campos, animales y el respeto y el temor de cuantos nos rodeaban. Y todo se lo debíamos a ellas, a nuestras mujeres. Más de setecientas en propiedad, todas latinas, captadas directamente por nosotros y repartidas por algunos de los burdeles más grandes e importantes de España, entre ellos el recién estrenado en Castellón, cuyo éxito estaba siendo estratosférico.

Por entonces, empezamos a dar entrada en nuestros locales también a las rumanas. A ellas las captaban sus compatriotas, con quienes debíamos compartir el botín de su explotación; pero, aun así, nos resultaban rentables. Sin embargo, la coincidencia en las nacionalidades de cientos de chicas de nuestros burdeles más grandes e importantes no pasó desapercibida ni a la policía especializada contra la trata de seres humanos ni a las ONG que trabajaban para rescatar a las víctimas. El origen mayoritariamente colombiano de las mujeres de los clubes desató las alarmas y la UCRIF se dedicó a meter presión en nuestros clubes, noche tras noche. Si antes las redadas —controles selectivos— no nos suponían un problema ni judicial ni penal, porque al no existir la trata tampoco se incurría en un delito, ahora las cosas empezaban a cambiar. Ya no eran ese mero formalismo entre la policía y nosotros. Ahora eran algo más que un problema burocrático, molesto para el negocio y los clientes, en el que la policía especializada llegaba con sus *lecheras* —grandes furgonetas oficiales— y se los llevaba a todos, primero a la comisaría y después al juzgado. Cuando no eran más que formalidades, lo peor era siempre su lentitud. Nos robaban tanto tiempo que intentábamos evitarlas pasándole a la policía información de algún *choro* —ladrón de poca monta— o de algún delincuente que estuviera vigilando o investigando. Así nos habíamos librado de muchas de sus intervenciones. Pero ahora la cosa era distinta, había que tener más contenta y distraída a la UCRIF porque las redadas, además de quitarnos tiempo, podían darnos muchos disgustos. Cualquier declaración sobre su situación real en nuestros negocios podía llevarnos directamente a la cárcel, acusados de favorecer la inmigración irregular con fines de explotación sexual. Poca broma para todos, incluidos los trabajadores de los locales, a los que las redadas les hacían sentirse muy inseguros.

Cierto es que la llegada del euro supuso que nuestros ingresos aumentaran y que nuestro poder creciera considerablemente, pero también que se incrementara la presión policial y que se exacerbara el riesgo de las denuncias de las chicas. De hecho, fue por entonces cuando a mí me denunció una de ellas. La única de entre las más de mil setecientas que me había traído... Y debo confesar que me sorprendió que lo hiciera precisamente ella, no porque no tuviera motivos para denunciarme —que le sobraban, como a todas—, sino por sus circunstancias específicas.

En realidad, cuando recogí a Claudia en el aeropuerto de Madrid-Barajas intuí que podría traerme problemas. Ella no venía por decisión propia como la mayoría de las que captábamos en Colombia. Aunque todas lo hicieran por la precariedad, la necesidad y porque nuestro cazador en jefe, el Negro James, tenía una habilidad extraordinaria para buscar a las más vulnerables y convencerlas, siempre decidían por sí mismas. Pero no era el caso de Claudia. Ella cayó en nuestras redes por lo mismo que casi todas: ese sueño migratorio que incluía la oportunidad de una vida mejor para ella y para su hijo pequeño; sin embargo, la decisión final no fue suya, sino de su madre, que se la impuso de un modo tajante. Por ella misma, pese a su pobreza, no hubiera aceptado; pero su madre no le dejó otra opción. Así me lo contó el Negro.

—Patrón —me dijo—, tranquilo, que esta pelada sabe a lo que va; lo que pasa es que no tenía muchas ganas de ir... Su mamá le dijo que el viaje era lo mejor para ella y su hijo, y que si no lo hacía, que mantuviese ella sola al niño, que estaba harta de ayudarla. Yo la aconsejé como a todas y le pegué el empujoncito no más.

Un empujoncito que sirvió para que ella viajara con su pena y su angustia, pero no para que pudiera trabajar en lo que sabía que tenía que trabajar. Al llegar a uno de los clubes pequeños de La Mancha, como era habitual, la mami la acomodó en una habitación con varias de nuestras mujeres y esa misma tarde la obligamos a salir al salón a trabajar. Claudia nunca había ejercido la prostitución, y aunque el Negro James ya le había puesto al día en Colombia de cuál sería su trabajo en España, se la veía menos dispuesta que a las demás. Esa primera noche, Claudia no trabajó. Ni siquiera se atrevía a acercarse a los clientes. Era una mujer bonita, con un buen cuerpo y muy callada, y temerosa de todo y de todos, ¡seguro que les encantaría a los clientes en cuanto pusiera un poquito de interés!

Dejamos que pasara esa primera noche sin forzarla a ocuparse, y a partir de la segunda empecé a utilizar todo tipo de artimañas para convencerla de que lo mejor era que lo hiciera. Le coloqué una mujer de mi confianza las veinticuatro horas del día para que la animara, le presté algo de dinero para que pudiera enviar a su madre a Colombia. Hice cuanto estaba en mi mano para motivarla, pero sin suerte: no hubo forma de que Claudia diera el paso y ejerciera la prostitución.

Después de unos diez días deambulando como una zombi por el club y negándose a trabajar, una noche, ya muy entrada la madrugada, al llegar al club después de hacer la ronda por el resto de los locales de La Mancha, me crucé con Claudia en la puerta, medio disfrazada con un abrigo y un gorro de lana, en pleno mes de marzo. Al coincidir con ella, agachó la cabeza y aceleró el paso para abandonar el local. Aunque la reconocí, ni siquiera me preocupé de saber adónde iba. Al contrario, pensé que si se marchaba nos quitábamos un problema de encima, porque estaba claro que aquella chica nos podía dar más de un quebradero de cabeza. Lo que no sabía es que, yéndose, también lo haría...

A la mañana siguiente a su partida, mi encargado me llamó por teléfono, muy ofuscado, para contarme que Claudia se había fugado. Yo ya lo sabía. Incluso podía haberlo evitado, pero no quise.

—Mejor —le contesté tranquilamente a mi encargado—. Si te preguntan las mujeres por ella, les dices que la hemos trasladado al club de Tarragona. Si alguna se empeña en decir que se fugó, tú lo niegas todo e insistes en la versión del traslado.

Un par de meses más tarde recibí una notificación para presentarme en el juzgado de Valdepeñas junto con el encargado del negocio. Como era amigo del secretario del juzgado, no esperé al día del citatorio, sino que me presenté al día siguiente de recibir la carta.

—No puedo adelantarte nada, Miguel, tienes que venir el día del citatorio —me dijo él al verme.

—Dime una cosa, ¿es una denuncia de una mujer? —le pregunté—. Tranquilo, no necesito que me digas su nombre... No pongas esa cara, hombre —el rostro del secretario reflejaba una extrema seriedad—, no le vamos a hacer nada a nadie. Sólo quiero saber si es una denuncia de una mujer... ¿Lo es?

El hombre permaneció en silencio mirando a un lado y a otro durante unos minutos, aunque estábamos solos, y por fin contestó.

—Sí, lo es.

—Gracias, amigo —le dije—. Cuídate. Nos vemos.

Salí del juzgado con la preocupación justa. La denuncia no me pareció muy seria, puesto que no partía de una redada con policía especializada en trata, sino que se llevaba desde el juzgado y con mucha tranquilidad. ¡Cuánto me equivoqué! Mi mentor me decía: «¡Niño!, paso corto para no caerte». Pero yo había corrido mucho y ahora venía la caída, de golpe y por sorpresa. Claudia no sólo me había denunciado, sino que también había relatado con pelos y señales el funcionamiento interno de la explotación y la captación, sin olvidar ningún detalle sobre las coacciones y las multas. Y no solo eso: además, identificaba a la mayoría de los implicados. El asunto era muy grave. Tanto como para pasar de las amenazas a la acción. Así que llamé a Colombia sin perder un segundo.

—Negro, date una vuelta por la casa de Claudia y métele presión a la madre para que, o bien su hija retire la denuncia, o no se presente en el juzgado.

De alguna manera, yo estaba preparado para ese momento desde el principio. No ya desde la llegada de Claudia, envuelta en esas circunstancias personales que me dieron tan mala espina, sino desde la llegada de aquella primera mujer que fui a recoger al aeropuerto, Yamileth. Sabía que vivía en peligro y que podía pasar lo que acabó pasando, pero una cosa era pensarlo y otra que llegara esa primera denuncia que podría llevarme directamente a la cárcel.

El Negro James no se hizo esperar y esa misma noche me llamó.

—Patrón, la vieja vive con el niño de Claudia en la miseria más absoluta, usted ya sabe... Ni puerta tiene en la casa para echársela abajo, ¿qué quiere que haga? Me ha dado tanta pena el niño que le he dado un poco de plata para que merque —(compre comida)— y le he comprado y colocado una puerta en la casa.

—Pues estamos bien, mi Negro. En fin, que sea lo que tenga que ser.

—Tranquilo, patrón, que en esta vida es preferible deber favores a deber plata. Los favores se pagan siempre, y la plata, sólo cuando se tiene. La vieja me debe a mí unos cuantos, y si Claudia llama a su mamá, esta le contará mi visita y la cena de su hijo esa noche.

—Déjalo así, compadre, si no es Claudia, será otra mujer la que me denuncie.

Hablé con mi abogado para que me pusiera al día de los tiempos y valorar la posibilidad de retrasar el asunto.

—Tranquilo, Miguel. Entre la instrucción, el juicio, llevarlo al supremo y solicitar un indulto puedo retrasar tu entrada en prisión unos cinco años, como poco, en el peor de los casos. Ya sabes cómo va de lenta la justicia, así que no te preocupes.

Así lo hice. Es verdad que estaba intranquilo. O al menos que lo estuve al recibir la denuncia, pero eso no me impidió seguir trabajando y esforzándome al máximo para seguir captando a sus paisanas colombianas, antes de que entrara en vigor la visa que la UE quería imponer a los ciudadanos colombianos, que a buen seguro nos dificultaría poder introducir a las chicas con la enorme facilidad con la que lo hacíamos en ese momento. Casi me olvidé de Claudia y su denuncia y empecé a darle vueltas a la posibilidad de buscar otro país de captación. Tenía que elegir otro que no fuera Colombia, pero ¿cuál?

El año y el siglo habían empezado bien, con mucho dinero y mucho negocio, pero ese 2000, que parecía el mejor de nuestras vidas, empezaba a complicarse e iba a resultar bastante movidito. Y no sólo por la denuncia de Claudia, o por la visa impuesta de la UE a las colombianas, que nos auguraba problemas. Mi mayor preocupación estaba en las continuas redadas de la policía en nuestros locales; esto último era en ese momento lo más urgente y a lo que tenía que dedicar mi tiempo. Necesitaba recopilar datos de nuestra competencia para que, antes de que nos denunciara para quitarse de encima la presión policial, pudiéramos denunciarla nosotros a ella. Tal y como se habían puesto las cosas, no nos quedaba otra que convertirnos en boquerones de la policía. Y yo lo tenía tan claro que no dudé en convocar a mis socios a una reunión para explicárselo.

MALA LECHE

El Flaco tenía una fórmula magistral para manejar la información sobre los distintos tipos de delincuentes que pasaban por nuestros clubes. Si encubrirlos nos ocasionaba beneficios, materiales o no —en este negocio, como en la vida, ya me lo había dicho el Negro, es mejor conseguir que te deban favores a que te deban dinero—, los encubríamos; si por el contrario sus actividades no nos reportaban más que problemas o incluso nos perjudicaban seriamente, era preciso delatarlos a la policía y, gracias a *ofrecerles medallas*, como lo llamábamos nosotros, conseguir que esta nos dejara tranquilos y se olvidara durante un tiempo de fastidiarnos con las engorrosas redadas.

Las cosas se iban complicando cada vez más, así que ya no bastaba con tener a las mujeres coaccionadas a través de amenazas a ellas mismas y a sus familiares; era necesario incorporar como aliados a los mejores socios posibles; y esos no eran otros que los mismos que luchaban denodadamente para que las jóvenes inmigrantes víctimas de la trata de seres humanos para la explotación sexual no cayeran en nuestras manos: los miembros de la brigada central de la UCRIF. Nuestra prioridad era confundirlos, engañarlos, hacerles creer que nosotros respetábamos ese territorio y así lograr que dejaran de tocarnos los huevos.

Cuando llegó el verano, antes de que el calor seco de La Mancha se volviera insoportable, convoqué a mis socios a una primera reunión para exponerles la posibilidad de convertirnos en confidentes de la UCRIF y organizar la manera de hacerlo. No era una decisión fácil, entrañaba mucho riesgo; ni siquiera lo era la propia reunión con mis socios y asociados. Desconocía cómo reaccionarían ante una propuesta en principio tan descabellada y rastrera para nuestros compañeros de profesión... Por las dudas, y por si las cosas no salían bien, decidí organizar la reunión fuera de los clubes y los emplacé a todos en una casa de campo.

Recordé que el Flaco también decía que en este tipo de asuntos lo suyo era ir al grano. Según mi mentor, en los primeros minutos había que contar lo que realmente se quería decir, sin ningún tipo de preámbulo ni eufemismo; pasado ese tiempo, no se dirían más que tonterías. Al hacerlo, era muy importante no perder de vista a ninguno de los asistentes, y estudiar cada una de sus reacciones. A través de sus miradas sabríamos quiénes se unirían y quiénes se marcharían; había que estar atento a ellas. Más aún: quiénes estarían con nosotros y quiénes, incluso, podían reventar nuestros planes.

A la reunión no faltó nadie. En aquel momento, entre los allí presentes controlábamos los mejores clubes de España. Unos nos pertenecían, otros eran propiedad de nuestros socios, en algunos poseíamos un tanto por ciento y en el resto actuábamos también como proveedores de mujeres. En el encuentro estaban el Dandy, el Chepa y seis de los grandes dueños de negocios, todos antiguos macarrones convertidos en grandes empresarios gracias a la trata. Todos nos conocíamos desde hacía más de veinte años. Todos habíamos vivido juntos la metamorfosis de la prostitución, y habíamos unido fuerzas para enfrentarnos primero a los tratantes portugueses, después a los colombianos, y por último a los dueños de los negocios que nos quisieron dejar fuera en su día, para poder quedarnos con todo.

Éramos compadres, habíamos luchado en el mismo bando y teníamos los mismos intereses e iguales pretensiones, pero ¿no sería demasiado pedirles que a nuestras fechorías sumáramos la de ser boquerones? Pedirles que se volvieran vulgares soplones eran palabras mayores. Y yo lo sabía.

Esa mañana me calcé mi revólver en previsión de riesgos. Si la balanza se inclinaba a un *no* rotundo a volvernos confidentes de la policía, todos dudarían incluso de mi lealtad hacia ellos; y en ese caso, con toda seguridad, desenfundarían sus armas y mi vida correría un grave peligro.

El Dandy llegó a la reunión acompañado de su hombre de confianza, Luis. Era un chaval al que yo mismo adiestré desde los dieciocho años, cuando se presentó en mi club de Valdepeñas para trabajar como portero. Venía de la empresa valenciana de seguridad que pertenecía al insigne abogado representante de ANELA. Ese chico, reclutado entre los *skinheads*, me recordaba mucho a mí mismo, a mis inicios...; así que lo apadriné y adiestré para que me informara de todos los pasos de la organización y fuera mis ojos y oídos cuando yo no estaba. Luis se convirtió en mi familia. Vivió conmigo dentro de los clubes durante varios años, trabajando de lunes a lunes, hasta el día que le pedí que se fuera a trabajar con el Dandy de conductor. El Dandy siempre necesitaba un conductor-protector porque desde crío andaba en busca y captura por las fuerzas y cuerpos de seguridad del Estado, acusado de un delito de violación a una menor. Al no conducir él mismo su vehículo, evitaba que le pidieran la documentación la mayoría de las veces. En general, sólo se la pedían al conductor y no al acompañante; en el caso de que lo hicieran alguna vez, el Dandy tenía preparada la identificación de su hermano. Gracias a ese documento y al conductor los desplazamientos le resultaban algo menos peligrosos. Yo sabía de qué pasta estaba hecho el Dandy; por eso, cuando me despedí de Luis el día que se marchó con él a Tarragona, le dije muy en serio:

—Que sepas, Luis, que un día el Dandy te pedirá que me pegues un tiro...

—Si ese día llega —me respondió él, muy solemne—, yo le entregaré mi arma. No lo dude, Miguel.

Nos abrazamos y se fue. Y en su lugar, en el control de la puerta del negocio, entró Mario, que se convirtió en mi hombre de confianza. Ese día estaban ambos, Luis al lado del Dandy, y Mario al mío; aunque yo sabía que si el tema se ponía feo de verdad contaba con las armas y la lealtad de ambos.

Empecé la reunión muy sereno. Con un discurso perfectamente elaborado y dejando claros desde el principio los puntos más delicados.

—Todos sabemos el daño que nos hacen ahora las redadas; además de que podemos acabar todos en la cárcel, se crea un ambiente de inseguridad entre los empleados que puede volverlos contra nosotros... El control, la seguridad y la permanencia de nuestra organización pasa por eliminar toda posible competencia y tener contenta a la UCRIF... Y para que los polis no nos toquen más los cojones es primordial echarles carnada y que piquen a otras organizaciones. Sólo así dejarán tranquila a la nuestra.

Todos me observaban con atención y sin pronunciar palabra, pero su silencio, de momento, no me preocupaba, y seguí, sin dudar, con mi exposición.

—Tenéis que pasarme toda la información relativa a los rumanos con los que estamos trabajando. Tenemos muchas de sus mujeres implantadas en nuestros clubes, en los que compartimos explotación; y es cierto que no nos va mal, porque sus mujeres tienen éxito, y que en el caso de que nos corten el grifo con Colombia como parece que lo harán, nos vendrían muy bien, pero... en este momento corremos un serio peligro con la policía. Los tenemos encima, presionando cada día. Debemos elegir, no tenemos otra opción: o ellos o nosotros. Ya sabéis lo bestias que son los rumanos con las pobres mujeres. Todos hemos sido testigos de las palizas y violaciones a las que las someten, y la extremada crueldad con la que las tratan. Podríamos hablar con ellas, ponerlas de nuestra parte y convencerlas de que tienen que denunciar a sus compatriotas. Yo mismo lo haré; y una vez que disponga de todos los datos, las acompañaré en persona a poner la denuncia. Todo se hará en el más absoluto secreto, pero tenemos que hacerlo: necesitamos ofrecer medallas a la UCRIF si queremos que nos deje trabajar.

Respiré hondo... Ya estaba. Ya lo había dicho. La bomba ya había caído sobre Hiroshima.

Fue el Dandy el primero en romper el silencio. Desde su sitio, sin inmutarse ni levantar la voz, dijo:

—¿Estás hablando en serio?

—¿Acaso me ves reírme, Dandy? —le pregunté, sosteniéndole la mirada. Y luego añadí, clavando mis pupilas en las de cada uno de ellos—: ¿Alguno me ve reír?

—¿Chivatos? —preguntó entre asombrado y espantado el Dandy—. ¿Quieres que nos convirtamos en boquerones?... Miguel, ¡tú estás loco!, o andas en drogas...

Tragué saliva. Si las cosas seguían por ese camino y entendían que lo que les proponía era romper nuestro código de honor con otros compañeros creerían que también podría venderlos a ellos a la policía. Respiré hondamente y proseguí. Ya no estaba tan tranquilo ni tenía la misma seguridad, pero debía hacerlo, me lo jugaba todo.

—Si queremos continuar con lo que tenemos —seguí—, hay que hacerlo; si no, los rumanos u otros clanes ajenos al nuestro lo harán por nosotros. Una sola denuncia ahora jodería todo el asunto...

El silencio invadió la sala durante unos segundos que a mí se me hicieron eternos, hasta que Paco, uno de nuestros socios, se decidió a hablar.

—Dandy, el Músico tiene razón; tarde o temprano vendrán y, desde luego, tenemos mucho que perder. Son ellos o nosotros.

Nos callamos todos durante un instante.

—Entonces ¿qué? —pregunté—. ¿Estamos todos de acuerdo?

Fueron asintiendo uno a uno con la cabeza, y yo me di cuenta de que ya podía abrirme a ellos, hablar con total tranquilidad y contar los detalles. Había pasado el momento de las malas interpretaciones, y ya no corría peligro.

—Pues bien, señores, ya no hay marcha atrás. Empezaremos con los rumanos, aunque eso arrastre también a algunos de nuestros conocidos, como será el caso del Guapo y toda su gente. Eres consciente, ¿verdad, Dandy? —dije, mirándolo con fijeza.

—Está bien —contestó casi de inmediato él—. Así nos quedamos con su dinero y ponemos el collar de amos a todas sus perras.

—Dandy, ten en cuenta que limpiar esa zona conlleva que tu compadre también va a ir preso, o tendrá que cerrar el negocio —insistí.

—No hay problema... ¡El corazón en la espalda! —dijo con frialdad.

Cuando todos los presentes, uno a uno, fueron dando su conformidad a la propuesta de convertirnos en boquerones, fui consciente de la verdadera pasta de la que estaban hechos estos tipos. Asistí *calzado* a la reunión pensando que a estos viejos macarras la decisión de romper una de nuestras leyes más importantes, la base de nuestro código de honor, les costaría tanto como para que, incluso, se llevaran mi vida por delante..., pero ni habían dudado. Y eso que había quedado muy claro que no se trataba de dar una pequeña información a la policía, como en otras ocasiones; ni siquiera de meter presos a los nuevos proxenetas rumanos que ya empezaban a despuntar. Pero para aquellos hombres del ambiente no había más Dios y religión que el dinero y el poder que conlleva tenerlo.

Ninguno de estos exmacarrones metidos a nuevos empresarios se tomó la molestia de preguntarme siquiera qué cuerpo era la UCRIF. Les daba igual: para ellos no eran más que policías a los cuales nuestros soplos podían mantener controlados. Yo sí conocía perfectamente a esta unidad y sabía lo que podía implicar nuestra decisión. Siendo un adolescente aprendí que los policías eran como los pollitos: siempre piden comida, a todas horas y cada vez más y más. Para tenerlos contentos no bastaría con ofrecerles pequeños soplos puntuales, sino que habría que entregarles, en bandejas grandes, asuntos que supusieran importantes operaciones policiales; y eso, inevitablemente, iría unido a penas de prisión para aquellos a quienes delatáramos... Mis socios tan sólo veían el dinero en esta nueva etapa como boquerones; yo, por el contrario, era muy consciente de los graves problemas que nos acarrearía, en un futuro no muy lejano, una decisión tan importante como esta. Lamentablemente, sabía que no había alternativa y que si queríamos alejar a la poli de nuestros cientos de esclavas sexuales era fundamental tenerla muy entretenida. De hecho, la propuesta era mía, pero paradójicamente hubiera preferido otra reacción, algo de respeto a nuestras leyes, por mucho peligro que hubiese entrañado para mí.

El orfanato me enseñó de niño que cuando estás encerrado tienes todo el tiempo del mundo. Mucho tiempo, demasiado. Tiempo para pensar, para diseñar planes y venganzas... En la cárcel sucedía lo mismo. Yo lo sabía. Y también que, por largas que fueran las condenas, un día terminaban y los que las habían cumplido salían en libertad dispuestos a la revancha. Aquellos a quienes delatáramos vendrían un día por nosotros. Tan sólo necesitarían algún tiempo en la calle para organizarse y reaparecer. Y la trata, con sus grandes y rápidos beneficios, ayudaba a recomponerse con rapidez. Más aún si los deseos de *vendetta* estaban presentes. La delincuencia no olvida nunca los agravios, tan sólo los deja en espera del momento más adecuado para actuar. Pero eso ni se lo planteaban mis acompañantes, casi todos literalmente analfabetos, incapaces de leer o escribir —el Dandy el primero—, y con menos luces que el coche de los Picapiedra. Ellos no reparaban más que en las obscenas cantidades que estaban ganando a costa del sufrimiento de las chicas, que les importaba tan poco como la mala suerte de sus competidores.

Una vez que todos los miembros de la organización estuvieron de acuerdo, venía el segundo y más importante de los pasos: tenía que llegar a la mismísima brigada central de la UCRIF para ofrecerle nuestros servicios; y debía hacerlo directamente, sin intermediarios.

Manteníamos en nómina a varios expolicías desde hacía tiempo; algunos como guardias de seguridad en los negocios, y otros como *topos* de sus propios excompañeros, capaces de facilitarnos algún detalle sobre las posibles redadas, pero la información que manejaban era pequeña y, ahora que los tiempos estaban cambiando y los riesgos crecían, necesitábamos llegar a los mandos principales. Y no era sencillo en absoluto. Curiosamente, el azar me traería la oportunidad a la puerta de casa, a las pocas semanas de la reunión con mis socios.

Ese día, la comisaría de Ciudad Real organizó una gran redada en nuestro club de Valdepeñas —mi club— y se llevó a cuarenta y dos mujeres, todas ellas de deuda. Yo no estaba en ese local, sino en el club de Tarragona. Aunque me pusieron de inmediato en «busca y captura», al encontrarme fuera dispuse de un tiempo precioso para esperar acontecimientos y analizar con calma la situación. Lo más importante era saber si alguna de nuestras mujeres había denunciado; como parecía que ninguna lo había hecho decidí ponerme en marcha con rapidez y llamé a nuestro abogado —el antiguo inspector jefe de la comisaría de Valdepeñas— y le pedí que me localizara el teléfono del policía encargado de la redada. Y lo llamé.

—Buenos días, soy el Músico. ¿Me buscabas?

—¡Coño! —exclamó el policía, sorprendido—. Tú no tendrás los cojones de presentarte en comisaría, ¿verdad?

—Claro que sí; pero antes te invito a comer.

—Hecho —aceptó el policía—. Primero comemos, si esa es tu condición, y luego te detengo.

—Elige tú el sitio —le dije sin cambiar el tono de voz—. Yo iré con un antiguo compañero tuyo que ahora es mi abogado.

Quedamos en un restaurante de carretera situado muy cerca de uno de nuestros clubes de Valdepeñas. Nada más sentarnos, el policía me informó que ya estaba detenido; al término del almuerzo debería acompañarlo a la comisaría.

—No tan deprisa —le indiqué con cierta condescendencia—. Antes quiero hablar con tu superior.

—A mí no me manda nadie —repuso él con altivez.

—¿Acaso eres el director de la brigada?, ¿el comisario de Extranjería?, ¿el ministro?... Algún mando tendrás en Madrid, ¿no? ¿Quizá en la UCRIF central?

El policía asintió con la cabeza.

—Pues llámalos, hombre. Ya verás que es muy importante y bueno para todos. Diles que un hombre del ambiente desde hace más de veinte años quiere hablar con ellos, y que les va a interesar mucho lo que tengo que contarles...

El policía se levantó de la mesa, salió un momento del restaurante y, al entrar, me pasó su celular.

—Es el inspector jefe de la UCRIF central.

Me presenté muy correctamente y le dije lo que él ya sabía: que de todas las mujeres detenidas ninguna había denunciado, y que, por supuesto, nadie iba a hacerlo porque no eran de deuda. Lo invité amablemente a que las pusiera en libertad a cambio de una reunión conmigo, donde obtendría una sustanciosa información que desconocían por completo y que sólo yo podía proporcionarles. Después le devolví el teléfono al policía, que me miraba con total desprecio y máxima desconfianza.

—Mi jefe me ha dicho que vaya acelerando el trabajo con las mujeres, y que él te ve mañana en tu oficina, pero más te vale —dijo, amenazándome con el dedo— que lo que tengas merezca la pena, si no, te apretaremos tanto las tuercas que no tendrás oportunidad de volver a abrir un negocio más en tu puta vida, ¿te queda claro, Músico?

Esa tarde visité los otros tres clubes de Valdepeñas, como de costumbre, pero me retiré muy pronto, esta vez al departamento alquilado del pueblo. Hacía tiempo que no paraba por allí y menos a esas horas tan tempranas. La cama estaba deshecha, ni siquiera recordaba la última vez que había dormido en ella. Me tumbé y cerré los ojos. A las dos horas me desperté sobresaltado, inquieto. No se me iban de la cabeza las palabras del policía... «¡Más vale que lo que tengas merezca la pena...». En realidad, yo no tenía nada. O lo tenía todo, según se mirase... Pero no sabía qué ofrecerles o, mejor dicho, a quién ofrecérselo.

Me levanté hambriento. Recordé que no había comido nada desde el almuerzo con el policía, donde apenas había probado bocado. Abrí la nevera y la puerta hizo un sonido extraño, como si se le hubieran pegado las gomas, como si fueran unos labios fuertemente apretados para impedir un beso. Estaba vacía. Por completo. Como aquel apartamento. Como yo. Pensé en Michel, y en los días alegres compartidos con ella en ese pequeño refugio. Qué diferente era todo en este lugar cuando ella estaba, en esos días de colores en los que Michel ocupaba el departamento y mi vida entera. No podía seguir pensando ni recordando. De nada servía. Tenía trabajo. Y no se trataba de una tarea sencilla.

A las cinco de la mañana, ya bañado, me eché a la calle. Conocía perfectamente los lugares abiertos a esas horas de la madrugada; no en vano era mi horario habitual de terminar la jornada. Desayuné en un bar de carretera cercano a una gasolinera donde hacían un alto en el camino muchos camioneros, para comer algo y dormir un rato al abrigo de las dos construcciones, y después me dirigí al club. Me impactó entrar. Tanto silencio. En aquel salón habitualmente lleno de mujeres, hombres, charlas y risas no había un alma. Tan sólo estaban los espejos vacíos y repletos de sombras. Las chicas continuaban retenidas en las dependencias policiales de

Ciudad Real; tan sólo la mami de la limpieza pasaría por allí en unas horas. Pensé en lo ruidosas que eran a veces nuestras inquilinas cuando se sentaban a comer y charlar. Ahora faltaban sus voces y sus risas. Aunque aquellas mujeres nuestras, demasiadas veces, sólo reían por fuera y no comían más que para sobrevivir. Eran almas muertas en cuerpos vivientes.

Alrededor de las nueve de la mañana se presentaron en Valdepeñas los policías. Yo mismo recibí en la puerta a los recién llegados y los acompañé hasta la pequeña oficina. Se trataba de la élite de Extranjería. Curiosamente, ninguno iba vestido con el uniforme de la policía; los dos jefes vestían trajes de saco azul marino con camisa y corbata, y el más joven iba ataviado de un modo más informal, con jeans y saco deportivo.

Tras las pertinentes presentaciones, cada uno ocupó un lugar en ese club sin vida. Yo estaba acompañado de mi abogado, que llegó justo media hora antes de que los policías hicieran su aparición. Ellos eran tres: el comisario jefe de la brigada central de la UCRIF, el inspector jefe de coordinación e investigación, y un joven inspector que ya por aquella época parecía tener futuro.

—Bueno, Miguel, tú dirás —comenzó el comisario jefe de la UCRIF—. Como ves, hemos cumplido. Aquí estamos. Pero antes de que comiences a hablar te advierto de nuestras condiciones. Si traficas con mujeres para la explotación sexual…, si tienes mujeres ilegales en los clubes…, te meto preso en este momento.

Esa fue su carta de presentación, mientras los otros polis, en silencio, aguardaban mi respuesta.

—Comisario —contesté con aparente tranquilidad—, nosotros no trabajamos con mujeres de trata, puede estar seguro; pero dispongo de mucha información al respecto de lo que averiguamos dentro de nuestros negocios y también de los locales de nuestros asociados.

—¿Y qué quieres a cambio? —preguntó él con extrañeza.

Así, al grano, seco y tajante. El comisario le hubiera gustado a mi mentor, era de su escuela, sólo que pertenecía al otro lado del mundo, al lado de los buenos, que era la cara opuesta al nuestro, el de los delincuentes.

—Comisario, podría pasarle nombres de proxenetas, captadores, matrículas, teléfonos, incluso direcciones... Le daría todo lo necesario para poder investigar y enjuiciar, y lo más importante: hablaría con las mujeres víctimas de trata que se nos cuelan en nuestros clubes como legales, pero intuimos que no lo son. Las animaría a que confesaran la verdad de su situación y se atrevieran a denunciar a sus proxenetas con nuestra ayuda.

—Repito, ¿qué quieres a cambio? —el comisario era un duro de roer y sabía que aquello que le estaba proponiendo no podía ser gratis.

—Nada —le sorprendí yo—. Tan sólo les pido que cuando vengan por nosotros, si es que alguna vez tienen que venir, que lo hagan con respeto.

Me escudriñó con la mirada de arriba abajo.

—Lo que me ofrece, Miguel, es mucha información, ¿es consciente de ello? —inquirió.

—Póngame a prueba, señor comisario.

Este volvió al silencio durante unos minutos y luego regresó con el martillo.

—¿Sabes algo de un tal Tarzán? Es un rumano que capta y explota incluso a menores, un proxeneta sin escrúpulos.

—No, nunca he oído hablar de Tarzán —mentí yo—, pero déjeme que lo averigüe y lo llamo.

Claro que había oído hablar del tal Tarzán, aunque no lo conociera personalmente; pero sabía que no debía entregar la infor-

EL PROXENETA

mación de inmediato. Y tampoco hacer ver que esa información era demasiado cercana. Con la promesa de proveer los datos con prontitud era más que suficiente.

La reunión duró aún un rato más, pero al final los policías se fueron como habían venido: sin hacer ruido.

—Martín, ¿cómo lo ves? —pregunté a mi abogado exinspector de la policía una vez que nos quedamos solos en el despacho.

—La fiesta está seria, Miguel. ¿Tienes claro cómo piensas contactar con ese proxeneta?

—Lo invitaremos a la fiesta —dije yo, esbozando una media sonrisa—, tranquilo.

ELIMINAR A LA COMPETENCIA

La policía llevaba mucho tiempo detrás de ese gran tratante de esclavas, de origen rumano, apodado *Tarzán*. Era un hombre muy violento y salvaje con las pobres víctimas, pero a su vez tan meticuloso con el control de las mujeres que resultaba casi imposible que lo denunciaran.

En el ambiente, todos nos conocemos de manera directa o indirecta; así que sólo necesitaba averiguar por dónde se movía exactamente ese proxeneta y en qué club había mandado a trabajar a sus mujeres. Sabía que el local o locales donde las tuviera no serían suyos, así que en cuanto me enterase de cuáles eran podría contactar con los dueños de los negocios y ellos mismos me pondrían en contacto con Tarzán con toda seguridad. Más que nada porque el dueño del lugar o lugares sería un socio de mis socios o un amigo de nuestros compadres. En este asunto éramos cuatro monos y nos conocíamos todos.

131

Evidentemente, localicé los clubes con facilidad. Como dijo el comisario, también captaba menores, no tenía ningún escrúpulo, el hijo de putero.

Sus lugares de operación eran Alicante, Valencia, Tarragona y Madrid. Conseguí una cita con él y le propuse que trabajáramos juntos. Le ofrecí todos nuestros locales para que implantara allí a las chicas de su propiedad, repartiéndonos a medias su explotación. Era la fórmula más habitual con los rumanos: ellos las captaban y luego, o nos las alquilaban o íbamos a medias. A esa explotación se llegaba de manera diferente a la de nuestras mujeres. A las rumanas las coaccionaban de manera mucho más violenta, más física...

Quedamos en que me enviaría unas cuantas de sus rumanas. Ellas siempre trabajan en pequeños grupos, también con una jefa a la cabeza, que era la encargada de controlar al resto, multarlas si no cumplían y, en definitiva, dar parte de todo al proxeneta. Como siempre. Y como siempre también, en cada grupo, habría, sin ninguna duda, una mujer más débil que las demás, más vulnerable. Cuando llegaron a Valdepeñas las ocho mujeres de Tarzán, lideradas por una jefa, enseguida reconocí a la más desvalida. Era una menor. Y precisamente porque era una niña y por su evidente fragilidad las otras nunca la dejaban sola. No resultaría sencillo acercarse a ella y menos en presencia de la jefa.

Esperé a la tarde perfecta, cuando su responsable se ocupó con un cliente, para abordar a la niña y a su compañera cuidadora. Actué con suma velocidad y sostuve una conversación corta, pero muy interesante. Mi objetivo era descubrir de qué pie cojeaba la jefa y descubrir si podría utilizarla para mis planes, que no eran otros que entregar a Tarzán a la UCRIF. En cuanto se desocupó, le pedí a Basy que me la trajera al despacho.

—Verá, señora —le dije con extremada seriedad y sin mover un solo músculo de la cara—, me temo que tengo que denunciarla a la policía de Extranjería. Usted ha metido a una menor de edad en mi establecimiento y sabe que eso es un delito castigado con la cárcel...

La mujer palideció y comenzó a explicarme, muy asustada, que la idea no era suya, que de la captación y explotación se encargaba su jefe y que su única tarea era la de vigilarlas y dar parte de los servicios prestados por el grupo. Ella también era una víctima.

Yo hice un gesto con la mano para señalarle que acabara con su discurso y continué con el mío en un tono sobradamente amenazante.

—Señora, a esta niña la ha traído usted, y lo más grave es que usted ha fomentado su explotación sexual sabiendo su condición de menor, así que no tiene otra opción, si no quiere ir a la cárcel acusada de favorecimiento de la inmigración irregular con fines de explotación sexual y abuso a menores, que denunciar a su jefe, y que sea este quien vaya a la cárcel. O ir usted en su lugar.

Así fue como su jefe acabó entre rejas, mientras nosotros nos quedamos en propiedad con todas sus mujeres, que, encima, se sentían en deuda con nosotros por liberarlas de sus salvajes opresores.

La UCRIF quedó contenta con ese servicio, al que después seguirían muchos más. Nosotros íbamos denunciando a todos los proxenetas que señalaban, a cambio de mantener a la policía alejada de nuestros negocios. Matábamos tres pájaros de un tiro: eliminábamos nuestra competencia, contentábamos a los policías con sus medallas y nos quedábamos con las víctimas liberadas, que nos agradecían a nosotros, sus nuevos captores, que las libráramos de los bestias que las habían explotado hasta entonces.

En esa época seguimos una hoja de ruta muy clara y marcada: allá donde nos instalábamos con un nuevo local, primero intentábamos pasar desapercibidos, y segundo, una vez abierto el negocio, denunciábamos la trata a nuestro alrededor y negábamos la existencia de mujeres de deuda en nuestros clubes —nuestro trabajo nos costaba aleccionarlas—. Por último, creábamos un monopolio de precios con el que era difícil competir. A nosotros, la materia prima no sólo nos salía muy barata, sino que, además, nos reportaba obscenas cantidades de dinero.

Cádiz, Málaga, Córdoba, Alicante, Valencia, Cataluña... Uno a uno fueron cayendo todos los proxenetas que se cruzaban en nuestro camino. Algunos de ellos, que naturalmente desconocían que éramos los culpables de sus detenciones, incluso nos cedían los negocios para su control mientras cumplían condena... Era de locos. Teníamos que contener las carcajadas cuando nos llamaban justo antes de ingresar en la cárcel para pedirnos que nos hiciéramos cargo de sus burdeles hasta que salieran en libertad.

Nadie entendía qué estaba ocurriendo, ni por qué tantos proxenetas eran delatados. La mayoría pensaba que las denuncias provenían de las hijas de puta de las mujeres y ellas eran las que pagaban el pato de la situación con un marcaje y una presión aún mayor que de costumbre.

En el ambiente, el desconcierto era cada vez mayor. Unos proxenetas les pedían explicaciones a otros y algunos se multaban entre sí, mientras la desconfianza crecía día a día. La policía hilaba muy fino, demasiado fino; sabía perfectamente a quién seguir, conocía los números de teléfono, las matrículas de los coches... Nuestro control era absoluto gracias a cumplir a rajatabla con nuestro lema: «Paso corto para no caerse y mala leche para traicionar a nuestros semejantes». Como la policía andaba distraída con tantas y tan jugosas medallas, no nos molestaba; pero nosotros no bajábamos la guardia y manteníamos a nuestros abogados atentos a las leyes en previsión de lo que pudiera ocurrir. Ellos analizaban punto por punto los artículos del código penal relativos a la prostitución y la trata de seres humanos, no tanto para encontrar un resquicio en la ley en sí como para hallar, en la manera de la libre interpretación de la misma, una posible duda. Ciertamente, el desconocimiento de la ley no exime de su cumplimiento, pero la duda suele favorecer al infractor, y esa ventaja precisamente es la que utiliza el delincuente. Hubiera sido difícil que esto lo llegáramos a saber nosotros solos, teniendo en cuenta que éramos unos ignorantes sin estudios, pero nos sobraba el dinero para tener en nómina una colección de eruditos sin escrúpulos que nos asesoraban al detalle. Gracias a sus consejos cometíamos los delitos sin olvidarnos de todas esas lagunas legales que nos podrían beneficiar en el caso de una posterior denuncia o detención.

Por si fuera poco, a toda esta revolución que habíamos causado gracias a las denuncias en nuestro sector y al estudio y aprovechamiento de la ley en nuestro beneficio, se sumaba la confusión de la opinión pública, que no sabía qué pensar ni qué creer al escuchar las declaraciones de ANELA, que nos vendía hasta como buenos samaritanos. Literalmente, ¡éramos los putos amos!

Tan grande y fructífera resultó nuestra colaboración con la UCRIF que un día que me crucé con el comisario jefe, en la comisaría principal situada en la calle General Pardiñas de Madrid, *cantando* con el joven inspector, no pudo evitar cierto tono irónico al saludarme.

—Buenos días, Miguel, ¿otra vez por aquí? Al final creo que debería montarte un despacho aquí, en la comisaría, con nosotros.

—Tiempo al tiempo, comisario... —le dije con una sonrisa—. Tiempo al tiempo.

Aquella mañana me había presentado en la central con los datos de cuatro mujeres rumanas, víctimas de trata, que estaban siendo extorsionadas por un socio directo nuestro. Se trataba de Pepe el Gallardo. Un tipo que había tenido la osadía de pegarle una paliza a una de las rumanas en uno de nuestros clubes asociados. El macarra se metió en una habitación con la mujer y le pegó con verdadera saña por su bajo rendimiento en el trabajo. Al parecer, su ocupación no alcanzaba el beneficio altísimo que el Gallardo imponía para cada jornada.

Con esos datos, esa misma mañana se inició una nueva investigación que acabó con la detención de nuestro socio.

Como siempre, las mujeres liberadas de tan violentos proxenetas caían agradecidas en nuestros brazos, donde seguían siendo explotadas aunque coaccionadas con engaños psicológicos en vez de a través de la violencia física extrema. Sus antiguos amos les quitaban el dinero a base de palizas y nosotros se lo robábamos con una falsa sonrisa. En cuanto a la libertad, era algo que ya ni se planteaban.

En los clubes también dábamos cobijo a las contadas mujeres que se atrevían a denunciar a sus explotadores, mientras esperaban la llegada del juicio contra sus proxenetas o tratantes. Por entonces aún no existía ningún recurso del Gobierno que les ofreciera refugio y apenas alguna asociación privada daba respuesta a las víctimas. En muchos casos, o bien los propios policías les pagaban una pensión de su bolsillo, o bien permanecían dentro de nuestros clubes a modo de testigos protegidos. Yo mismo atendía y controlaba a estas mujeres en uno de los negocios pequeños de La Mancha.

Algunas de las mujeres que tan valientemente denunciaban debían seguir ejerciendo la prostitución. No les quedaba otro remedio, porque nadie les ofrecía un trabajo para poder alejarse de este y mantener a sus hijos; además, no existía ningún tipo de política social que las ayudara a iniciar una nueva vida. Al denunciar a sus opresores vivían con la ilusión de que la promesa de la policía de conseguir los papeles y la residencia les facilitase encontrar un trabajo digno. ¡Qué incautas! ¡No tenían salida! ¡Hasta la policía las utilizaba para sus propios fines!

Mientras se encontraban a la espera del día en que les tocase testificar en el club de La Mancha, Mario, el portero del negocio, y yo mismo las protegíamos. Y a veces eso implicaba un enorme riesgo. Una noche, pocos días antes de la celebración de un juicio, cuando estaba reunido con varias de ellas en la oficina, me llamó Mario desde el teléfono interior. Pasaba algo raro fuera.

—Miguel, acaban de llegar y aparcar tres coches muy sospechosos. Todos van hasta la bola de gente.

—Tranquilo, ya salgo —le dije. Y añadí—: En el cajón del mostrador hay una pistola, *cálzate*.

No le dio tiempo. En unos minutos unos hombres se abalanzaron sobre Mario, lo golpearon con una maza en la cabeza sin mediar palabra y le asestaron once puñaladas en el brazo derecho, mientras otros entraban corriendo al salón para intentar buscar a la mujer rumana testigo del juicio y llevársela por la fuerza para evitar su declaración contra el proxeneta. No lo lograron. A mi encargado y a mí sí nos había dado tiempo de *calzarnos* y empezamos a disparar. Vacié el cargador de mi arma al tiempo que los rumanos iniciaban la huida sin haber encontrado a la mujer que buscaban. Ella estaba en un cuarto de los del fondo. Corrió a esconderse allí en el mismo momento en que escuchó los primeros disparos.

Salí corriendo a la puerta a socorrer a mi portero, que estaba tendido en el suelo. La sangre de su brazo manaba con tal fuerza que salpicaba el techo de la recepción. Le taponé la herida, primero con las manos y después con una toalla que me tendió el encargado. Mario esbozó una débil sonrisa justo antes de perder la conciencia y decirme:

—Tranquilo, Miguel, estos cabronazos no se la han llevado.

Era cierto. No pudieron llevársela, ni tampoco ganar el juicio. La mujer, pese al miedo, declaró en su contra y el proxeneta, acompañado de la mitad de sus lugartenientes rumanos, fue sentenciado y condenado a veinte años de prisión.

En cuanto a nosotros, como teníamos cámaras de seguridad en la puerta del local, pudimos revisar las grabaciones y ver la placa de uno de los coches de los agresores de nuestro portero y se las pasamos a la policía. Al fin y al cabo, estábamos defendiendo a uno de sus testigos, así que les correspondía a ellos encargarse del asunto. En unos días la policía localizó al dueño del vehículo, que por suerte, en esta ocasión, no era robado. Se trataba de un hombre joven, de nacionalidad rumana y empadronado en Madrid. La policía trabajaba rápido, y en unos días fue detenido. A través de él se identificó al resto de los agresores de esa noche.

Lamentablemente, y debido a unas magníficas coartadas, fueron puestos en libertad, pero con cargos. Dos años más tarde se celebró el juicio por el apuñalamiento del pobre Mario, que perdió la movilidad de su brazo derecho para siempre. En el juicio, los rumanos fueron absueltos por falta de pruebas.

Mario y yo salimos de la sala muy enojados y los esperamos en las escaleras de la salida de los juzgados. Cuando el propietario del vehículo pasó a mi lado, se acercó a mí, muy altanero, con una sonrisa de victoria en el rostro que daba asco. De pronto, sin mediar palabra, me escupió en la cara. Luego, muy contento, bajó las escaleras y fue en busca de su coche. No pudo hacerlo. Su estúpida sonrisa debió de quedársele congelada en los labios justo antes de abrir la puerta del vehículo, cuando se le acercaron tres de nuestros hombres y le propinaron una paliza monumental. Luego lo subieron a uno de nuestros coches.

Cuando lo volví a ver, ya no sonreía, ni tampoco escupía... Mi compañero Mario lo saludó efusivamente con su mano buena, la izquierda. Y le borró la sonrisa para siempre.

Nosotros nunca perdonamos ni olvidamos una afrenta, sólo es cuestión de tiempo...

En esa época de bronca continua, no sólo caían presos los rumanos, sino también, y como adelanté en su día que tendría que pasar a mis socios, muchos de nuestros compañeros. No quedaba otro remedio. Era nuestro modo de seguir protegiéndonos y adueñándonos más aún del sector. Elegíamos a socios molestos, amigos traidores, o simplemente a conocidos que nos hacían la competencia o nos caían mal, como el Cabrero de Almansa, un pastor de cabras que un día decidió vender los animales para comprarse un puticlub y convertirse así en el sultán de su propio harén de esclavas sexuales. Yo no lo podía soportar. Había cambiado las cabras por mujeres y era tan fanfarrón y tan imbécil que en nuestras reuniones de ANELA comentaba alegremente que las chicas no sólo saciaban todos sus apetitos sexuales, sino que, además, le proporcionaban grandes beneficios como putas, hasta que se cansaba de ellas y las malvendía a unos locales de cuarta de unos conocidos de Murcia. Este antiguo gran pastor manejaba con mucha violencia y despotismo a su nuevo rebaño de inocentes víctimas, pero como casi todos, solo era valiente con las pobres e indefensas mujeres. Era un asustaniñas que el día que vio llegar a su casa a los agentes de la Policía Nacional se cagó por las patas abajo, aunque sólo le traían una simple notificación del juzgado. El Cabrero, quizá para atender a sus repentinas necesidades con mayor tranquilidad y lejos de la policía causante de la flojera de sus esfínteres, decidió esconderse en la fosa séptica.

A los pocos minutos, sus gritos de socorro se escucharon hasta en Valdepeñas. Fueron los propios agentes quienes lo socorrieron y lo salvaron de morir ahogado en la mierda o asfixiado por los gases del metano.

Una vez fuera, los policías, cargados de sorna, le dijeron:

—Tranquilo, no hace falta que te ensucies más, que ya estás de mierda hasta el cuello.

Tengo que confesar que la primera vez que denuncié me sentí mal. Era un terrible agravio a un compañero, una traición que me costó, e incluso me dolió, pero me acostumbré muy pronto a denunciar y traicionar a mis supuestos amigos y colegas, y hasta empecé a tomarle gusto al tema. Así, haciéndole honor a mi alias de Músico, *cantaba* una y otra vez ante la policía como no lo hubieran hecho ni los grandes cantautores.

¿Por qué no iba a hacerlo si en el mundo del ambiente todo vale? Lo importante es mantener los negocios, nada más. Muchos de aquellos proxenetas que denunciamos en su día, y fueron sentenciados y condenados a la cárcel, acabaron siendo nuestros socios con el tiempo; los mismos que los que secuestraron años después a mi mujer y a mi hijo. Y esto sólo quiere decir una cosa: si somos capaces de tener tan mala leche como para traicionarnos entre nosotros, de sacrificar a los amigos e incluso a los familiares, por el bien de la organización, ¿habrá algo que no podamos hacerles a las víctimas de trata y a sus familias, que no nos importan nada?

EL REGRESO DE MICHEL

En nuestra organización, cada uno cumplíamos con un cometido. Los trabajos se repartían en función de nuestras capacidades.

En el caso del Dandy, por ejemplo, tanto el Chepa como yo intentábamos que se mantuviera lejos de las mujeres, porque sabíamos que trataba de macarronear incluso a las víctimas de la trata para hacerlas suyas. Era superior a sus fuerzas. Le costaba tanto asimilar el cambio de rol que preferíamos mantenerlo ocupado fomentando las relaciones con otros dueños de negocios o en alguna de nuestras empresas legales.

El Chepa se ocupaba de las cuentas, porque, aunque era analfabeto, como todos, resultó ser un lince con los números; tanto como para poder hacerse cargo de la contabilidad de todos los clubes. El Dandy y yo confiábamos plenamente en él y no nos ocupábamos más que de pedirle dinero, el Dandy para las empresas legales que íbamos montando, y yo, para la captación de mujeres, pago de abogados, grupos de presión, sobornos, extorsiones, secuestros y todo lo relacionado con la seguridad de los locales. Esas eran parte de mis ocupaciones dentro de la organización, además de controlar a la policía.

Nuestra vida era nuestro trabajo. No teníamos días libres, ni familia que no fuera la del club. Siempre nos podían encontrar en nuestros negocios. Prácticamente vivíamos en ellos. Cada uno de nosotros tenía un centro de operaciones. El Chepa se instaló en el club grande de Valdepeñas, el Dandy vivía a caballo entre Valencia y Tarragona, y yo, al ocuparme directamente del control de las mujeres, dormía un par de días a la semana en cada club para poder hablar con ellas y rotarlas de club en club cuando era necesario; aunque mi despacho estaba, desde el principio, en el club de La Mancha, donde empezamos, que era el más pequeño de todos. Allí era donde yo pasaba más tiempo y me encontraba más a gusto. Uno de los días que me quedé a almorzar allí, justo tras reabrir el negocio, todavía con el silencio reinando entre las paredes, la mami entró corriendo en el comedor, completamente descompuesta.

—Miguel —dijo—, en la recepción hay una mujer que dice que es su esposa. ¿Qué quiere que le diga?

—¿Mi esposa? —pregunté yo con extrañeza—. Pero si yo no tengo esposa, mami, bien lo sabe usted.

Como acabábamos de reabrir al público, las cámaras de seguridad aún no estaban encendidas, pero se podían poner en marcha desde varios puntos del local: mi despacho, la recepción, el salón, la portería y también el comedor del personal donde yo estaba aquel día; así que me levanté muy tranquilo y le di al «ON» del encendido de las cámaras, que comenzaron a parpadear, perezosas. Pasados unos segundos, cuando el piloto se quedó fijo en rojo, pude ver a la mujer que esperaba en la recepción. ¡No podía creerlo! Me restregué los ojos, sin creer aún en lo que veía. ¡Había soñado tantas noches con ella que un cúmulo de emociones se apoderó de mí! Dos días antes la había llamado a Colombia, y no me anunció su viaje. Por eso no la esperaba. Por eso salí corriendo, pero muy torpe, del comedor, tropezando con las sillas como un tonto. Al llegar a la recepción cruzamos nuestras miradas durante unos segundos, sin hablarnos. Estaba preciosa. Yo no me sentía capaz de articular palabra. Me quedé mudo. Fue Michel quien rompió el silencio.

—¿No te alegras de verme?

Había pasado más de un año y medio desde su partida a Colombia y seguía exactamente igual. Y estaba allí, frente a mí. No sabía si abrazarla, besarla, preguntarle por su familia, por su repentina aparición...

—Claro que sí, Michel, pero es que me has dejado descolocado —alcancé a decir cuando por fin me volvió la voz—. ¿Ha pasado algo en Colombia? ¿Estás bien?

Antes de que me respondiera, la agarré suavemente del brazo, la invité a pasar y la llevé a la oficina.

—Mami —le dije a la mujer, que permanecía inmóvil un pasmarote en la recepción—. Hágame el favor, si alguien pregunta por mí, diga que no estoy para nadie. Para nadie.

Cerré la puerta y ahora sí nos fundimos en un largo abrazo, sin hablar, tan sólo recuperando el tiempo perdido. Después nos separamos, lentamente. Ambos teníamos cosas que decirnos, pero yo no sabía por dónde empezar, así que dejé que hablara ella.

—Miguel, ya me ha contado el Negro James lo de las denuncias. Él fue quien preparó mi viaje, pero le rogué que no te dijera nada. Dime para qué soy buena, en qué puedo ayudarte. Si necesitas testigos o lo que sea para desmentir la historia de la tal Claudia esa, aquí me tienes...

Yo casi no la escuchaba. Sólo podía pensar en las palabras de la mami... «Tu esposa», «tu esposa»...

—Te presentaste a la mami como mi esposa. ¿Acaso conseguiste aclarar por fin tus sentimientos? —le pregunté con cierto temor.

—Ya no hay nada que aclarar, Miguel —dijo sonriendo—, todo está claro como el agua... ¿Es tarde para ti?

—Depende de cómo veas el sol, flaca.

—Grande, muy grande.

Salimos del club juntos y la llevé en mi coche junto con su pequeña maleta a un nuevo departamento alquilado que ella no conocía y que estaba situado en el pueblo de al lado. Desde hacía algún tiempo, por motivos de seguridad acostumbraba a cambiar de casa y de pueblo cada tres o cuatro meses.

Tardé una semana en retomar mi trabajo dentro de los negocios tras la llegada de Michel, pero parecía que habían pasado muchos años. ¡Mi vida era tan diferente con ella a mi lado!

Su vuelta fue un regalo que me hizo pensar que el año, pese a tantas complicaciones vividas, iba a acabar bien tanto para la organización como para mí, al menos en el terreno personal.

En Nochevieja organizamos una cena en el pequeño club, junto a las mujeres —todas víctimas de trata— y todo el personal, el portero, el encargado, las mamis y los meseros. Era la primera vez que no iba a pasar esta noche tan especial con mi hermana, en Barcelona. Llamé a Ana para ponerle una excusa: mis socios tenían que salir de viaje y no había más remedio que quedarme al frente del chochalito porque esa noche habíamos organizado una gran fiesta... Más mentiras para una mujer que nunca me mintió.

Cuando los clientes empezaron a hacer su aparición, cada cual volvió a su puesto. Michel y yo nos quedamos solos hablando en el comedor.

—¿Qué esperas de la vida, flaca? —le pregunté a Michel mientras brindábamos.

—¿Sinceramente?

Asentí con la cabeza.

—Miguel, me gustaría que dejaras esta vida, este trabajo... Me gustaría que montaras un negocio que no tuviese nada que ver con esto. Un negocio pequeño, para los dos. Eso he pedido como deseo para este nuevo año, además de poder estar cerca de mi mamá y mis hermanos, a los que siempre echo mucho de menos.

—Lo de tu familia lo puedo arreglar, flaca. Este año los tienes a todos por acá, y si se quieren quedar, no te preocupes, que yo les arreglo los papeles. Hablo con mi abogado y nos ponemos en marcha cuando quieras, tranquila. En cuanto a lo de dejar esto..., necesito tiempo. Tú sabes que no he estado haciendo cualquier cosa todo este tiempo, flaca; y si queremos que este ambiente no nos persiga, tenemos que hacer las cosas bien. Dame tiempo y me saldré. Palabra.

—Tú tomate el tiempo que necesites, que yo te tomo la palabra —dijo ella, emocionada, sin dejar de mirarme a los ojos ni un instante.

Yo sabía que esa promesa sería muy difícil de cumplir. A partir de esa primera noche de fin de año con Michel, muchas otras noches similares me prometí a mí mismo que sería el último año y que después se acabaría; pero era imposible, estaba atrapado. Ni siquiera estando en prisión logré cortar el cordón umbilical que me unía fuertemente a la trata, a la prostitución, a lo que casi desde que tenía uso de razón había sido mi vida...

CAPÍTULO 4
MATERIA PRIMA

PRODUCTO PERECEDERO

¿Alguien es capaz de imaginar que una mañana, de pronto, una mujer se levanta y decide ser puta? Vamos, que se cambia el vestuario, se pinta los labios y se lanza a la calle, a aguantar al primer tipo repugnante dispuesto a pagar por sexo y sentir que una mujer es, al menos por un rato, de su propiedad.

Siempre me hizo gracia *Pretty Woman*. Una mujer que entra y sale de la prostitución cuando le da la gana y como le da la gana, y encima encuentra el amor verdadero... Me pregunto de dónde sacarán esas historias los guionistas del cine y la televisión. Sé que si las cuentan es porque venden más y porque así lavan las conciencias de mucha gente. De los clientes, que siempre quieren sentirse limpios, pero son los que sostienen el negocio, para empezar. De la sociedad, que mira para otro lado y es cómplice de lo que sufren ellas. De quienes las explotamos, que intentamos justificar lo injustificable...

No hay prostitución que se ejerza libremente, eso es radicalmente falso.

Tanto la prostitución como la trata para la explotación sexual se ejercen por distintas circunstancias que vuelven muy vulnerables a las mujeres y que nosotros aprovechamos sin dudar. La feminización de la pobreza, la precariedad tan presente en sus vidas, sus necesidades económicas o emocionales las convierten en presas muy fáciles de manipular. Más aún cuando se cruzan en el camino con especialistas en el arte del engaño. Como nosotros. Como yo.

Nadie se levanta una mañana y decide ser puta; pero si reúne las condiciones, si es una mosca fácil de atrapar, nosotros tenemos la tela de araña perfectamente tejida donde caben las promesas de una vida mejor para ella y los suyos, los halagos que le gusta escuchar y algunas ayudas insignificantes que le presentamos como grandes favores y que ella nos agradece como si lo fueran. En cuanto la mosca pega sus diminutas patitas a la red pegajosa, ya le es imposible soltarse. Y ahí se queda. Cazada. Lista para ser devorada por nosotros, con total crueldad, en un ritual de tortura, muy lento, que durará meses, años..., toda la vida.

Las mujeres, incautas, no se dan cuenta de lo que sucede hasta que es tarde y se encuentran donde nunca imaginaron que estarían: en la prostitución y sin un contrato que garantice su autonomía. La balanza del acuerdo verbal no se inclina a ambos lados por igual. Por eso el supuesto consentimiento de las víctimas no es más que una farsa donde no existen los requisitos éticos imprescindibles en cualquier relación personal, social o laboral. Y su trabajo, un modo de esclavitud en el que ellas pertenecen a los propietarios de los clubes, sus amos.

La trata empieza en esos grandes burdeles, que son los negocios que mayor demanda de mujeres tienen. En ellos es donde se consume más cantidad de sexo de pago. Y, aunque no en todos los clubes trafican directamente ellas, todos se nutren y benefician de la trata. Las mujeres son su materia prima imprescindible. Sin ella carecerían de la oferta suficiente para satisfacer la demanda.

Yo surtí, durante años, a doce de los mejores macroburdeles que existen en la actualidad en España. Los llené de esa materia prima que los puteros llaman «carne fresca», día a día. Y jamás me paré a pensar si la mercancía que yo importaba eran personas como yo, con sentimientos como los míos, traumas como los míos o necesidades como las mías. Ellas eran otra cosa. Eran putas. Eso era lo que pensábamos mis socios y yo, aunque la mayoría de las mujeres con las que abastecíamos a los clubes, al igual que Yamileth, nuestra primera víctima de la trata y tantas otras que la siguieron, antes de conocernos jamás hubieran ejercido la prostitución. Aun así, para nosotros no eran más que putas que aún no habían trabajado como tales. Ya aprenderían el oficio. El propio cliente se encargaría de enseñárselo cuando las recibiera nuevecitas en el puesto, sin experiencia todavía, que era como más le gustaban. Cuanto más indefensas, sumisas y temerosas, mejor para él y para nosotros. Todos lograríamos lo que queríamos: dominarlas. El cliente, durante el rato que pagara por ellas; nosotros, mientras esa materia prima nos siguiera reportando beneficio. Su miedo a todo, a la vida, a los proxenetas, a los clientes, a la intransigencia de sus familiares y amigos, que no las aceptarían tras su sufrimiento, marcadas por la vergüenza, era lo que las hacía aceptar su destino con pasmosa resignación.

En mi negocio, el cliente pedía, y yo se lo daba. Lo que fuera. Alcohol, tabaco, carne humana... Era un perfecto proveedor. De lo sencillo se ocupaban los encargados de cada local, hablando con los distribuidores, pero de lo importante nos ocupábamos nosotros mismos. A las mujeres, la base del negocio sin ninguna duda, las íbamos a buscar los dueños. Y éramos nosotros los que las traíamos a los locales.

Fui tratante de mujeres durante más de veinte años. Las compré y vendí como si fueran ganado, para explotarlas salvajemente en nuestros clubes, sin compasión. Y pude hacerlo porque, durante muchos años, no supuso ningún problema para mi conciencia. Al contrario. Era mi mundo, mi forma de vida, y me sentía poderoso gracias a ella.

La trata generaba más dinero en el mundo que las drogas. Es normal. El doble reto de los dueños de la droga, de los grandes cárteles, no era sólo producirla en sus propios países, sino, sobre todo, enviarla a los destinos donde se consumía, maquinando toda suerte de complejos procedimientos. La droga tenía que atravesar las fronteras ocultas. Y no era sencillo. Como tampoco lo era que el dinero de la venta de esa droga, que se recibía en el país donde la compraban, volviera al país de origen; lograrlo requería una infraestructura cuidadosamente elaborada, con muchos riesgos y complicaciones. En la prostitución y la trata de seres humanos, los dueños de la materia prima no se encontraban en los países de captación, sino en los de explotación. Y su recepción resultaba muy sencilla, porque las propias víctimas contribuían al proceso migratorio, siempre con los mismos argumentos: una vida mejor para ellas y para los suyos. El resultado de su explotación, además, se quedaba en el país al que iban, donde estaban sus dueños... Nosotros. Los amos y señores. Los hombres sin conciencia capaces de esclavizar a mujeres sin remordimiento. El costo de la materia prima era tan bajo y su importación tan sencilla, gracias a la colaboración de las propias mujeres, que el negocio no tenía parangón. Además, la legislación de libre circulación entre los países europeos ayudaba a que todo fuera más practicable y que la materia prima se pudiera mover de un lado a otro sin mayor dificultad. Así, llegaba a esas cárceles de lujo que eran los insaciables grandes burdeles, donde la demanda de chicas nuevas era tan grande que superaba con creces la importación de víctimas de trata destinadas a la explotación sexual por fluida que fuera.

Como decía, comprar a las víctimas en su país de origen costaba muy poco. Apenas se invertían mil doscientos o mil quinientos euros, todo lo más. Pero ellas se convertían en un cheque en blanco para sus amos. El beneficio resultante de su explotación sexual, sumado a la deuda, las multas y demás artimañas legales o ilegales, podía superar los doscientos mil euros. ¡Se hubieran necesitado diez kilos de cocaína para alcanzar la misma cifra que con una sola víctima! Por eso nosotros llenamos nuestros clubes con cientos de mujeres traídas, primero, de Colombia, y luego, de otros lugares. Cientos de cheques en blanco que acabamos rellenando con cifras insospechadas.

LUCÍA

Recuerdo bien el día en el que recogí en el aeropuerto de Madrid, en un vuelo de Alitalia procedente de Italia, a Lucía. Como casi todas nuestras mujeres, llegaba a España tras hacer escala en un país europeo para continuar viaje hacia aquí a través del espacio Schengen y evitar los controles de emigración.

Corría el invierno de 1998 cuando la recibí, la subí a mi coche y me la llevé a uno de los clubes de Valdepeñas. Si había plazas en el grande, siempre era el primer destino al que las llevaba; si no, cualquiera de los tres restantes servía para que se curtieran y salieran después, aleccionadas, a otro club de cualquier parte del país, según nuestras necesidades.

Las escenas, durante el trayecto al club, eran clónicas: las mujeres me ofrecían devolverme el dinero en metálico que les habíamos enviado a modo de bolsa de viaje, para justificar su entrada como turistas en Europa, tal y como les había indicado que hicieran el Negro James. Yo al principio lo aceptaba, pero más tarde aprendí que era mejor esperar a llegar al club antes de que cambiara de bolsillo, por si la policía o la Guardia Civil nos daban el alto. Convenía que, de cara a los agentes, la turista llevase encima dinero propio. En el camino, el silencio se hacía denso e incómodo. Allí íbamos siempre un hombre y una mujer, desconocidos por completo y sentados el uno junto al otro; separados, apenas, por unos cuantos centímetros.

La mujer se revolvía en su asiento de copiloto, tratando de separarse lo más posible, y acababa con el cuerpo entero pegado a la puerta y a la ventanilla, por donde miraba con atención, curiosidad e incertidumbre a ese exterior que le era tan desconocido como yo. A mí, de cuando en cuando, de manera intermitente, también me miraba, de soslayo, por el rabillo del ojo, tratando de que yo no percibiera su mirada. Al cabo de un buen rato, era siempre yo quien iniciaba la conversación. Al principio le hablaba de cosas banales: el vuelo, la comida, el avión, el tiempo..., pero enseguida empezaba a testarla, a conocer de primera mano su punto más débil a través de las preguntas adecuadas. Era imprescindible conocer su estado emocional. Lo que le preocupaba más. Lo que amaba más. Saber todo sobre ella, sus miedos concretos, sus sueños concretos y, desde luego, todas y cada una de las características de lo que más le importaba: su familia; eso era lo que nos dotaba de mayor poder para controlarla.

Lucía fue captada en Colombia por nuestro compadre el *Negro* James, que, como siempre, conocía hasta el último detalle sobre ella y más aún sobre cómo amedrentarla a través de la familia que dejaba en su país, en el hipotético caso de que no cumpliera su parte del trato.

Era morena, guapa, más alta de lo normal, de cabello muy largo y lacio, piel brillante y mirada dulce. Resultaba atractiva porque, además, sonreía mucho y era muy simpática. Ella, como tantas otras víctimas, era de las que nunca había ejercido con anterioridad la prostitución, y por eso tuvo que hacer un gran esfuerzo para aceptar su situación.

Las víctimas sabían que venían a trabajar a clubes, a negocios, pero imaginaban que servirían copas, que trabajarían en el local; casi nunca que tendrían que pagar su deuda ejerciendo la prostitución. La presión que se ejercía sobre ellas cuando llegaban sin haber sido realmente informadas de lo que habían venido a hacer era brutal. Sus primeras reacciones al saber que tendrían que prostituirse para saldar las deudas contraídas era un silencio aterrador, vacío de defensas. Enmudecían durante un buen rato hasta que, acto seguido, entraban en una especie de estado de *shock* y se quedaban muy quietas, inmóviles, paralizadas. Era como si se muriesen un poco por dentro. Como si las apuñalasen en el corazón. Luego, en vez de sangre, de sus ojos manaban las primeras lágrimas. Las siguientes se sucedían a toda velocidad, como si fueran bólidos que echasen carreras por sus rostros inertes. Y poco después se rompían enteras y comenzaban a llorar en torrente, inconsolables e incapaces de controlar sus hipidos. Sólo recuerdo haber visto un llanto parecido al suyo en algunos de los pequeños infelices con los que compartí el infierno del orfanato. Era el llanto de la angustia y la desprotección.

Lucía vio claro muy pronto que no tenía alternativa y actuó con enorme disciplina y a destajo. Tal era su empeño en acabar con todo aquello que, a los tres meses, ya había abonado casi seis mil euros de su deuda, además de pagar religiosamente los cincuenta euros de *la diaria*, sin cuyo pago no podían acceder al salón a trabajar.

Una tarde, después del almuerzo, y poco antes de iniciar la jornada en el club, me pidió si podía hacer cuentas con ella. Entró en el despacho con una gran sonrisa de satisfacción y felicidad. Según sus propias cuentas, ella ya había saldado íntegramente la deuda de seis mil euros que tenía con nosotros. Revisamos juntos los números y resultó que le faltaban tan solo cuatrocientos veinticinco euros para el cumplimiento total de la misma.

—Buen trabajo —le dije sonriendo con cinismo.

Ella me devolvió la sonrisa, expectante, mientras yo proseguía con mi discurso. Le insistí en que estuviera tranquila, y le aseguré que nos reuniríamos un mes más tarde y volveríamos a repasar el estado de sus cuentas sin ningún problema. Y también la convencí de que, de momento, hiciera una extensión de su visado para poder quedarse de forma legal en España por otros tres meses para poder trabajar —ya sin deuda— y así disponer de un dinero extra para poder regresar a su país y llevarle algo a su familia. Esta extensión, claro, tendría un «pequeño» costo que incrementaría su deuda en mil doscientos euros... Las extensiones de la visa son gratuitas, pero ellas no lo sabían, así que nosotros les contábamos lo que queríamos. Yo le expliqué a Lucía que esa extensión de visa le proporcionaría tranquilidad si se producía alguna redada porque evitaría que le abrieran un expediente de expulsión. Y la convencí, naturalmente. ¿Cómo no iba a convencerla si sabía que era como todas las demás y que sus objetivos eran los mismos? Porque las víctimas siempre perseguían los mismos anhelos: primero, saldar su deuda con nosotros, y segundo, conseguir la residencia española para poder quedarse a trabajar un tiempo más y poder ayudar a sus familias. Esto último era lo que nos daba pie a nosotros para seguir engañándolas. Pretextábamos que les conseguiríamos los papeles para ayudarlas, pero la realidad era que, durante el tiempo que duraba la gestión de esos papeles, ellas se iban endeudando con nosotros cada vez más. Como a mayor cuantía de deuda mayor tiempo deberían pasar trabajando en nuestros clubes para saldarla, siempre les decíamos que les faltaba un papel... Así, el engaño era continuo y duradero para todas. También para Lucía.

Un mes más tarde de nuestra primera reunión, me senté de nuevo frente a ella en mi despacho. Estaba radiante. Su sonrisa iluminaba ese pequeño cuarto sin ventanas al pensar en la rapidez con la que había conseguido cancelar su deuda y en que haberlo hecho le suponía ¡la libertad!

Saqué el libro y volvimos a hacer las cuentas, como la vez anterior. Le sumé los cuatrocientos veinticinco euros que le faltaban al trato inicial, más los mil doscientos de la extensión del visado, más ciento veintitrés días de pensiones, es decir, de cama y comidas de cada día —las mujeres no tenían habitación propia—. Lucía me miró extrañada.

—Es que ese gasto no lo habíamos incluido en *la diaria* —le dije— porque en nuestra anterior reunión Basy no me lo había pasado; por eso hay que sumarlo ahora a la deuda, claro...

El total ascendía a siete mil trescientos cincuenta euros, por tanto le volvía a faltar dinero. Más dinero aún que en su primera visita a mi oficina. La cara de Lucía se descompuso. Una mueca de tristeza ocupó el sitio de su preciosa sonrisa. Estaba a punto de romper a llorar, así que la calmé con mis palabras.

—Tienes que hacer un último esfuerzo, Lucía —le pedí con suavidad y fingido cariño.

Lucía no me miraba, estaba muy lejos de ese despacho. La hice regresar de golpe al planeta Tierra preguntándole por el pequeño Carlos, su hijo. Y fue suficiente.

Me caía bien Lucía. Y parecía tan desmoralizada que, para animarla un poco, le ofrecí que se quedara íntegramente con el resultado de todos los pases que hiciera en el club los lunes y martes de cada semana. Naturalmente, eran los días más flojos del negocio. Y lo que se podía sacar la mujer suponía un monto máximo, una vez descontada *la diaria*, de unos trescientos euros al mes, que ella podría enviar a su familia en Colombia. Para nosotros eran centavos en comparación con el dinero que nos hacía ganar, pero para ella era una fortuna. Así que aceptó mi oferta, como su suerte. Su mala suerte, claro. Porque la pobre Lucía, entre unos cuentos y otros, nunca terminaba de pagar su deuda, ni de sufrir en silencio y sin rechistar. Ella era de esas chicas fáciles de engañar y manipular, muy dóciles y sumisas. Las que, como digo, más nos gustan a nosotros y a los clientes. Estuvo como esclava sexual un total de dos años y diez meses. Durante ese tiempo me pagó ciento sesenta y cinco mil euros —ese fue el beneficio de su explotación sexual—, más *la diaria* y todos los gastos del falso papeleo. Pero dos años y diez meses después de su llegada, Lucía ya no era alegre, ni le quedada sonrisa para afrontar la vida, ni capacidad para rendir como antes, por lo que su deuda no paraba de crecer.

Una tarde noche cualquiera, Lucía no se incorporó al salón para seguir trabajando después de cenar. Ella era tan disciplinada que a todos nos extrañó, pero aun así decidimos darle un voto de confianza. Un rato después, Lucía seguía sin dar señales de vida en el salón, que ya estaba muy animado y necesitaba refuerzos. Con todo, esperé una media hora más, de pie, apoyado en la esquina de la barra, desde donde siempre lo observaba todo a través de esos grandes espejos estratégicamente colocados, desde los que también podía controlar la puerta de entrada al salón. Nada, ni rastro de la mujer. Salí y recorrí el estrecho pasillo en dirección a las habitaciones. Fui directo a la que ocupaba Lucía con tres mujeres más. Lo habitual en los clubes grandes, repletos de chicas, era que ellas durmieran juntas en las mismas habitaciones en donde se ocupaban con los clientes, amontonadas en muy poco espacio. Nosotros disponíamos de trece habitaciones sólo para uso exclusivo de las mujeres, aunque muy pequeñas y austeras. Seis de esos cuartos compartían el pequeño baño situado en el pasillo, y los otros, como el de Lucía y sus tres compañeras, disponían de un pequeñísimo baño en el interior. Todo un lujo para ellas, sin duda. Esas *suites* se encontraban al fondo del pasillo, muy separadas de las habitaciones que se utilizaban para ocuparse con el cliente; así, estos no veían la pobreza y el hacinamiento en el que ellas vivían.

Llamé a la puerta del cuarto de Lucía un par de veces. No hubo respuesta. La puerta no estaba cerrada desde el interior, así que, sin más, entré. No había nadie. Hacía rato que sus compañeras se habían incorporado al salón, alguna estaba ya con un cliente, pero de ella, ni rastro.

Observé la habitación con detenimiento. Reinaba un desorden absoluto. Ropa interior de trabajo alfombrando el suelo y tapizando el pequeño sofá del rincón, oculto bajo tantas prendas de ropa que hubiera sido difícil añadir alguna más sin que se desbordase; zapatillas de grandes plataformas y zapatos de andar por casa, algunos de vivos colores y dibujos, esparcidos por el suelo; colillas apagadas en el piso; ceniceros llenos; bolsas de papas fritas vacías arrugadas y olvidadas... Todo era puro desorden y suciedad.

Me fijé en que, sobre la mesilla de noche, convivían, cada cual dentro de su portarretratos, todos los familiares de las inquilinas de esa habitación. Se las veía también a ellas, sonriendo al lado de sus hijos, casi todos muy pequeños. Las fotos les recordaban a las mujeres la razón por la que estaban en esta cárcel. Pasé al baño. Allí la cosa no mejoraba. Había más fotos de niños felices y sonrientes pegadas en los extremos del espejo de ridículas dimensiones, colgado en la pared. Un espejo roto, como la suerte de estas desgraciadas. Encima de la tapa del inodoro, que cuando se cerraba parecía utilizarse a modo de improvisada mesita, había tubos para el cabello, recipientes de maquillaje sin tapa, labiales abiertos y otros múltiples enseres. Otros estaban desmayados en el suelo, junto a varios vasos de tubo, ahora vacíos, pero en los que unos labios pintados con carmín brillante habían dejado su huella.

Salí a buen paso en busca de Basy. Suponía que, como aún era temprano, estaría en la recepción del club. Ella, además de ser la mami encargada del control de las mujeres, ocupaba el recibidor del burdel, desde donde las distribuía con sus clientes en las distintas habitaciones. Lamentablemente, a medida que iba pasando la noche, a Basy, que se empapaba en whisky o en cualquier otro licor, era más fácil encontrarla en el almacén pegada a su botella que en la recepción.

Normalmente, las mujeres de los clubes se «ocupaban» siempre en la misma habitación, si era en la que dormían. Así podían disponer de las cosas que tenían en el armario: su ropa, su neceser, preservativos, lubricantes... Cuando tenían habitación para dormir o la suya estaba ocupada por otra compañera, tenían dos opciones: o bien convencer al cliente de esperar un poco tomando una copa o, si el cliente no quería esperar, pedirle a la mujer de confianza que les asignara otro cuarto.

Basy, por suerte, estaba en la recepción, así que, más que pedirle que me acompañara para revisar las habitaciones que en ese momento no estuvieran ocupadas con clientes, la levanté del suelo, agarrándola fuertemente del brazo, para que me acompañara en la inspección de las que estuviesen libres. Seguía sin haber rastro de Lucía.

Al llegar a la *suite* situada en la esquina —la última del pasillo— y tratar de abrir la puerta, me di cuenta de que estaba cerrada por dentro. Toqué con los nudillos con suavidad. No recibí respuesta. Volví a tocar un poco más fuerte repitiendo una y otra vez el nombre de Lucía. Nadie contestó. Pedí a Basy que fuera a la recepción a recoger las llaves maestras y, a su vuelta, elegí la llave correspondiente del grueso ramillete y abrí la puerta. Tampoco había rastro de Lucía en la gran cama que presidía y ocupaba prácticamente toda la habitación.

Al contrario que en los cuartuchos de las mujeres, en esta *suite*, que no era demasiado grande, o al menos no tanto como para albergar una cama de dos metros por dos metros, todo era orden y lujo. Estaba decorada con esmero por un profesional que vino a tal fin desde Albacete para ayudarnos en la reforma de los chochales en su día. La colcha beige de la cama a juego con los visillos del mismo color sobre la ventana enrejada —que daba a la parte de atrás del club—, el bonito mueble chifonier antiguo coronado por un coqueto espejo, dos bonitas alfombras persas en tonos azules y beige a los lados de la gran cama... El espacio resultaba muy acogedor. Sobre la cama, descansaba, en espera de ser utilizado por el cliente y su acompañante, un set de baño con toallas, batas de baño y pantuflas.

Basy miró hacia el baño y reparó en que la puerta estaba entornada. Se acercó a ella y la abrió... Fue ella quien descubrió la macabra escena, sin inmutarse. Ni siquiera gritó. Estaba aleccionada desde hacía mucho para no molestar a los clientes. Así que ni un espectáculo tan dantesco como el que nos encontramos podía romper su férrea disciplina.

Allí, tendida en el suelo, yacía, casi sin vida, la bella Lucía... Sus labios pintados de un rojo intenso por su propia sangre, que se esparcía también por su rostro y sus cabellos, parecían pétalos de rosa. Aún respiraba. Débilmente. De sus muñecas, con las venas cortadas con la intención de conseguir, por fin, la libertad, seguía manando sangre. Lucía se desangraba.

Basy, sobria y diligente, salió a llamar al encargado del club, que a los pocos minutos entró en la habitación sin saber lo que ocurría. Juntos trasladamos el cuerpo inerte de Lucía a la cama.

Basy, que había vuelto a salir, volvió con el pequeño botiquín blanco. Al abrirlo, abandonadas y solitarias en todo el interior, había dos rollos de vendas. Lo suficiente para hacerle a Lucía un torniquete en el brazo justo por encima de la muñeca.

Dejé a los empleados intentando rescatar a la chica del sueño profundo en el que estaba sumida, mientras a grandes zancadas corría a mi despacho para llamar al médico de confianza de nuestra organización. Se trataba de un médico de familia que tenía un consultorio en el mismo pueblo y, además, trabajaba también en el servicio de urgencias del hospital público de Valdepeñas. Era el doctor que, desde que empezamos a traer mujeres de deuda, se encargaba de gestionar para nosotros sus seguros médicos privados en la sociedad a la que él estaba adscrito. Se los hacíamos en cuanto llegaban a España, para evitar riesgos. Pagábamos trescientos euros como cuota inicial, más una mensualidad de cincuenta euros por cada uno. Una vez más, de esto sacábamos partido para engordar la deuda en mil doscientos euros, que era lo que nosotros cobrábamos a cada víctima por ese seguro privado.

El médico llegó con bastante rapidez. Siempre actuaba con mucho sigilo y máxima discreción. Sabía a qué nos dedicábamos y cuáles eran las reglas. Miró a la pobre Lucía tendida en la cama, semiinconsciente, con el rostro muy pálido y el cuerpo cada vez más frío, y, sin dudarlo, llamó de inmediato al 112 para su traslado en una ambulancia al hospital público Gutiérrez Ortega de Valdepeñas.

Que nuestro médico de confianza trabajara en este hospital también evitó que, al entrar por urgencias con Lucía, llamaran a la policía por intento de suicidio; ya se sabe que «entre bomberos no se pisan la manguera».

No me dejaron acompañar a Lucía dentro del cubículo de urgencias. Estaba muy grave. Había perdido mucha sangre.

Esa noche se me hizo eterna. Sólo, sentado en una incómoda silla de la sala de espera del hospital, no pude esquivar a mis propios fantasmas del pasado. Me recordaron las veces en que yo mismo, de adolescente, como ahora Lucía, pensé en la muerte como escape a la no vida.

Pobre Lucía. Sentía lástima por ella. Real, no fingida. La desesperación de no acabar nunca de pagar su deuda, la amenaza del traslado a otro club para que siguieran explotándola sexualmente, el hastío de una vida en cautiverio y sin ningún aliciente... Lucía no había querido hacernos una llamada de atención, eso no había sido un aviso. Lucía quería poner fin a la condena y abandonar una vida que ya no le pertenecía. Estuvo dos días en urgencias, mientras los médicos luchaban por salvar su vida, y luego dos más en una habitación convencional. Durante esos cuatro días, apenas me moví de su lado.

Cuando la dieron de alta y la llevé en mi coche de regreso al club, Lucía no se parecía en nada a aquella joven risueña y vital que me había deslumbrado a su llegada a España. Había envejecido veinte años, de repente. Esa mujer mayor que había devorado sin compasión a la joven y bella Lucía dio por hecho que a su deuda interminable se le sumarían las facturas de la ambulancia, el médico, el hospital, las medicinas, *la diaria*, e incluso una multa por su intento de suicidio. Y así debía haber sido, pero ese mismo día le perdoné toda su deuda. Lo hice por primera vez con Lucía y después, en muchas ocasiones, con distintas víctimas. No es que ese acto me redimiese de ser un proxeneta y de esclavizar a las mujeres, pero necesitaba hacerlo. No tanto por ellas como por mí. Por otra parte, sabía que cuando una mujer no rendía más era mejor organizar su salida de la organización para que no se convirtiera en un lastre, un mal ejemplo para el resto de las mujeres y una fuente interminable de problemas.

Lo más complicado era volver a hacerles un lavado de cerebro en una salida amable para que se fueran creyendo que no habíamos sido sus explotadores, sino sus amigos, y que las dejábamos en libertad, sin deuda alguna, por pura generosidad. Era la forma también de evitar las denuncias.

Ofrecí a Lucía la posibilidad de seguir trabajando con nosotros, ahora sí, por fin sin deuda, para que ahorrase un poco y pudiera regresar a su Colombia natal con algo de plata para su familia, para sacar adelante a su niño. Y ella accedió. Pero me hubiera dicho que sí a cualquier cosa. Lucía ya era una muñeca rota, sin voluntad.

La trasladamos a nuestro club en Denia, donde ejerció tan sólo un par de meses; después la tuvimos que ingresar en un hospital psiquiátrico de Valencia. Nunca regresó a su país, ni volvió a ver a su hijo y al resto de su familia. Este niño, cuando fue mayor, jamás vino a España a ver a una madre, a quien apenas conocía y tampoco quería.

Lucía, como todas las víctimas de trata, tenía fecha de caducidad. La explotación sexual de una mujer suele durar tres años, como mucho. En ese tiempo hay que exprimirlas al máximo. Después hay que desecharlas. Una mujer bonita se puede usar muchas veces, basta con lavarla un poco para que sirva para el siguiente, pero cuando pasa el tiempo y pierde sus encantos, no vale para nada. A una botella de whisky el paso del tiempo la revaloriza, pero a una mujer no. Y menos cuando sufre tanto como las nuestras. Hay que ser muy consciente de que tienen fecha de caducidad y alquilarlas tantas veces como sea posible, e incluso venderlas antes del día señalado.

Esa es la historia de casi todas. Son muy pocas las mujeres que logran salir de este infierno. Y menos aún las que tienen la suerte de Yamileth, a quien compró un cliente que se enamoró de ella. Alguien pensará que esa historia es, de nuevo, la de *Pretty Woman*, pero, por desgracia, la de Yamileth no tuvo un final feliz. O, al menos, no un final completamente feliz.

El enamorado era un bala perdida y dejó la vida en la carretera cuando iba a recoger a otra mujer de nuestro club. Por suerte, la familia de este joven nunca abandonó a Yamileth, a quien arropó, protegió y ofreció trabajo en el negocio familiar. La mujer se quedó sin príncipe, pero al menos encontró a alguien que la quisiera. Gracias a ellos, pudo olvidarse, casi por completo, de su vida anterior. Desde luego, era mucho mejor final que el de tantas de sus compañeras resignadas y sin esperanza.

Cuando la gente se pregunta por qué los judíos no se rebelaron contra los nazis a pesar de las vejaciones, la violencia extrema, las crueldades y los asesinatos, siempre les digo que en los clubes está la respuesta. Si a una persona le robas sus ilusiones, su futuro, su dignidad, la dejas sin esperanza, sin motivación, la vacías de emociones y la conviertes en un muerto viviente. Un pedazo de carne que anda, pero que no está viva. Los nazis conducían a los judíos a las cámaras de gas, nosotros llevábamos a las mujeres al salón. Ni unos ni otros rechistaban.

CAPTACIÓN

Seguro que alguien piensa que para ser puta había que tener un perfil determinado. Y más para ser una puta de las nuestras, es decir, una esclava. Y es cierto. No nos importaba que fueran más o menos agraciadas, pero sí buscábamos mujeres jóvenes con carga familiar, hijos pequeños o padres muy mayores, siempre pobres y preferiblemente sin estudios. Cuanto más desprotegidas y miserables mejor para nosotros y para el negocio.

Los países de captación tenían mucho que ver con el perfil de las víctimas. Eran países pobres y casi siempre corruptos, donde la vida valía muy poco, donde se captaba a las mujeres durante cinco y diez años como máximo. Ese tiempo era el que tardaban en organizarse las fuerzas y cuerpos de seguridad de los estados. Cuando se iniciaba la captación en un país virgen en cuanto a la trata de seres humanos, la ciudadanía desconocía la brutal realidad, y los cuerpos de seguridad del Estado no estaban formados para atajar este delito, porque no existía legislación contra él. Luego se iban organizando y entonces era mejor buscar nuevas fuentes.

El captador, como las víctimas, debía tener un perfil de idoneidad. Los requisitos fundamentales eran: tener mucha y buena labia para poder engañar con soltura, capacidad de agasajar con halagos a la familia y bellas promesas a la incauta de un futuro lleno de bienestar para ella y los seres a los que ama; también aptitud para amedrentar y llevar a término las amenazas si la mujer se niega a trabajar o si esta se dispone a denunciar. Y por último ser capaz de gestionar el dinero que recibe de los explotadores para las víctimas y el que incauta a los familiares de estas que no acatan la disciplina de la organización de captadores/cobradores.

Encontrar a las personas idóneas para tales menesteres en el país de captación no solía ser difícil. El dinero ayudaba, porque no sólo abría las puertas, sino que lavaba las conciencias. Y si no las dejaba limpias, al menos sí conseguía que se volvieran indiferentes ante el dolor y la desgracia ajenos.

De todos los delitos que existen, el de la trata de seres humanos es el único que necesita un control físico casi constante, ningún otro requiere una vigilancia diaria de la víctima. En los demás delitos, el contacto tiene una duración transitoria e incluso momentánea, como es el caso de un atraco o bien de un homicidio; luego no suelen verse nunca más. El tratante, por el contrario, debe tener una relación continuada con la víctima, para lo que se precisa mucha sangre fría y capacidad para reiterar el delito una y otra vez, e incluso disfrutarlo. Ya sabemos que es un producto perecedero y que hay que aprovecharlo al máximo durante ese tiempo de tres años. Por eso, si se puede, es mejor retener a las víctimas en los negocios propios durante dos años y, cuando empiezan a caducar, vendérselas a otros clubes más pequeños.

Y, por supuesto, si la materia prima es propia, el éxito suele estar asegurado. Es la opción más rentable, aunque en nuestros clubes, además de trabajar con mujeres latinas de nuestra propiedad, también lo hacíamos con mujeres en alquiler de los países del Este, sobre todo rumanas, y también con algunas africanas.

En el caso de las mujeres latinas, las captábamos nosotros directamente a través de nuestros captadores autóctonos y nos servíamos de locutorios españoles para enviar el dinero necesario, tanto para su viaje como para el resto de gastos precisos en el país de captación. La creación y el montaje de un locutorio a través de una franquicia tenía un costo de alrededor de unos seis mil euros; después, una persona normal podía girar legalmente una cantidad mensual no superior a dos mil quinientos euros a su nombre, sin levantar ninguna sospecha, ni para Hacienda ni para la policía.

Como nosotros disponíamos de todos los pasaportes de las víctimas de trata presas en nuestros clubes, los envíos de dinero no tenían límites. Cuantos más pasaportes en nuestro poder, más dinero podíamos enviar y más mujeres podíamos comprar. Las propias víctimas de trata, gracias a sus documentos, se convertían, además sin saberlo, en nuestras cómplices.

Teniendo organizado y controlado desde el país de explotación el envío de las remesas de dinero, era fácil organizar la recepción del mismo en el país de captación.

Como en casi todos los países existe un límite de divisas que puede recibir una misma persona a través de los giros, para no levantar sospechas a las autoridades el captador nos facilitaba los nombres de las personas a quienes iban remitidos los giros o remesas de dinero. Esto era: en primer lugar, a él mismo una vez al mes, a las personas de su confianza y, en ocasiones, incluso a la futura víctima o a alguno de sus familiares más directos. Con esta última opción, nos ganábamos además la confianza de la mujer y su familia, que veían en el adelanto de las remesas una señal de nuestra amable y «altruista» actitud, puesto que recibían el dinero antes de que ella comenzara a trabajar. Todo legal y sin problemas, tanto para el envío de remesas desde España como para la recepción del dinero en Brasil, Colombia o, más tarde, Paraguay.

Pero, claro, antes de nada había que localizar a la futura víctima en su país de origen; inmediatamente después ¡comenzaba la cacería! El captador o cazador la sometía a un acoso y derribo total, siempre con los mismos argumentos y las mismas mentiras de una vida mejor para ella y sus familiares. Todo esto lleno de halagos y pequeños favores continuos a la futura esclava, tales como compras diarias de comida, minúsculos pagos de recibos pendientes de agua o luz, ropita para los bebés, o botes de leche... Eran inversiones mínimas con un rendimiento más que seguro.

Desde el primer momento que la mujer aceptaba un solo peso de sus captadores, ya estaba atrapada en la red de la organización. Por muy pequeña que fuera la cantidad adelantada por nosotros, ella no podía devolverla. Así que ya era nuestra. Si se echaba para atrás, el captador extremaba primero la amabilidad para intentar convencerla por las buenas, y si esto no funcionaba, pasaba a forzar el cobro de los pequeños gastos ocasionados, eso sí, con unos intereses de usura... E, incapaz de devolver ese dinero en ese momento, ya tomaba conciencia de que no había vuelta atrás.

Por si todo esto fuera poco, cuando la mujer ya estaba atrapada en nuestra red, el captador le explicaba la obligación que había contraído con la organización y le preguntaba por la posibilidad de que una persona de su familia o de su entera confianza la avalara con alguna propiedad para lograr el dinero que la llevaría a España. En caso de que la tuviera, se firmaba ante notario una garantía hipotecaria sobre el bien en concreto, y así ella quedaba aún más ligada a la organización. Si no cumplía las normas, su familia, sus hijos, perderían su casa, que solía ser la única propiedad que poseían, o lo que hubiesen hipotecado. Si la desdichada mujer o sus familiares no tenían ninguna propiedad a su nombre para avalar el préstamo del boleto y demás gastos para el viaje, no importaba, porque, de hecho, lo estaba avalando con su cuerpo y con su vida, además de con el bienestar y la vida de los suyos, sus padres, abuelos, hermanos o hijos... ¿Acaso algo valía más? ¡Si la mujer se embarcaba en esa aventura y hacía ese viaje era casi siempre por sus seres queridos! Lo que desconocía, claro, era que, en realidad, estaba hipotecando lo poco que tenía y a los que más quería.

La preparación del viaje desde Latinoamérica a Europa comenzaba con la tramitación del pasaporte, que casi ninguna mujer tenía con anterioridad.

Existían en Colombia varios tipos de visado legales. Yo, personalmente, los utilicé todos, aunque unos con mayor frecuencia que otros. Cualquiera de ellos, eso sí, era necesario conseguirlos de manera legal a través del sello de las autoridades colombianas; primero porque entonces era muy sencillo obtenerlos, puesto que la documentación requerida por el Gobierno de Colombia en todos los tipos de visa era fácil de reunir, y luego porque la falsificación del sello colombiano para la entrada en el espacio Schengen, además de ser más compleja y peligrosa, también era mucho más cara.

Con el visado de turista que emitían las autoridades colombianas podían permanecer un máximo de noventa días en la UE. Pero para eso había que abrir en una sucursal bancaria de su país una cartilla o libreta de ahorros a nombre de ella con la liquidez suficiente como para demostrar que podía transitar libremente en calidad de turista en el país donde después iba a ser explotada. Necesitaba ropa adecuada para aparentar estar en un viaje turístico ante los controles de inmigración. Y también un boleto de avión de ida y vuelta, con una estancia no superior a un mes, así como la reserva pagada de una noche en un hotel cuyo nombre nunca conocería la mujer para no levantar sospechas ante la policía en el caso de que le hicieran preguntas o la retuviesen en el control de aduanas. Esa reserva era imprescindible, porque el primer trámite que realizaba la policía era precisamente comprobarla; si estaba pagada, la entrada como turista estaba más que justificada. Por último, era necesario prestarle, en metálico, una cantidad en torno a unos mil o mil quinientos euros, a modo de viáticos, fundamental para su entrada en el país.

Cumpliendo todos esos requisitos, conseguíamos los visados de turista completamente legales. Y eran los que utilizábamos más. Pero había otros. Como el de estudiante, por ejemplo, que requería una invitación de un centro educativo o bien justificar una matrícula en cualquier academia. Para obtenerlo no era necesaria ni mucho menos la matrícula en una universidad, o en un centro de formación relevante, o de una especialización concreta, bastaba una academia de estudios medios, normalita, de medio pelo incluso, que eran las más baratas, donde únicamente era necesario pagar la inscripción a nombre de la víctima, justificando así que iba a realizar allí los estudios. También estaba la carta de invitación. En ella era necesario que la persona que invitara a la futura víctima demostrara una relación de amistad o familiar con ella. Esta carta se solicitaba en cualquier comisaría o departamento de Extranjería. Era conveniente hacerla a través de un abogado, porque atosigaban a preguntas al supuesto amigo o familiar, precisamente como medida de prevención contra la trata y el tráfico de seres humanos. Pero sabíamos las respuestas... En todo caso, como el titular de la carta era el anfitrión o invitador, que después se convertía en el responsable directo de la repatriación, y todo el proceso dejaba mucho rastro, sabíamos que no era conveniente utilizarla demasiado. Como tampoco el visado de artistas. Este se utilizaba para traer a las mujeres como bailarinas, gogós o actrices componentes de una obra de teatro. Se les hacía llegar un contrato laboral —falso— con una empresa donde supuestamente la víctima ejercería su trabajo. Este tipo de visado lo utilizábamos en contadas ocasiones porque comprometía a los clubes, ya que, lógicamente, el trabajo que debían desempeñar después las mujeres era la prostitución y en caso de una denuncia por parte de la víctima quedaba demostrado el engaño y la relación laboral entre ella y el proxeneta. Lo mismo sucedía con el visado colectivo, que yo solo utilicé una vez para traerlas en grupo y que estaba pensado para equipos de competición deportiva.

EQUIPO NACIONAL FEMENINO DE TAEKWONDO

Nos resultaba ya tan fácil importar mujeres de Colombia, íbamos tan sobrados en su captación allí, que en la primavera del año 2000, durante una de las reuniones mensuales que manteníamos entre mis socios, otros amigos proxenetas y yo, tras el almuerzo, animados por la complicidad, las risas y las innumerables copas de vino, apostamos a ver quién de nosotros sería capaz de traerse a más mujeres juntas de una sola vez y, además, en un *vuelo caliente*, de los que no pasaban primero por otro país europeo.

Mi récord estaba en once chicas brasileñas que me había traído con un contrato falso para trabajar como bailarinas. En esa ocasión salió bien, pero nos hizo ser conscientes del gran peligro que entrañaba este tipo de visa, al no dejar duda alguna del engaño entre el trabajo ofrecido y el que se les obligaba después a realizar. Esas once exóticas brasileñas, supuestamente, venían a nuestro país para participar en un concurso de televisión como bailarinas. Naturalmente, lo más cerca que vieron esas pobres la televisión fue a la hora de comer dentro del club, cuando pedían permiso y disponían de monedas para poderla ver.

La apuesta entre nosotros consistía en que el ganador se quedaría en exclusiva, es decir, sin compartirla con los demás socios, con la propiedad de todas las mujeres que lograse pasar en un mismo vuelo. Todo el dinero derivado de su explotación sería para él, mientras que los gastos e inversión derivados de la captación se pagarían, como de costumbre, entre todos. El premio no estaba nada mal, pero decidimos incluir otro en el lote: el proxeneta ganador se llevaría el vehículo de alta gama que eligiera. Un BMW, un Mercedes... Cuando empezábamos en esto y éramos unos niños, comprábamos coches de estas marcas, pero de segunda, tercera o cuarta mano, que nos salían muy baratos. Era lo que, en aquellos días, nos podíamos permitir. Quién nos iba a decir a nosotros que años después podríamos comprárnoslos a estrenar, e incluso jugar con ellos en las apuestas.

En cuanto acordamos los términos, cada uno puso manos a la obra por su lado. Yo llamé de inmediato al Negro James, que era mi captador de confianza en Colombia y con el que yo, por suerte, hacía directamente las gestiones que se requerían en ese país. El Negro James, además de captar las mujeres para nosotros como yo le pedía, compartía la complicidad de mi relación con Michel, a quien durante el año y medio que permaneció en Colombia yo le seguí pasando dinero, cada mes, religiosamente, para que pudiera completar sus estudios. Él me mantuvo informado de todo lo relativo a Michel y su familia y también organizó su viaje de vuelta a España.

El Negro me pidió un par de días para averiguar, a través del consulado, el tipo de visa que exigían las autoridades colombianas para poder traer en grupo a muchas mujeres. Dos días más tarde me contó que, a su juicio, la mejor manera y más segura de que todo un grupo viajara era como integrantes de un equipo de deportistas invitado para un evento deportivo concreto.

Pensamos en qué deporte elegir, para que no existiera ningún otro equipo de las mismas características en Colombia. De nuevo, el Negro y mis incentivos económicos hicieron que todo se moviese a gran velocidad. Una semana después empezamos a crear el primer equipo nacional femenino de taekwondo. En Colombia, por entonces, no existía ningún equipo femenino de artes marciales.

Mi proveedor se esmeró en captar mujeres que dieran el perfil de deportistas y en trabajar con cada una de ellas, una por una; no para enseñarles la disciplina deportiva elegida, sino para aleccionarlas respecto a las posibles preguntas que les realizaran en los controles aduaneros y salieran airosas del trance.

El equipo debía estar compuesto por, al menos, diecinueve chicas, a las que acompañaría hasta Madrid uno de nuestros captadores colombianos, haciéndose pasar por el entrenador.

Como se trataba de un equipo deportivo era necesario presentar en el consulado las fichas de cada una de las jugadoras

173

integrantes del grupo, junto con la invitación y el programa de la organización del evento deportivo donde, supuestamente, participaría el equipo colombiano en el país anfitrión, en este caso España.

A las seleccionadas las apuntamos —aunque ninguna pisó el tatami— en un pequeño gimnasio de artes marciales de la ciudad de Cali, donde les rellenaron la ficha necesaria. Al tiempo, yo, desde España, les mandé la carta de invitación de un gimnasio inexistente y un programa de competición con fechas escogidas al azar. Con esta documentación, prendida con alfileres, se presentó dicha carta en el consulado de Colombia y se solicitó la visa para participar en la competición organizada por el inexistente gimnasio español. Una semana después, nos la concedieron, y a partir de aquí comenzamos a organizar el viaje, saliendo de Bogotá y pasando por Miami y Cuba antes de llegar a Madrid.

La llegada del equipo que habíamos creado de la nada en unas semanas al aeropuerto de Madrid-Barajas fue muy divertida. Resultaba muy gracioso verlas a todas perfectamente uniformadas, estrenando sus pants con los colores de la bandera de su país —azul, amarillo y rojo—, el logo de la Federación Colombiana en el lado izquierdo de la chamarra —creado por un amiguete del Negro James, que era diseñador— y los zapatos deportivos nuevecitas, blancos e impolutos, con los que complementaban el atavío.

Salieron del control de aduanas caminando, muy disciplinadas, una detrás de la otra, formando una perfecta fila india. Ni sus caras eran las de unas deportistas profesionales entrenadas para enfrentarse a un nuevo reto deportivo en un país europeo, ni sus cuerpos estaban moldeados para ninguna otra competición que no fuera la satisfacción de los clientes.

Venían acompañadas de uno de los jóvenes captadores del Negro, que, disfrazado de entrenador, lucía un conjunto a juego con el de sus pupilas.

Llevamos a las diecinueve chicas en un minibus a Valdepeñas. Allí, en mi club, se las presenté a mis colegas como si fueran un trofeo. Y, en realidad, lo eran: el premio de una apuesta.
Después de certificar que yo era el ganador y que a partir de ese
momento esas mujeres me pertenecían sólo a mí, las separé y las
distribuí en clubes diferentes para que, si había alguna redada, no
cayeran en contradicciones unas con otras. A las falsas deportistas
la «competición» les duró en torno a los tres años. A todas menos
a cuatro, que tuvieron que ser deportadas un año antes porque su
estado físico y mental no daba ya para más.

No ganaron medallas, ni premios, ni siquiera fueron reconoci-
das en su país de origen. Ninguna de ellas alcanzó su meta, pero
nosotros sí cumplimos nuestro objetivo: las tuvimos hasta el final
de su «vida deportiva» explotándolas sin descanso en diferentes
clubes.

DE COLOMBIA A PARAGUAY
PASANDO POR RUMANIA

El libre tránsito de las mujeres colombianas en la década de los
noventa, hasta la implantación del visado impuesto por la UE el
15 de marzo del 2001 a ciento treinta países, entre los que se encontraba Colombia, hizo de ellas la mejor y más rentable materia
prima. A esa facilidad se sumaban algunas de sus características
particulares, como era el idioma común, su exótica belleza y la
sumisión, y el miedo que sentían por nosotros, los dueños de los
negocios, a quienes nos comparaban con los narcos de su país.

En 2001, la UE comenzó a exigir a Colombia visas de entrada en cada país de Europa para todos sus ciudadanos. España,
como el resto de la UE, cerró a Colombia la libertad de visitar

sus fronteras sin antes largos y ahora difíciles trámites burocráticos en el consulado. La decisión de cerrar el espacio Schengen a los ciudadanos colombianos se debió en parte al temor a que su libertad de movimientos favoreciese el narcotráfico y la inmigración irregular.

Desde que a finales del año 2000 comenzaron a escucharse rumores sobre la implantación de esa visa, empezamos a buscar un nuevo país de captación. Pero no fuimos nosotros los primeros en dar con el Shangri-La, sino nuestros avispados colegas, los tratantes y proxenetas de Cuenca, Murcia y Albacete, que abrieron las rutas de acceso para las nuevas esclavas sexuales de nacionalidad paraguaya.

En una de nuestras habituales reuniones mensuales, el Dandy nos habló de las primeras mujeres paraguayas llegadas a los clubes de Cuenca, a los distintos locales situados en la famosa «carretera del amor». Al parecer, el vocal de ANELA en Cuenca se estaba convirtiendo en el amo de la trata de paraguayas. Era curioso, porque justo en esa época era muy habitual verlo y escucharlo en las distintas televisoras, en plan Quijote, representando a ANELA. Junto a él, un improvisado Sancho hacía las veces de fiel escudero. Se trataba de un afamado periodista al que teníamos contratado como jefe de prensa. Ambos participaban en muchos programas negando la existencia de la trata en los clubes españoles y resaltando una y otra vez las bondades de la prostitución. La realidad es que los clubes de este «buen empresario» estaban repletos de la nueva «mercancía» recién llegada de Paraguay, que no sólo explotaba él mismo en sus negocios, sino que además la vendía. Y bien barata. Cada mujer salía a tres mil euros. El producto era tan bueno y tenía un precio tan arreglado que parecía mejor y más sencillo comprárselo a él que trabajar directamente con el país de origen. Así que, como había demanda, el proxeneta se traía mujeres por decenas y las acumulaba en sus clubes para vendérselas a sus colegas y sacarse un beneficio extra. En muy poco tiempo, los clubes españoles se llenaron de paraguayas.

Al conocer toda esta información al detalle, al Dandy se le ocurrió que lo que teníamos que hacer era repartirnos el botín con la UCRIF, como seguía siendo habitual. Se lo contábamos todo y así la policía se quedaba con las medallas y nosotros con esas paraguayas. Eso sí, era mejor que, para asegurarnos, primero le compráramos a nuestro compadre de ANELA a una de las chicas para que ella nos proporcionara los suficientes datos como para poder empezar a trabajar en Paraguay con mujeres de su misma nacionalidad.

Al final ni siquiera hizo falta que lo denunciáramos, porque años más tarde fue encarcelado en Paraguay; en cuanto a su fiel escudero, al que contratamos por ser periodista de profesión, y al que después echamos de la organización por incompetente y vividor, contaría en un libro cómo había estado infiltrado en nuestra organización para conocer y denunciar a los amos de la prostitución y de la trata. Nada más lejos de la realidad. Fuimos nosotros quienes lo fichamos y nosotros quienes lo despedimos...

El caso es que en 2001 empezamos a hacer los primeros contactos con Paraguay y a principios del 2004 ya teníamos en todos nuestros burdeles esclavas sexuales paraguayas de nuestra propiedad. Estas mujeres siguen en la actualidad en España y su captación la hacen directamente, como ocurrió en su día con las colombianas, los proxenetas españoles.

El Gobierno de Paraguay no consideró que les afectaría la trata de personas, ni contempló que podría haber reclutamiento de esclavas sexuales en su país. Paraguay cometió el mismo error que en su día Colombia, al igual que en los primeros años noventa Brasil y al final de los ochenta la República Dominicana.

Si se echa una mirada retrospectiva, se puede ver que la captación en Latinoamérica se va desplazando de un país a otro. Para cuando, tanto las autoridades como las ONG —que son las primeras que en realidad alertan del cambio de nacionalidades—, tomaban conciencia de la cantidad de mujeres del mismo país que estaban siendo explotadas, nosotros ya llevábamos una media de dos años captándolas y sacándoles beneficio.

Los cambios del país de captación eran progresivos, no instantáneos. Los ciclos acababan con la implantación de nuevas leyes que implicaban más dificultades para los captadores. Pero esas leyes sólo se redactaban cuando ya eran conscientes de lo que ocurría y no se ponían en funcionamiento con demasiada celeridad.

Como a las mujeres latinoamericanas las captábamos nosotros, eran la materia prima más predominante en nuestros negocios. Ellas eran con las que más dinero ganábamos, pero también necesitábamos otras de diferentes nacionalidades para no quedarnos sin chicas nuevas mientras cambiábamos de país de captación.

Además, usábamos a algunas de ellas casi como utilería de nuestros locales, para que los inundaran de exotismo y color aunque no fueran nuestras y tuviésemos que compartir su explotación con sus verdaderos dueños. Ese era el caso de las liberianas y guineanas, que fueron las predecesoras de las víctimas de nacionalidad nigeriana que pueblan nuestros polígonos y calles en la actualidad. Por lo general, en nuestros clubes sólo teníamos, como máximo, dos mujeres africanas. España es un país muy racista, aunque se diga lo contrario, y los clientes apenas demandaban chicas negras. Ese es el motivo por el que ellas ejercían mayoritariamente en la calle y cobraban mucho menos dinero. En los clubes, los precios de los distintos servicios tenían tarifas igual de cerradas que el alcohol, pero en la calle se negociaba el precio de los cuerpos y, a veces, las mujeres, para complacer a sus dueños o por pura miseria y desesperación, se vendían por menos de lo que cuesta un caramelo.

A las rumanas las podíamos comprar directamente a los tratantes en su país de origen. Llegábamos a un trato con los proxenetas rumanos y eran ellos quienes captaban a las víctimas y nos las traían a los clubes, sin entrar luego en el beneficio que daban, porque ellos preferían explotarlas directamente en polígonos, departamentos y calles. A veces, en vez de comprárselas a las mafias rumanas, se las alquilábamos por una cantidad fija diaria, pactada de antemano, que rondaba los cincuenta euros. Y, en ocasiones, ellos dejaban a las mujeres en nuestros clubes y nos repartíamos su explotación al cincuenta por ciento. En todo caso, a las rumanas solíamos utilizarlas —sobre todo cuando las rutas de acceso al mercado latinoamericano estaban *calientes* o cerradas— también como carnada para denunciar a los proxenetas de su misma nacionalidad.

En realidad, las rumanas no fueron las primeras mujeres del Este que aparecieron por nuestro país en la prostitución. Las primeras eran rusas, ucranianas y húngaras. Llegaron en 1998 y se quedaron hasta el año 2000. Eran las propias mafias de sus países quienes las captaban y traían a Europa aduciendo que eran bailarinas. Pero era muy difícil que trabajasen en los clubes, porque al no hablar nuestro idioma tenían muy poca aceptación por parte de los clientes. Las rumanas empezaron a llegar en 1999. Y ellas sí que tuvieron mucho éxito en los burdeles, porque sus rasgos eran parecidos a los de las españolas, aprendían muy rápido el idioma y eran muy obedientes porque les tenían pánico a sus captores. Llegaron con el euro, al iniciar el siglo XXI, y sus dueños las colocaron por todos los clubes. Como sus propietarios las obligaban a hacer un número de pases al día, como mínimo, si no querían ser castigadas físicamente, ya se preocupaban ellas de poner más interés que ninguna. Pronto se convirtieron en las más solicitadas por los clientes. Hacían lo que fuera con tal de alcanzar el cupo establecido por sus amos.

Nosotros comprábamos los cuerpos de las latinoamericanas, pero los rumanos compraban los cuerpos y las vidas de sus mujeres y así se lo hacían saber a ellas, a quienes luego alquilaban y vendían con una facilidad asombrosa y sin que ellas pusieran ningún reparo. Aceptaban su papel de mercancía con sorprendente normalidad. Además, se las podía trasladar en autobuses de línea regular a cualquier país europeo sin ningún problema y por el módico precio de doscientos euros. Por eso, cuando la UE cerró las fronteras a Colombia e hizo casi imposible que se trajeran más mujeres de allí, y mientras realizábamos todas las gestiones necesarias para empezar a traernos a las paraguayas, apostamos por las rumanas. Y se convirtieron en el producto estrella durante los seis años siguientes. De hecho, su explotación suponía más de un setenta y cinco por ciento de nuestros ingresos.

El problema era que los rumanos no tenían límite a la hora de captar y explotar a las chicas, ni siquiera de edad; así que cada vez nos encontrábamos con más menores, con sus pasaportes burdamente falsificados. Pero no nos asustaba, porque nuestros abogados nos decían lo que teníamos que hacer respecto a ello en el caso de una posible redada de la UCRIF.

«Vosotros sois empresarios —nos decían—. Así que no tenéis la obligación de saber si un pasaporte es falso o no, eso es cosa de los policías...».

Es verdad que había víctimas de trata menores de edad, pero eran muchas menos de las que la gente se creía, sobre todo porque tenerlas siempre conllevaba unas normas muy específicas para evitar riesgos.

Existían dos maneras de poder mantenerlas en los locales. La primera, con un pasaporte falso expedido en su país de origen. Ahí la responsabilidad era mínima para el dueño del negocio, porque él no tiene por qué saberlo, siendo de otro país. Y la segunda, que trabajaran más ocultas. Es decir, que si ejercían teniendo documentos que acreditaban que eran menores —lo que se llama «a cara descubierta»—, debían hacerlo en clubes de alterne que no fueran ni grandes ni conocidos. A nosotros las menores sin papeles no nos interesaban en nuestros grandes clubes porque nos hacía correr un riesgo innecesario; por eso, donde más trabajaban estas era en locales pequeños y departamentos escondidos. Lo único que nos venía bien a nosotros de estas niñas era que nos servían para denunciar a sus dueños a la policía y quedar bien con ella. Aunque, al final, siempre había alguna historia con víctimas menores de edad. Pese a no ser lo que más me interesaba, yo tuve varias, porque la avaricia de los rumanos no tenía límites. Y la nuestra tampoco.

CATALINA

Una noche, el encargado de nuestro club de Tarragona me llamó para contarme que teníamos alojada desde hacía varias semanas a una menor rumana. El encargado lo intuyó desde el principio, no porque la mujer físicamente pareciera una menor, ya que, aunque se la veía muy joven, podría haber tenido perfectamente la edad que decía su documentación: diecinueve años. Las mujeres rumanas, al igual que las latinoamericanas, maduraban muy pronto, así que una joven de dieciséis años podía aparentar veinte sin ningún problema. Y tampoco tuvo nada que ver con la documentación falsa, que él no tenía la obligación de revisar. Fue más bien que le dio desconfianza que las otras mujeres la vigilaran tanto y tuvieran tantas deferencias con ella, como ocuparse de los clientes que la niña rechazaba con demasiada frecuencia. La noche que regresó, después de estar con sus captores una semana, repleta de heridas y moretones por todo el cuerpo confirmó sus sospechas. Las demás mujeres sabían que le habían querido dar una lección por su bajo rendimiento en el club, como hubieran hecho en el mismo caso con ellas, pero estaban espantadas. Tanto que a una se le escapó decir que cómo podían hacerle eso a una niña de tan solo dieciséis años.

El hombre, nervioso, no sabía cómo manejar la situación. No sólo tenía una menor en el club, sino que, ahora que la joven se ocupaba con cuantos clientes demandaban sus servicios, todos veían los cardenales que tenía por todas partes menos en la cara y se lo reprochaban a él. La situación se le escapaba de las manos. No sabía qué hacer y, además, temía que alguno de los usuarios fuera a denunciar la situación en la que se encontraba la joven malherida. Yo lo tranquilicé, porque sabía bien que los clientes no denunciaban nada de nada. En todo caso, nos lo decían a nosotros para conseguir una devolución del dinero —los vicios, mujeres, drogas y alcohol hay que pagarlos por adelantado— o para que les cambiáramos a la mujer deteriorada por otra en buen estado. Pero no denunciaban, porque eso los comprometía a ellos y no era cuestión que se supiera que eran puteros.

Siempre preferíamos quitarnos a las menores de en medio, por si acaso, denunciando a sus amos y sacando el rendimiento adecuado. Sin embargo, en aquella ocasión no podíamos hacerlo porque el propietario de la chica era quien, en ese momento, nos tenía surtidos todos los negocios con mujeres de su propiedad y no podíamos arriesgarnos a quedarnos sin ellas.

Esa misma noche salí de viaje hacia Tarragona para conocer de primera mano la situación de la menor a través de la jefa de grupo, que siempre era el enlace entre los dueños —los proxenetas rumanos— y sus explotadores —los proxenetas españoles.

Llegué al club a medianoche y mandé que la llamaran. Era la jefa de un grupo compuesto, esta vez, por siete rumanas, incluida la menor. La jefa no era la mayor del grupo, como solía ocurrir, sino una joven de tan sólo dieciocho años, menuda, de voz suave y maneras violentas. No me conocía, porque todas ellas llevaban pocas semanas en el club, durante las que las visitas las había hecho el Dandy y no yo. Siguiendo mi táctica habitual, fui directamente al grano y la responsabilicé de que una menor estuviera siendo explotada, además de amenazarla con llevarla a la policía esa misma noche si no me dejaba entrevistarme con la niña. Unas horas más tarde, haciéndome pasar por un cliente, conocí a Catalina, que era como se llamaba la menor rumana.

Yo sabía bien cómo tenía que tratarla, así que le hablé con mucho cariño, como suponía que lo haría un padre a una hija —en eso yo no tenía experiencia—, y me fui ganando su confianza poco a poco. Al rato, Catalina empezó a contarme su historia. Aquella niña se la hubiera contado a cualquiera, dado el estado físico y mental en el que se encontraba; sin embargo, ninguno de sus clientes, los que habían pagado por su cuerpo y se habían quedado con ella pese a ver sus heridas, había querido saber nada de sus problemas.

Catalina era de Moldavia. Había nacido en el seno de una familia muy humilde donde el padre sometía a palizas y vejaciones tanto a su madre como a sus cinco hijos. Un día, buscando aire fuera de las cuatro paredes de su mal llamado hogar, conoció en la discoteca de su pueblo a un chico muy guapo, que la trataba muy bien, le decía cosas hermosas y la cuidaba como nadie lo había hecho hasta ese momento. Y se enamoró locamente de él. Un par de meses después, su enamorado le propuso venir a España a trabajar y vivir juntos. Y Catalina no dudó.

El resto era lo de siempre: fue vendida a la mafia rumana, a la que pertenecía ahora, y sus amos, para domarla, la habían atado, pegado, violado en grupo, quemado con cigarrillos. Todo, antes de traerla a nuestro club, desde donde la joven, tras negarse con demasiada frecuencia a ejercer la prostitución, fue llevada unos días a su *casa*, donde le recordaron con una buena paliza cuál era su obligación y quiénes eran sus amos.

Sentada sobre la cama y vestida con un diminuto vestido negro de tirantes, que apenas cubría los múltiples moretones de sus brazos y piernas, Catalina ahora sí parecía una niña muy pequeña y asustada. Joder, me daba pena. Sentía rabia por la brutalidad de sus amos, que eran unos salvajes.

Dejé a Catalina en la habitación y de nuevo me reuní con la rumana jefa de grupo, que también me confesó entre lágrimas que a ella la captaron con la misma edad de Catalina. Ahora tenía dieciocho años y era la pareja de uno de los integrantes de la red, pero, a pesar de esta relación afectiva, la seguían explotando como a las demás y recibía frecuentes palizas, aunque ella, en concreto, por parte de su novio.

La situación era delicada. Sabía que la menor en el club nos acabaría dando problemas, pero aún no podía denunciar al rumano a la UCRIF como lo había hecho con tantos de sus compatriotas, porque lo necesitábamos. ¿Qué podía hacer? Mi abogado me dio la solución. Lo mejor era no ser yo quien lo denunciara, sino dejar que fueran las propias mujeres las que lo hicieran; así, cuando a él se lo llevaran a la cárcel, nosotros podríamos seguir trabajando con el sucesor del caído en desgracia.

Las desarticulaciones y detenciones de los grandes capos rumanos no acababan con la mafia de este país, sino que, o su lugarteniente ocupaba directamente el lugar del antiguo jefe y seguían trabajando como si tal cosa, o la organización se dividía y el control lo tomaban entre varios de los segundos, que se peleaban a muerte entre ellos para quedarse con el cargo. El más fuerte y poderoso siempre acababa siendo el que más mujeres tenía en propiedad.

Aquella misma madrugada llamé al joven inspector de la UCRIF, y en cuestión de unas horas se presentaron en el club de Tarragona, porque estos polis trabajaban tanto como nosotros.

El estado de terror en el que vivían estas mujeres hizo que poco a poco fueran bajando la guardia y se dejaran convencer para denunciar a sus amos, tanto por ellas mismas como por las que estaban por llegar cuando ellas fueran desechadas.

Ese día, por la mañana, se abrió una larga investigación que meses después dio sus frutos con la detención de uno de los más grandes y violentos capos de la mafia rumana. Lo que yo no sabía era que la decisión de animarlas a denunciar a sus verdugos rumanos marcaría después el rumbo de mi vida y me pasaría una gran factura en lo personal.

Tras su denuncia, Catalina fue asistida por la asociación APRAMP (Asociación para la Prevención, Reinserción y Atención a la Mujer Prostituida), que la acogió y la reinsertó en una vida acorde con su edad, pero no antes de muchas terapias y dedicación para su recuperación física y mental.

La trata, ya por sí misma, tiene unos beneficios tan grandes que no es necesario buscarse más problemas explotando a niñas; además, a una víctima menor de edad, al igual que al resto de mujeres mayores que ella, sólo podremos explotarla durante un máximo de tres años, antes de venderla a otros clubes de inferior categoría o dejarlas que acaben haciendo la calle, porque pasado ese tiempo se agotan. O sea que el hecho de que fuera más joven no nos aportaba ningún beneficio y sí riesgos y quebraderos de cabeza. Por eso nosotros nunca captábamos a menores, eso era cosa de los rumanos. Pero, claro, durante los años iniciales de ese «matrimonio» con ellos, mientras fueron nuestros principales proveedores, estuvimos muy a su merced y aceptamos sus reglas sin rechistar: la violencia a la que sometían a las mujeres, sus malos modos, la liquidación diaria tras la jornada en el mismo club, que se llevaran a las mujeres cuando lo decidían unilateralmente, o que nos las cambiaran por otras sin que les hubiésemos sacado todo el jugo a las primeras... No nos quedaba más remedio que aceptarlas, porque nos hacían ganar mucho dinero. Yo a veces le comentaba a alguno de mis socios lo bestias que eran estos tipos, pero ellos ni se inmutaban. Recuerdo que el Dandy llegó a decirme que me estaba convirtiendo en una nena.

—Te estás ablandando, tío. Y, al fin y al cabo, esas mujeres no son más que putas y ni siquiera nuestras. Es normal que su dueño haga con ellas lo que le dé la gana. No te metas. Lo único que importa es que nos siga surtiendo los negocios con su mercancía —me decía.

No sabía ni por qué se lo había contado, sabiendo que él estaba asociado con Toño en varios negocios y que el andaluz no le iba a la zaga a los rumanos en lo que se refería a la brutalidad con las víctimas de trata, que él mismo captaba y probaba antes que los clientes. El propio Dandy siempre había sido muy machista y violento. Tan violento como cobarde, porque sólo utilizaba la violencia cuando se sentía arropado por otros. Por eso jamás iba solo. Siempre lo acompañaban un par de hombres de su confianza *calzados* por si surgían problemas. Le temía a casi todo, pero en especial a la posibilidad de acabar en la cárcel por el delito de violación que cometió siendo muy joven.

Por más a disgusto que yo estuviera, seguimos con los rumanos mientras no nos quedase otra opción, es decir, mientras nos preparábamos para conseguir recibir mujeres por otra vía. Para cuando la brigada central de Extranjería, la UCRIF —al principio con nuestra ayuda—, se centró en la desarticulación de las redes de los rumanos, nosotros ya teníamos en marcha todas las conexiones con Paraguay. Y tener un país virgen de captación nos iba a devolver la autonomía, porque, de nuevo, como pasó en su día con las colombianas, seríamos nuestros propios proveedores de materia prima y nos libraríamos de la dictadura de los rumanos.

Así fue como se rompió nuestro matrimonio de conveniencia con las mafias del Este. Y como ocurre en todos los divorcios, por amigables que sean, sufrieron los hijos, es decir, las pobres víctimas rumanas, que si ya recibían palizas y torturas cuando estaban en nuestros clubes, al abandonarlos y quedarse en las calles, en polígonos y en departamentos, junto a sus dueños, comenzaron a vivir un nuevo tipo de infierno.

PATRICIA

Eran las cinco de la tarde y las mujeres estaban a punto de comenzar su jornada de trabajo en el club grande de La Mancha, mientras yo me encontraba en el despacho, revisando los libros.

El local estaba extrañamente silencioso, teniendo en cuenta que estaba repleto de mujeres que debían de estar terminando de maquillarse o entrando ya en el salón.

Aquel viernes esperaba a dos socios de nuestro compinche de Albacete que venían a traernos a domicilio a cuatro mujeres que acabábamos de comprar. Yo mismo había cerrado el trato por teléfono pocos días antes y había conseguido un magnífico precio por el lote de las cuatro colombianas recién llegadas de su país.

Era un precio de liquidación debido a que sus captores querían dejar el negocio de la trata para dedicarse al de la droga.

Cuando llegaron, miré con mucho interés a las chicas recién compradas. No estaban mal. Quizá una un poco más oscurita de lo normal para nuestros clientes, a los que no les solían gustar las negras; pero el precio había sido tan bueno que no se podía hacer reproches a la mercancía.

Después de hablar entre nosotros de banalidades, al estar ellas delante, las dejamos plantadas en el pequeño despacho y pasamos al salón. Todavía no habían llegado ni los madrugadores, así que pudimos tomarnos una copa tranquilamente mientras los vendedores me ponían al día de las peculiaridades de mis cuatro nuevas adquisiciones: sus familias, hijos o cualquier detalle específico de cara a la coacción e intimidación.

Cuando los dos hombres se marcharon, llamé a Basy y acomodamos a las chicas en una de las habitaciones más pequeñas del club. En ella había dos camas, pero parecían una sola, de matrimonio cariñoso, por lo pegadas que estaban entre sí y también a las paredes. Las mujeres habían manifestado el temor a separarse, así que aproveché su deseo para ganar una habitación. Mi idea era que pasaran juntas únicamente el fin de semana, y el lunes o el martes repartirlas por distintos clubes, para evitar tenerlas juntas. Si atacas la unión, atacas la fuerza...

Al día siguiente, como era costumbre todos los sábados, nos visitaron bastantes chicos. Sabíamos que muchos de ellos no se ocuparían durante el fin de semana, pero que regresarían durante la semana, solos, para pagar por el material al que echaban el ojo ese día. Así que fuimos mandando a las nuevas al salón y, a medida que se fueron ocupando, les fuimos retirando el dinero de *la diaria* para restarlo de la deuda que habíamos comprado a sus captores. Una de ellas, Patricia, ni muy fea ni muy guapa, no se ocupó ni aquel día ni el siguiente, no porque no la reclamaran, sino porque nunca antes había trabajado de puta y tenía muchos remilgos y tonterías con la selección de los clientes. Cuando me lo contó el encargado, pensé que, ya que estaba recién llegada, sería mejor dejar su aleccionamiento para el lunes. Pero no fue posible. El domingo, muy entrada la madrugada, con el club ya cerrado al público, decidieron fugarse. No se les ocurrió otra cosa que salir por el pequeño ventanuco de su habitación y, desde allí, subir al tejado. En el club, las ventanas grandes tenían rejas, las puertas siempre permanecían cerradas, y la principal, vigilada por un hombre de nuestra confianza.

Las mujeres se descolgaron del tejado por la parte de atrás sirviéndose de los contenedores de basura y poniendo en riesgo su integridad física. Una vez en el suelo, comenzaron a correr por la nacional de Andalucía hasta llegar a la primera gasolinera. Querían pedir ayuda para que las llevaran hasta Madrid.

Casi al mismo tiempo que ellas, llegó a la gasolinera una pareja de la Guardia Civil de Tráfico, que, al ver a esas horas a cuatro mujeres extranjeras, tan ligeras de ropa y con su maleta, les pidió la documentación. Y la tenía yo. Me la habían entregado sus captores y estaba bien guardada en la oficina del club.

La pareja de la Guardia Civil las condujo al cuartel del pueblo para su identificación y, una vez allí, después de tomarse el café caliente que les invitaron los agentes, les contaron que habían salido por el tejado del club porque querían ir a una discoteca y que habían olvidado la documentación en su habitación porque no creyeron que fuera necesario llevarla encima sólo para bailar un rato y divertirse después del trabajo.

El guardia civil les preguntó que si siempre que iban a la discoteca solían llevar su equipaje. Naturalmente, los agentes sospechaban que eran mujeres de deuda e intentaron que ellas les contasen la verdad de su situación tanto como pudieron, pero fue del todo imposible: las mujeres no dijeron nada salvo que querían ir a bailar. Lo único que pudieron hacer fue llamar al club para que les lleváramos los pasaportes de nuestras «huéspedes» y les aclarásemos por qué las mujeres salían de allí por el tejado y llevándose su equipaje.

Cuando llegué al cuartel de la Guardia Civil con los pasaportes, me detuvieron mientras ellas prestaban declaración. A ellas, que no abandonaron el discurso de jóvenes discotequeras alocadas e inquilinas voluntarias en el club, las dejaron en libertad esa misma noche. A mí me retuvieron unas cuantas horas más, pero al final también me soltaron. Al volver al club me encontré solo con tres de las cuatro fugadas.

Patricia, en su huida, llegó hasta Valencia, donde la localizaron nuestros compadres de allí, a los cuales se la vendimos muy barata después de contarles el episodio del tejado y que se había negado a trabajar. Ellos se ocuparon de someterla y aleccionarla durante mucho tiempo y, además, mandaron hacer una «visita de cortesía» a su familia en Colombia, que se saldó con las piernas rotas de su padre. A partir de entonces, Patricia trabajó, ¡vaya que si trabajó!, y su caso sirvió de ejemplo y escarmiento para muchas otras.

El miedo era más efectivo que la violencia física. Y tenía muchas caras y formas, pero todas eran invisibles para los clientes y para la policía. Con una sola mirada del proxeneta, la víctima podía llegar a orinarse encima. No hacía falta ni tocarla. Y no convenía dejarla inutilizada para que no dejara de generar dinero; así que nada como la fría y distante violencia psicológica.

El control y el sometimiento eran indiscutibles en todas ellas. Por eso no denunciaban ni cuando la policía, cada vez mejor formada contra la trata, las interrogaba una y otra vez. Los agentes se desesperaban con su silencio, que ni siquiera podían comprender.

No es que no hablaran porque no se reconocieran como víctimas explotadas, como aseguraban algunos psicólogos incompetentes. Su silencio era directamente proporcional al trabajo de sometimiento bien hecho.

He sido testigo de muchas redadas a lo largo de mis años como amo y señor de vidas ajenas. Redadas, controles de pasaportes... He visto cómo la policía se llevaba en infinidad de ocasiones a la comisaría a nuestras mujeres de deuda para una identificación. Incluso he presenciado cómo la misma policía les tomaba declaración con todas las garantías procesales y les aconsejaba que contasen su situación, asegurándoles que las protegerían, les darían la condición de testigo protegido y —lo más importante para ellas— les conseguirían los ansiados papeles a cambio de la denuncia. Y pese a lo que les repitieran una y mil veces que hablaran, que contaran, que denunciaran, ellas lo negaban todo, porque eran conscientes de que, mientras estuvieran en las dependencias policiales, nosotros pondríamos en marcha toda la maquinaria de intimidación a sus familias. Ese era el motivo de su silencio. Y el de nuestra seguridad.

EXPLOTACIÓN

—¿Cuántas mujeres tenemos en sala? —pregunté un día al llegar a uno de los burdeles.

Era la primera pregunta que les hacía a cada uno de mis encargados de los distintos clubes cuando los llamaba al comienzo de la jornada. Cuantas más mujeres, más caja. Se las explotase de una manera o de otra. Porque existían cuatro formas de explotación sexual dentro de los negocios: la trata directa, la de alquiler, la autónoma y la de las que ejercen por libre. Las cuatro eran rentables y las utilizábamos según el momento y las necesidades de cada negocio:

1. LA TRATA DIRECTA:

Cuando eran los propios dueños de los negocios quienes controlaban la captación y la explotación de la mujer, la trata era directa. Era la fórmula más lucrativa y beneficiosa de todas, ya que la víctima era una propiedad y su control se realizaba directamente desde el inicio.

Por ejemplo: el precio de compra de una mujer latinoamericana, colombiana, incluida la comisión del captador, más el viaje, tenía un costo total de unos mil doscientos euros. Si un pequeño club tenía veinte mujeres y cada una le aportaba cincuenta euros de *diaria* o plaza, ya se sacaba treinta mil euros al mes. A esta cantidad se le sumaba la de dos pases mínimos de cada mujer, a cincuenta euros cada uno, que suponían dos mil euros diarios y sesenta mil euros más al mes.

El resultado de la explotación de veinte víctimas de trata, al final, entre unas cosas y otras, alcanzaba los ciento cinco mil euros al mes y un beneficio anual superior al millón de euros. Eso con veinte mujeres... En una organización que dispusiera de mil doscientas todos los días, el dinero entraría a raudales. Más aún si estas permanecían mucho tiempo en el negocio. Cuanto más tiempo estuvieran las víctimas en la organización, mayor sería el beneficio. Por eso era imprescindible retenerlas tanto tiempo como fuera posible, primero con la excusa de que pagaran su deuda y después con todo tipo de engaños, amenazas y coacciones.

La otra forma de hacer trata directa era comprándola a los captores, pero sin intervenir en la captación. Para esta modalidad, a la víctima se la tasaba en un precio fijo de compra y una vez depositada en el burdel se pagaba el precio pactado por ella. Cuantas más unidades de compra se encargasen, más se abarataba el producto, cuyo precio oscilaba entre los tres mil y los seis mil euros, que sería la deuda de partida de la mujer. Una vez comprada y pagada, esta pertenecía a quien había pagado por ella y quedaba sujeta a las normas del negocio: al libre traslado de club y ciudad y a las particulares maneras de explotación de sus nuevos amos.

2. LA TRATA DE ALQUILER:

El alquiler de la víctima era el resultado de un trato entre sus captadores directos y los dueños de los clubes, sus explotadores. Estos quedaban sujetos a un acuerdo que consistía en el pago diario de un mínimo pactado entre las dos partes. El pago normalmente quedaba tasado entre veinte y cincuenta euros diarios por cada víctima, siempre dependiendo de la cantidad de mujeres alquiladas. Los captadores tenían la obligación de mantener dentro del negocio una cantidad mínima de mujeres diarias, se ocuparan con clientes o no. Esta fórmula era la más habitual dentro de los clubes pequeños y con poca clientela, ya que las mujeres sin deuda no acceden voluntariamente a quedarse donde apenas hay trabajo.

Por muy poca clientela que tenga un club, la mujer está obligada a hacer un mínimo de dos pases; el primero para el club, y el otro para sus amos; en el caso de que hiciera algún pase más se guardaría para sus dueños.

Había otra modalidad de trata de alquiler. En ella la víctima quedaba sujeta al pago mínimo diario de un pase para el club, donde cobraba una media de cincuenta euros y debía repartir el cincuenta por ciento del beneficio de los consumos con él; además estaba obligada a hacer un mínimo de tres pases diarios para cubrir los gastos que generaba. El primer pase era para sus captadores, el segundo para el club y el tercero para pagar sus gastos de sábanas, toallas y limpieza de habitación; o sea, también para el club. A partir del tercer pase, lo que percibiera sería suyo, pero si la víctima no alcanzaba el cupo mínimo, se le iría sumando más deuda. Que se produjese esa espiral de atrasos beneficiaba mucho al burdel porque cuanto más endeudada estuviera la mujer menos posibilidades tenía de abandonarlo. Todo estaba estudiado para que no se ocuparan más de tres veces al día. De hecho, en los clubes grandes hay gran variedad de mujeres y existe una gran competencia que no está sólo provocada por la demanda de los clientes, sino también por los propios dueños de los negocios, cuyo propósito es que estas no rebasen esos tres pases.

También existía la posibilidad de alquilar sin importe fijo, sólo repartiendo el importe resultante de la explotación diaria de la chica al cincuenta por ciento entre sus dueños y los propietarios de los negocios. Esta opción solía elegirse para las mujeres que llegaban con deuda y una situación irregular, es decir, sin visa. Eran las llamadas ilegales. Cobraban muy baratos sus servicios, alrededor de veinticinco o treinta euros, porque sólo trabajando a destajo podían llegar a ganar algo. Al ser tan baratas tenían mucho éxito con los clientes, así que hacían una media de entre ocho y diez pases por noche y se convertían en unas verdaderas máquinas expendedoras de dinero.

3. LA TRATA AUTÓNOMA:

Aquí los dueños de los negocios no teníamos nada que ver con la propiedad de las víctimas, ni en su captación ni en su explotación. Sólo recibíamos un pago diario por parte de la mujer, previamente pactado, de unos cincuenta euros. A esta cantidad se le sumaban diez euros más de sábanas limpias por cada pase y el costo de las bebidas que pudieran tomar ellas o las que les invitaran los clientes. La deuda con sus captadores la controlaba y gestionaba una jefa de grupo que solía ser la mujer de confianza de su organización y el enlace entre las chicas y sus dueños. Estas mujeres nos reportaban un beneficio mensual de unos cuatro mil quinientos euros cada una; todo lo demás quedaba a merced del criterio de sus amos.

Estos grupos eran los que yo solía utilizar para denunciar a los propietarios a la policía y así quedarme con su mercancía y poder explotarla yo directamente; también para conocer vías de acceso a otros posibles países de captación.

4. MUJERES QUE EJERCEN POR *LIBRE*:

Hace un tiempo charlé con una mujer que fue víctima de trata y que actualmente sigue ejerciendo la prostitución y le pregunté:

—Tatiana, ¿tú crees que estoy equivocado y que realmente existe la prostitución libre?

—Mira, Miguel, yo soy la puta más puta de todas las que habéis traído o conocido. Primero me explotaste tú, luego me explotó la enfermedad de mi hija, después los estudios de mi otra hija, ahora los de mi nieta... Quien te diga que ejerce libremente que no se engañe, o al menos, que no mienta. Y si no, me la presentas a mí y que me cuente el cuento para reírme un rato.

Los clubes también nos nutríamos de chicas que ejercían la prostitución por cuenta propia, sin pertenecer a las mafias. Pero ni siquiera estas mujeres supuestamente *libres* eran ajenas a nuestros métodos de explotación, porque para eso habíamos inventado el sistema de plaza o *la diaria*.

Ellas, en realidad, también eran víctimas. Muchas provenían de la trata y, cuando acababan de pagar la deuda con las organizaciones que las captaron, seguían en la prostitución por no tener otra salida y también por el ansia de ganar, ahora libremente con su cuerpo, para ellas lo que en su día habían facturado para sus explotadores. Pero ni su cuerpo, ya muy deteriorado, ni su cabeza eran los mismos que cuando fueron captadas. Era cierto que ya no estaban presas en los negocios y que podían abandonarlos si no les gustaban sus normas o no se adaptaban al horario; pero aun así las explotábamos. De hecho, para los dueños de los negocios era, junto con la de la trata directa, la forma más lucrativa de explotar a una mujer en la prostitución... ¡y encima de manera legal!

El sistema de plaza se creó en 1988 en un club de Ciudad Real. Este fue el primer negocio que implantó la obligación a las mujeres de un pago fijo diario. Antiguamente no existía y sólo se le cobraba un pequeño porcentaje por cada pase que hiciera con un cliente. La plaza tenía una duración de veintiún días y obligaba a la chica a pagar cincuenta euros en metálico cada día antes de salir al salón a trabajar, independientemente de si se ocupaba o no. Esto aseguraba un mínimo de ganancias para el empresario, ya que suponía un total de mil cincuenta euros por plaza y mujer. A esto se le sumaba el porcentaje de los servicios realizados por el club, de unos diez euros por pase, en concepto de sábanas, limpieza... Y el beneficio estaba más que asegurado.

Lo más gracioso de todo es que con este método ellas no eran conscientes de que el empresario seguía siendo su explotador. ¡Y de qué manera! Más de cincuenta por ciento de lo que ganaba la prostituta se lo quedaba el club. De cada dos pases que la mujer realizara, a cincuenta euros cada uno, el club se llevaba, entre el fijo que tenía que pagar y el alquiler de las sábanas, setenta euros.

Eso significaba que si el día anterior no se le había dado bien el asunto y tenía la plaza pendiente con el club, necesitaba al menos cuatro pases si quería empezar a ganar algún dinero. Porque, además, para que el sistema de plaza tuviera siempre un resultado óptimo para nosotros ya nos ocupábamos de que hubiera más mujeres que plazas —y también que clientes—. De ese modo, ellas no podían ocuparse tanto como querían o necesitaban y nos dejaban a deber plazas cada día. Ahí empezaba su verdadera explotación.

Una mujer que hubiera hecho en una noche seis servicios, por un importe total de trescientos euros, sólo se quedaba con noventa. Y eso sin contar con la ropa, el maquillaje, la peluquería, los preservativos y los lubricantes, que por supuesto también tenía que pagar. Si además tenía plazas pendientes era probable que no le quedara nada para ella. Ese sistema es realmente maquiavélico. Gracias a él no sólo podíamos explotar a las mujeres, sino también confundirlas y confundir a la ley. La víctima pagaba sólo la plaza, es decir, el derecho de alternar en el salón para vender sus servicios, no pagaban el alquiler de la habitación. Así, las habitaciones podían ser utilizadas una y otra vez, sin que las distintas mujeres que pasaban por ellas tuvieran derecho alguno a reclamarlas.

En el mundo de la prostitución está todo perfectamente estudiado para la explotación de la mujer, sea independiente o de deuda. Todas son víctimas: unas secuestradas y explotadas, y las otras solo explotadas. Pero todas víctimas. Como proxeneta empresario sabía que a unas sólo las estrujaba y a las otras las exprimía y las tiraba. Así de simple.

ALINE

Lo mejor del «trabajo» de la prostitución es que lo podían ejercer todas las mujeres. Cualquiera nos servía como puta, fuera alta, baja, gorda, delgada, guapa, fea..., a todas las explotábamos y todas acababan pagando su deuda, porque nosotros, desde luego, no éramos ninguna ONG. Pero cuando vi a Aline en el aeropuerto de Madrid-Barajas, a donde fui a recogerla, procedente de Brasil, a punto estuve de dejarla tirada allí mismo y marcharme corriendo. Tenía todos los datos respecto a su indumentaria, así que no había duda: era ella. Y... ¡Carajo! ¡Qué golazo nos habían metido! ¡Era fea con ganas, la muchacha! Baja, gorda, tan negra como una noche oscura y con una cara de mirada apagada donde lo único que encontré digno de mirar fueron unos pendientes que brillaban en sus orejas. Era tan fea que me dieron ganas de pedirle allí mismo los mil doscientos euros de los «viáticos» y salir del recinto a toda velocidad sin mirar atrás. Si no lo hice fue porque sabía que dejarla plantada conllevaba el riesgo de que la mujer contara a las autoridades la verdad del motivo de su viaje y, aunque no tenía muchos datos, nunca se sabía.

Lo que estaba claro era que me iba a costar lo mío explotar a aquella «papa», que fue como la apodé mentalmente desde el instante en que la vi; pero, bueno, algo se podría hacer con semejante adefesio.

La llevé al club grande de Valdepeñas, donde en ese momento teníamos una plaza libre, y desde la primera noche la puse a trabajar.

En cuanto entró en el salón, no puede evitar vigilarla a través de los espejos. Ponía mucha voluntad para acercarse a los clientes, tal y como le habíamos indicado, pero no había manera: la rechazaban una y otra vez. Esa primera noche —como tantas de las siguientes—, Aline no consiguió ocuparse; sin embargo, en cuanto se levantó, antes de que nadie hubiera abierto un ojo, se dirigió a la cocina y allí se puso a trabajar como una loca. Era muy callada, pero igual de dispuesta y trabajadora. Limpiaba el club, ayudaba en la cocina, echaba una mano a todas sus compañeras en lo que pudieran necesitar e incluso a nosotros con cualquier encomienda que le pusiéramos. No paraba un segundo, pero dedicaba todo su tiempo a tareas que no estaban remuneradas, así que su deuda iba en aumento. La Papa seguía intentando ocuparse en el salón, pero al ver que no lo conseguía decidió utilizar un método de supervivencia que hizo que sus compañeras la rebautizaran como *la Euro*. Cada noche, cuando salía al salón, consciente de que nadie la reclamaría, ella iba pidiendo monedas de un euro para la máquina de música del club. Luego hacía como que la echaba, pero al final aprovechaba que todo el mundo estaba en lo suyo para guardarse la moneda. Cuando reunía cincuenta, las cambiaba por un billete que mandaba a su país, para su hijito pequeño.

Con nosotros tenía una deuda cada vez mayor y unos atrasos de *la diaria* que nos iba liquidando muy de tarde en tarde, cuando, casi milagrosamente, se ocupaba con algún cliente. Como al público de nuestras salas, en general, les gustaban las chicas nuevas y a mí Aline me caía muy bien, me la llevaba en mis desplazamientos por los distintos clubes para ver si yendo de uno a otro tenía algo más de suerte. Y gracias a eso la mujer lograba trabajar algo.

Con tantos viajes compartidos empecé a tomar cariño a la Euro, que era una mujer muy buena y servicial y, según llegaba a los clubes, se ponía a disposición de todos, sin que nadie se lo dijera, y hasta se ocupaba de los desayunos de la madrugada en todos ellos. Tanto, que hablé con mis socios y les compré su deuda;

sabía que no íbamos a cobrar por el método normal, así que me parecía la mejor opción. Aline se quedó sin deuda y además con un trabajo en nuestro club de Denia, como mami de limpieza, por lo que estaba loca de alegría y de agradecimiento hacia mí. Su situación había cambiado tanto que se sentía una privilegiada y por fin con la capacidad de poder enviar una pequeña cantidad a su hijo cada mes; pero la vida, que gasta bromas pesadas, decidió no dejarla disfrutar de su nuevo estatus y, justo un día antes de recibir su primer sueldo, cuando más feliz se encontraba, al sacar a la calle la basura del club un coche la atropelló y la mató.

Allí, en Denia, la enterramos, con una pena inmensa, porque todos le habíamos tomado mucho cariño. Años después de ese lamentable accidente en el que la Euro perdió la vida me traje a su hijo, ya mayor, y lo coloqué como mesero en el club de Castellón. Ella no pudo verlo.

ALBA

Alba fue una más de las tantas víctimas de trata que traje a España.

Tenía tan sólo diecinueve años cuando llegó de Colombia. Era una chica rubia, de piel blanca. Medía aproximadamente 1.65 metros de estatura y era bastante atractiva. Como a todas, la reconocí en el aeropuerto por la ropa que llevaba. Y como con todas, comprobé que nadie la seguía antes de acercarme a ella y preguntarle por el Negro James. Esa era nuestra contraseña.

Nos dirigimos al coche y, como siempre, cuando fue a entregarme el dinero, yo le dije que esperara a que llegáramos al club para devolvérmelo.

Una vez estuvimos en Valdepeñas, la mujer me preguntó si eso era Galicia y le respondí que no, que era Andalucía —nunca se les dice adónde van ni el nombre del club, por seguridad—. Ella no se extrañó. Supuse que para ella, como para muchas, todo era Galicia, incluida Andalucía.

Me senté frente a la chica en la oficina y comencé con todos los trámites de siempre. En primer lugar le pedí el pasaporte y le expliqué las normas y el funcionamiento del negocio; y luego también que su deuda era de seis mil euros, aunque este detalle ella ya lo sabía desde Colombia. Le dije que me imaginaba que no tendría ropa «de trabajo», ni quizá productos de aseo y maquillaje, pero que en el club disponíamos de una pequeña tienda donde adquirir todos los productos necesarios para trabajar, además de una peluquería. Y le indiqué que, por supuesto, todo lo podría pagar tranquilamente, pues se le sumaría a su deuda, que iría pagando cómodamente con los pases de los clientes.

Le detallé el horario: a las cinco de la tarde se abría el local y ella debía estar puntual en el salón si no quería que se le multase. A las cuatro de la madrugada se cerraban las puertas. El precio que debía cobrar a cada cliente por media hora de tiempo: cincuenta euros, más diez de las sábanas. Le advertí que si se pasaba de esa media hora, ella misma debería abonarme otros cincuenta euros.

—El dinero que haga cada día —seguí con mi aleccionamiento— lo iré descontando de su deuda. Cuando usted necesite dinero me lo dice, pero con un par de días de anticipación; y si ha trabajado bien y no hay queja por parte de los clientes y del encargado, miraré lo que puedo hacer por usted. Pero, sobre todo, recuerde que no puede comentar a nadie lo de la deuda. Usted está aquí porque quiere, y se puede ir también cuando quiera, sin problemas... Eso sí, no sin antes pagarme su deuda... Sus padres confían en usted, y ellos fueron precisamente los que le avalaron, así que si hace las cosas bien, todo será bueno para usted, para mí y para sus papás. Eso es lo que queremos los dos, ¿verdad?

Y, ahora, dígame: ¿cómo se va a llamar en el salón?, ¿cómo quiere llamarse? Es mejor que para trabajar utilice un nombre distinto al suyo, porque así, según la llamen unos u otros, sabrá si son amigos o si los conoce del trabajo.

—Alba, me pueden llamar Alba, como mi mejor amiga de Colombia —respondió la chica.

—Pues ya sabe, Alba, aquí no se viene a escuchar música, aquí se viene a chupar y a follar —respondí yo.

Decía tantas veces exactamente las mismas cosas a todas las mujeres, una y otra vez, que era como una metralleta disparando las instrucciones. Las mujeres me miraban y asentían de vez en cuando, así que, como con todas, continué con Alba.

—Si le preguntan por el pasaporte, lo tiene acá, en esta taquilla, guardado para que no se pierda... Bueno, guapa, eso es todo, a trabajar.

Al salir de mi despacho, las mujeres empezaban a darse cuenta de la realidad.

A Alba al principio le costó ponerse a *patinar*, como a todas, pero luego, con unas charlas más sobre su familia, se espabiló y se puso a trabajar de lo lindo. Tenía mucho público y estábamos muy contentos con ella, hasta que, a los pocos meses, engordó muchísimo y dejó de ser tan productiva. Le pregunté a mi encargado si sabía lo que ocurría con Alba.

—¿De verdad no lo sabes, Miguel? Alba vino desde Colombia con un bombo. Estaría de dos o tres meses cuando llegó, y lo camuflaba con corsés. Por eso ahora siempre lleva *baby-dolls* muy sueltos y anchos.

Esto en principio tampoco representaba un grave problema. Con más frecuencia de la deseada las mujeres quedan embarazadas y les practicábamos un aborto, pero en el caso de Alba el embarazo estaba tan avanzado que la clínica, por más que se lo rogamos, se negó por primera vez de manera tajante.

Una madrugada, sin decir nada, Alba dio a luz en el club, sola. Una de las mujeres vino a buscarme para decirme que en el cuarto de baño del pasillo se escuchaban unos llantos. Fuimos juntos a comprobar qué pasaba y, al abrir la puerta, escuchamos el llanto del recién nacido. Estaba en la pequeña base de la regadera. Era una cosa totalmente cubierta de sangre, que parecía más bien una rata, pero sonaba como un bebé. Fuimos a recoger toallas y entre los dos lo agarramos, lo limpiamos un poco y lo tapamos. Era una niña. Con ella en los brazos me dirigí a la habitación número 24, la de Alba, una de esas que compartían el baño del pasillo. Al entrar en el cuarto de cuatro camas, vi que en una de ellas, y tapada hasta la cabeza con el edredón, se encontraba Alba, llorando sin parar. La subí en mi coche junto a su pequeña y la llevé al hospital de Valdepeñas. Esperé mientras terminaron de limpiarla, coserla y atender a la niña. Una hora más tarde, cuando las subieron al piso de maternidad, tuvimos una charla.

—Mira, Alba —ahora la tuteaba en plan padre amantísimo—. A tu niña es mejor que la des en adopción. ¿Qué vas a hacer con ella? Tienes que ser lista. Piensa en tus padres. No podrás hacer frente a tu deuda con la niña a tu cargo y, al final, perderás la casa de tus padres, ¿y dónde vivirán, entonces? Si las cosas van así, además, después perderás también a la niña...

Alba me miraba a mí y luego a aquel pequeño bulto blanco que abrazaba cada vez con más fuerza, y luego otra vez a mí y otra vez a la niña.

—Mira, flaca —continué yo a lo mío, sin titubear—, acorta el camino, entrega a la niña y te pones a trabajar para pagar lo que me debes. Porque cobrar, vamos a cobrar de todas formas, aquí o en Colombia... Y, como sabes, el monto ya sube a casi diez mil euros...

Me levanté y fui a echar un vistazo al bulto blanco que Alba apenas me dejó ver.

—Si el día de mañana quieres recuperar a la niña, ya verás que la recuperas fácil, sin problema; eso se suele hacer con frecuencia —mentí.

Esta misma conversación la había tenido con otras mujeres que habían llegado embarazadas desde su país de origen y no había sido posible practicarles un aborto por lo avanzado de su gestación. Siempre daba resultado, las mujeres se rendían y entregaban a su cría a los servicios sociales. Tan sólo en una ocasión la testarudez de una joven colombiana llamada Milena que se negó a dar en adopción a su cachorro hizo que yo mismo apadrinara a su hijo, para después entregarlo a unos familiares que residían en España, y que así ella siguiera pagando su deuda.

Alba entregó a su hija a los servicios sociales.

A su regreso al club comenzó a beber sin descanso, a consumir drogas, primero con los clientes que la tenían y después comprándosela ella misma. Lo último que supe de ella es que acabó de indigente, sin hogar, por las calles de Madrid, después de que la soltáramos. Eso fue después de que nos pagara religiosamente hasta el último euro de su deuda. Lo mismo que todas. No creo que volviera a ver a su niña jamás.

CAPÍTULO 5

PROSTITUYENTE

No existe línea más fina que la que separa el bien del mal. Una línea que yo crucé hace muchos años de manera consciente. Me instalé en el mal, monté mis negocios en el mal y construí mi forma de vida en torno al mal. Y, como yo, lo hicieron otros muchos delincuentes. Todos sabíamos lo que hacíamos. Sabíamos que tratábamos con mujeres para su explotación sexual, que comerciábamos con ellas, que las esclavizábamos... Nada justificará nuestra actuación ni nos redimirá de nuestra culpa, pero sé que era una culpa compartida con otros delincuentes distintos a nosotros. ¿O acaso no lo saben esos a los que ahora llaman *los prostituyentes*?

Los puteros, los usuarios, los depredadores... Ellos. ¿Alguien se cree que el cliente que compra el cuerpo de una mujer por un rato desconoce que ella está en desigualdad de condiciones? ¿No sospecha que ese poder que quiere ejercer sobre la mujer le hace daño? ¿O tal vez lo que ocurre es que no le importa y que sólo piensa que ha pagado por un cuerpo y puede hacer lo que le da la gana con él?

Desde el primer momento en que un tipo decide alquilar nuestra materia prima se convierte en nuestro cómplice. Más aún: se convierte en el impulsor del negocio, porque él representa la oferta. Sólo por la oferta, existe la demanda. Y es una demanda muy amplia y diversa, porque así como existe un perfil de idoneidad respecto a los países de captación o de las víctimas, es imposible identificarlo en el caso de los consumidores de sexo de pago.

Hay puteros de todo tipo: grandes empresarios, obreros, delincuentes, policías, médicos, enfermeros, hombres ricos, desempleados, hombres maduros, viejos, jóvenes, hombres «normales»... Sólo tienen un rasgo en común: pagan por el sexo y deshumanizan a la mujer convirtiéndola en un producto de usar y tirar sin que les importe nada. No les preocupa su situación, ni sus sentimientos, ni sus angustias, ni sus miedos..., no les importa nada de ellas más que su carne fresca. Ni siquiera las consideran seres humanos. Para ellos sólo son objetos con los que divertirse. Nada más.

Durante mi larguísima vida como propietario y responsable de las mejores cárceles burdel, donde prácticamente vivía y de donde apenas salía salvo para acudir a recoger, en los aeropuertos de Madrid y Valencia, a nuestras mujeres procedentes de Colombia o Paraguay, solía cumplir una jornada laboral de cinco de la tarde a cinco de la madrugada, en la que hacía la ronda por los distintos clubes que regentaba en La Mancha o recorría el resto de nuestros negocios, en otros puntos de España, donde también vigilaba su buen funcionamiento. En todas esas horas mantuve numerosas conversaciones con todo tipo de puteros de muchas clases sociales y distintas edades; la percepción de todos ellos respecto a las mujeres era la misma: ellas no eran personas. Sólo un simple objeto. Un producto para su placer. Por eso, si una mujer no se avenía a sus deseos, si no se plegaba a sus fantasías sexuales, exigían el cambio de la víctima por otra, de inmediato. No se paraban a conocerla. Tampoco querían hablar con ella. Menos aún saber si su devolución podría ocasionarles algún perjuicio. Lo único importante era que les cambiaran la mercancía al momento para que ellos pudieran satisfacer todos sus instintos como deseaban. El único valor de las putas era ese: que sirvieran para complacer a los clientes. Su vida no valía nada para ellos. Tampoco para nosotros, pues sólo representaban un objeto con el que comerciar y ganar dinero. Las putas no tenían un valor como vida humana; para nosotros significaban dinero, para ellos placer sexual. Su alma, si la tenían, no se contemplaba entre nosotros. Tal vez por eso todos éramos tan intransigentes con ellas y no les perdonábamos ni una. No reparábamos en coaccionar o amenazar a las víctimas, pero el cliente tampoco. Si el comportamiento de la puta elegida no era de su entera satisfacción, si no resultaba suficientemente sumisa, si no atendía a cuanto deseaba, la amenazaba con decírnoslo a nosotros, sus opresores. Sabía que contárnoslo implicaría un castigo para la mujer, que podría conllevar incluso violencia física; a veces él mismo lo ejercía. ¿Por qué no iba a hacerlo? ¡Esas mujeres estaban allí para que los clientes hicieran lo que quisieran con ellas! Y sí, lo estaban, pero siempre que no estropeasen el material. Pasarse de la raya le podía salir caro al tipo, por nuestra causa o por la de las propias mujeres. Porque cuando un cliente pegaba a una mujer, igual que cuando había redadas en los clubes, las víctimas solían volverse solidarias entre sí. El propio miedo que las unía las impulsaba a abandonar esa especie de letargo permanente en el que se instalaban para poder aguantar y, durante un rato, se ponían todas en bloque del lado de la agredida, dispuestas a dar su merecido al violento. Sin embargo, esa camaradería se desvanecía en cuanto concluía el momento de agravio y el peligro desaparecía. Entonces regresaban cada una a su ensimismamiento particular, a su lucha constante y solitaria por la supervivencia, al silencio como lugar en el que resistir. En realidad, el compañerismo entre ellas no existía; había demasiada desconfianza, resentimiento, envidia... Además, nosotros impedíamos que se produjese y nos asegurábamos de que siempre estuvieran solas. En cuanto intuíamos que existía el más ligero comadreo entre varias mujeres, las separábamos. Su unión podía derivar en fugas o denuncias, así que no se podía consentir. «Divide y vencerás», decía Julio César. Y nosotros teníamos esa máxima bien presente.

En cuanto a las palizas de los clientes, lo dicho: no nos metíamos en lo que hicieran con las putas, a menos que nos estropearan la mercancía. Nada de deteriorarnos nuestras máquinas expendedoras de dinero. Si se pasaban, les poníamos una multa o incluso les dábamos duro nosotros a ellos, delante de todos, y los echábamos del negocio. No es que fuéramos los salvadores de la damisela en apuros. Ella nos daba igual, pero era nuestra fuente de ingresos y había que cuidar a lo que nos daba de comer. De hecho, no manteníamos relaciones sexuales con las mujeres de deuda o de macarra. Eso estaba muy penalizado por nuestras leyes y normas. Cuando me enamoré de Michel, además de comprar toda su deuda a mis socios, fue el comienzo del deterioro de mi relación con el Dandy, que no aceptó este comportamiento.

Tampoco íbamos a otros negocios en busca de sexo de pago. No éramos puteros, éramos tratantes de putas. Cuando visitábamos otros clubes que no fueran nuestros o de nuestros socios, normalmente lo hacíamos para ver cómo funcionaba la competencia. Y llegábamos al local con mucho respeto y cuidado, presentándonos al dueño e identificándonos.

Las víctimas estaban solas y lo sabían. Su soledad, su aislamiento, favorecía su explotación sexual. Y sabían que éramos malos, pero al menos nos conocían. ¿Acaso el cliente era mejor? Ellas sabían que tampoco podían confiar en ellos, que tras su ratito de placer y de dominio no volverían a pensar en ellas, que jamás las ayudarían. Eran conscientes de que éramos sus dueños, y los clientes, nuestros mejores aliados; por otro lado, para nosotros era imprescindible que ellas no confiaran en los puteros, para aislarlas más del entorno y hacerlas aún más dependientes de nosotros, incluso afectivamente. Tenían que estar solas, no poder contar con nadie ni poder pedir ayuda a nadie. Ni siquiera a los suyos, en su país, para que no se enterasen de su situación. ¿Cómo le iban a decir a sus padres o hijos que eran putas?

Los puteros siempre me llamaron la atención. Su comportamiento en el club, su vida fuera... Pasaba tantas horas con ellos que los llegué a diferenciar por sus actos, preferencias, mentiras, excusas... Por la manera de engañar a las mujeres, pero, sobre todo, de mentirse a sí mismos.

—Mira, Miguel, he pasado con esa, con la de las tetas gordas —me decía uno, señalando con el dedo a una de ellas—. Muy buena chica, ¿verdad? ¿Cómo se llama? Le he dado cincuenta euros, pobre infeliz, para que mande algo a su casa...

—Pues muy bien, querido —le respondía yo—. Hoy has hecho una obra de caridad. Anda que no eres buena gente...

—Sí, Miguel, yo soy así —me contestaba él, sintiéndose ufano y complacido.

Toda hipocresía era poca en mi relación con los clientes. Cualquier cosa con tal de no decirles directamente lo que pensaba aunque no pudiera evitar la ironía. Ese tipo con ínfulas de padre dominico se creía mejor persona que yo porque al comprar a esa mujer por un rato hacía una «buena obra»... Y lo era, claro. Una gran obra: pagando a esa mujer contribuía a la reforma de nuestro nuevo club que más adelante llenaríamos de más esclavas de «tetas gordas». El hombre no sabía ni el nombre de la mujer. No le importaba. La señalaba sin respeto, aludía a sus tetas, le daba una mierda de dinero después de acostarse con ella... Me daban ganas de decirle: «Tú eres un cínico, mamón». Pero, claro, yo tampoco estaba en disposición de dar lecciones. Ni a ese mamarracho ni a nadie.

El cliente siempre se cree más y mejor que nosotros. Pero es igual o peor. Peor, diría yo, porque se justifica con todas esas frases hechas que dan asco:

«La prostitución es de siempre, de toda la vida, la profesión más antigua del mundo.»

«No puedes cambiarlo, esto es así.»

«Es un trabajo como cualquier otro, y con mi consumo, además, contribuyo al bienestar de estas pobres mujeres y sus familias.»

«Estas putas están aquí por dinero, y porque les encanta follar.»

«Si no existiera la prostitución, habría muchos más violadores.»

«Yo paso de que me cuenten problemas, bastantes tengo yo ya en mi casa. Aquí uno viene, folla y se va.»

«La policía no debería meterse con estas cosas, al fin y al cabo, ¿qué daño hacen estas pobres mujeres?»

«Aquí están tan felices con vosotros, que las cuidáis y tienen trabajo; mucho peor están los obreros en las minas, y ellas en las carreteras, con el frío y el calor, trabajando diez horas al día.»

Excusas, excusas..., siempre excusas para lavar sus conciencias. Se las escuché cientos de veces a tantos «buenos samaritanos» que pretendían no hacer ningún mal frecuentando los clubes. Y siempre tuve ganas de contestar a sus argumentos de mierda, a sus tópicos baratos, a sus justificaciones ridículas; pero no lo hice, claro. No podía tirar piedras contra mi propio tejado.

Me hubiera gustado decirles que la prostitución no era el oficio más antiguo del mundo. Lo era, según el capítulo cuarto del libro del Génesis, en la Biblia, el de asesino. Caín mató a Abel. A su propio hermano. Y después de ese oficio de asesino, también en el Génesis, aparece otro anterior al de la prostitución: el de tratante de mujeres. Abraham vende a su esposa Sara, haciéndose pasar por su hermano, al rey Abimelec de Gerar, que la toma. Abraham le vende a su mujer por amor y le pide a esta que le diga que es su hermana, para que le vaya bien gracias a ella y pueda vivir bien gracias a ella. Él fue el primer proxeneta. Igual de cobarde y egoísta que todos los demás.

También les hubiera explicado, con gusto, que la policía no persigue a las mujeres, ni siquiera a las que ejercen la prostitución, porque en España la prostitución es alegal, sino a la trata, a los proxenetas, a los explotadores... Y me habría encantado dejarles claro que ellas no hacen daño a nadie, que el daño se lo hacemos nosotros con su ayuda —la de los clientes—, porque para atender a su voraz demanda tenemos que captar cada vez más chicas nuevas, que, por cierto, nos hacen cada vez más ricos y poderosos... E incluso —para qué negarlo— hubiera disfrutado preguntándoles si acaso creían que quien no pagaba por sexo era un violador o si desconocían que las mujeres estaban en ese club, «felices», a merced de sus torturadores y con la connivencia de una sociedad que sabía que todo eso pasaba y que lo admitía...

Pero jamás les dije nada mientras aguantaba con una sonrisa gélida todas aquellas frases. Cómo no iba a hacerlo si yo era un proxeneta... Eso sí, incluso siéndolo, muchas veces no daba crédito a lo que escuchaba. Y no es que me molestara —al fin y al cabo era mi medio de vida—; pero yo conocía la situación real de las mujeres y me parecían insólitas las insensateces y tonterías que les escuchaba decir a los puteros. Por increíble que pareciera, debían de pensar de verdad que ellos no estaban cometiendo ningún delito. Y eso que muchos sabían que las mujeres tenían contraída una deuda con sus amos, es decir, con nosotros: la misma deuda que a ellos les venía hasta bien, porque convertía a las pobres víctimas en animales tremendamente dóciles y sumisos y facilitaba que la mercancía se fuera renovando constantemente. Y eso era, en realidad, lo único que les importaba: que cada día hubiera chicas nuevas para satisfacerlos, sin capacidad para resistirse.

Estaba claro que ninguno de esos depredadores, que jamás se sentían delincuentes, habría aceptado un préstamo con unos intereses de un mil por mil, ni lo hubieran pagado con su cuerpo trabajando quince horas al día, pero no solo no se planteaban el sufrimiento de ellas, sino que eran capaces hasta de encontrarle aspectos positivos a la propia deuda.

—Qué quieres que te diga, Miguel —me decía uno de ellos—, yo no veo nada de malo en que una mujer tenga deuda pendiente con vosotros... Incluso diría que os lleváis poco. Al fin y al cabo, las estáis ayudando a salir de la pobreza y encima las tratáis de lujo. Ellas están aquí recogidas, tan contentas... ¡Y con trabajo!

En realidad, todas esas cosas que me decían aquellos patanes eran las mismas estupideces que yo pensé al llegar al mundo del ambiente. O tal vez las que quise creer para ayudarme a entrar a formar parte de él y beneficiarme de todo ello.

Recuerdo que una de las primeras noches, recién aterrizado a mi primer club en Barcelona, con tan solo diecisiete años, le dije a mi querido mentor:

—Compadre, qué suerte tienen todas estas mujeres. Además de hacer el amor, cobran. Eso sí que es un buen trabajo.

Mi compadre me miró con fijeza, se acercó a mí y, poniéndome la mano sobre el hombro, repuso, como si le hablara a un crío:

—Niño, ¿se acostaría usted con una persona mucho mayor?, ¿con una vieja?, ¿con alguien a quien le olieran los pies o los sobacos? ¿Se acostaría con una borracha? ¿Con alguien a quien le apestara el aliento?, ¿o que no se hubiera duchado en veinte años? Perdóneme, no por lo que le voy a decir, sino por cómo se lo voy a decir —añadió sin dejar de clavar sus pupilas en las mías—. ¿Usted le comería el coño a una vieja con las bragas sucias? Porque, mire usted, a mí me gusta mucho la sopa de fideos, casi tanto como un coño, pero no me gustaría encontrarme en la sopa un pelo de coño, ni un fideo en el propio coño. Créame..., a ellas tampoco.

«Joder con el Flaco —pensé—. Anda que no deja claras las cosas...»

La cuestión era: ¿acaso los clientes, después de tanto frecuentar los clubes, no se daban cuenta de nada? No, no era eso. Simplemente preferían hacer como si no se enterasen. Así les resultaba más fácil actuar como lo hacían. Porque a ellos no les diferenciaba ni su clase social, ni su formación, ni su cultura; tan solo su poder adquisitivo. El dinero era lo único que marcaba la diferencia entre unos clientes y otros. Cuanto más dinero tenían para gastar, más dueños se creían de las mujeres. «Te he comprado y te he pagado bien, así que harás lo que a mí me dé la gana.» Pagaban y ya pensaban que la mujer era de su propiedad, que su tarjeta de crédito podía comprarla como un par de zapatos.

Por supuesto, entre los clientes, puteros, depredadores, compradores de mujeres..., los había bien educados. Cómo no, algunos eran hombres de negocios con grandes fortunas y de nombres relevantes. Recuerdo que un afamado empresario, habitual de nuestro club de Valdepeñas, siempre bien vestido con americana —incluso en verano—, camisa de calidad y pantalón clásico, un día me preguntó con total normalidad:

—Miguel, ¿no las tenéis más jóvenes?

Paseé la vista por el salón y comprobé que había varias mujeres con los dieciocho añitos recién cumplidos. El resto rondaba los veintipocos. Ninguna de ellas alcanzaba la treintena, así que estaba claro que el tipo preguntaba por menores de edad, por niñas... Ese «caballero» tan rico y con tan buenos modales preguntaba como si tal cosa por crías de catorce o dieciséis años, como si las víctimas de dieciocho años no lo fueran también. Niñas solas, amenazadas y asustadas, que como cualquiera añoraban la protección de esas familias que tenían tan lejos.

Sabía bien lo que quería, pero me hice el tonto.

—Espera, hombre —le dije—, que las están cambiando...

Así le restaba importancia a lo que me había pedido, por mucho que yo lo hubiera entendido perfectamente y me resultara repugnante.

Tras mi respuesta, abandoné el club y me dispuse, como todas las noches, a hacer la ronda por los otros locales más pequeños. Al regresar, cuatro horas más tarde, me encontré que aún estaba en el salón, esperándome. En cuanto me vio se acercó a mí con rapidez. Estaba un poco ebrio y se le notaba nervioso.

—Miguel, ¿todavía tiene para mucho la niña?

¿Qué debía hacer yo? ¿Denunciar? ¿Denunciar yo? ¿Acaso yo era mejor que él?

—Venga, don Vicente —le contesté sonriendo—, que aquí tiene niñas de apenas dieciocho años... Déjese de tonterías.

Ya llevaba mucho tiempo en el negocio y conocía bien a la fauna que se dejaba caer por él. Desde los tipos que, como ese, venían buscando niñas, a los que no podían pasar sin visitarnos regularmente todos los días, pasando por los que solo nos acompañaban una vez por semana. Esos eran muchísimos, pero, sobre todo, los más jóvenes. Todo era cuestión de hábitos. Pero me resultaba curioso poder diferenciar a los clientes por su dinero o por sus días de visita o, más aún, por sus horarios.

A primera hora, por ejemplo, solían llegar tres tipos de clientes completamente distintos:

Los primeros eran o bien jubilados, o desempleados, o viudos, o con problemas con la mujer, o incluso algunos enfermos. Y tenían entre cuarenta y cinco y sesenta y cinco años. Eran clientes muy fieles. De los de todos los días. Llegaban al club deseando ser útiles a las mujeres, atenderlas, hacerles los recados que les pidieran como cargarles el celular o llevarlas a donde quisieran cobrándoles solo la gasolina... Eran clientes que no solían consumir sexo, más que nada por la falta de estabilidad económica. Buscaban en las mujeres relaciones más o menos estables porque solían estar muy solos, pero rara vez tales relaciones podían continuar más allá de las paredes del burdel, por su falta de recursos, que les hacía imposible pagar la deuda que la mujer tenía con nosotros y poder mantenerla.

Se encontraban tan bien en el club que se consideraban parte del negocio y se sentían como en casa o mejor. Nosotros los tratábamos bien y los considerábamos, y ellos, a cambio, aunque conocían la existencia de la deuda de las mujeres, porque ellas mismas se los contaban, no denunciaban el asunto a las autoridades. Aunque no lo hubieran hecho de ninguna manera, porque no querían buscarse líos con nosotros. Sabían que éramos muy violentos y vengativos y que no dudaríamos en hacerles daño en caso contrario.

—Miguel, esta mañana he venido muy temprano para cargar el teléfono de fulanita —me decía uno—. La bajé al pueblo para que no gastara. La pobre, como no tiene dinero por lo de la deuda... Yo se la pagaría, pero tampoco tengo con qué.

Los segundos clientes de primera hora eran los oficinistas, los hombres «normales» que nadie sospecharía que fueran puteros.

Casados, con matrimonios estables de mucho tiempo, con hijos... Estos solían llegar al club entre las cinco y las siete. En casa ponían la excusa de que se les había complicado el trabajo y decían que tenían una reunión de última hora en la oficina. Ellos sí consumían sexo. Despachaban el tema como si fuera una transacción económica, sin más, y se iban a tiempo para llegar a casa en un horario tan prudente como para poder cenar en familia sin que a sus esposas se les pasara por la cabeza que pudieran venir de un sitio raro. Eran discretos, no buscaban problemas con las chicas y si se presentaba alguno nos lo notificaban en privado para que no se diera ningún escándalo que les pudiera perjudicar. Estos, consumidores de sexo casi diario, tipos normales y corrientes para la sociedad, eran los más interesados en la carne fresca. Les gustaba pasar con las nuevas, compararlas... Probar a las recién llegadas les proporcionaba aún más placer, porque era cuando más dóciles se mostraban. Continuamente me preguntaban o valoraban el material: «Miguel, ¿para cuándo la nueva remesa?», decía uno. O: «Estas nuevas no valen nada, las he probado mejores... Ponte las pilas, Miguel, que está cayendo el nivel de la mercancía». O: «Esta sí que sí, Miguel. Esta es buena. Se entrega a tope. Lástima que la estropearán..., pero, bueno. Mientras dure, yo me la seguiré follando». No dejaban escapar la oportunidad de hacer cualquier comentario sobre ellas, aunque, eso sí, siempre en privado y solo a nosotros.

Muchas veces he imaginado a estos tipos llegando del club a sus casas y besando en la frente a sus hijas de la misma edad de las víctimas que poco antes han alquilado, vejado, montado...

El tercer cliente de primera hora era el más peligroso para las mujeres y también para nosotros. Auténticos cazadores con las armas preparadas. Y los había de dos tipos. Estaba el de escala social media alta, casado, con pequeña empresa o trabajo bien remunerado. Eran tipos siempre atentos a la nueva remesa de mercancía. Sabían cuándo llegaban las chicas nuevas y se presentaban entonces en los clubes dispuestos a buscar a su presa. Cuando la localizaban comenzaban con su estrategia. Las agasajaban con palabras bonitas, pequeños regalos, promesas de ayuda...; les confesaban de un modo íntimo lo infelices que eran en su matrimonio, les contaban que no se divorciaban para no perder a sus queridos hijos, pero que sus relaciones de pareja estaban terminadas y les aseguraban que no tenían relaciones sexuales con sus mujeres desde hacía muchos años. Eran hombres que buscaban una relación estable con las víctimas, que se volcaran en la cama, que les hicieran el amor en vez de mantener con ellas una relación de prostituta-cliente. A mí me parecían los más puteros de todos. Los puteros por naturaleza. Eran los que impresionaban a las mujeres, les llenaban la cabeza de pajaritos con sus mentiras y sus falsas promesas. Cualquier cosa con tal de que se enamorasen de ellos y lo dieran todo en la relación sexual. Al cabo de un tiempo, cuando las chicas se daban cuenta del engaño y los despreciaban, ellos ya buscaban otra infeliz a la que engatusar. Este tipo de cliente, aunque era peligroso, también nos beneficiaba, porque cuando la mujer acababa dolida y desencantada nosotros le servíamos de bálsamo y aprovechábamos, además, para hacerles ver que no podían confiar en nadie más y que no debían perder su tiempo con los clientes más allá de su trabajo y que debían centrarse sólo en cumplir bien con las tareas que les correspondían, que era lo mejor para ellas y desde luego para sus familias. Recordarles una y otra vez a sus familias era nuestro argumento más utilizado y el más eficaz. Y más en esos momentos en los que, tras la burla, se sentían aún más vulnerables. De ese modo afianzábamos la relación amo-esclava y anulábamos su voluntad para poder decidir nosotros.

—Señora, no se fíe de los clientes. Todos son iguales, usted no pierda el tiempo. Acá se viene a ganar dinero y ya está. Piense en sus hijos y en sus padres. ¿Sabe qué voy a hacer por usted? La voy a cambiar de club y verá cómo empieza a ganar dinerito.

En esos casos, cuando las cambiábamos de club «para hacerles un favor», las llevaba, de uno a otro, alguno de nuestros choferes o un taxista de confianza. Si ella era conflictiva y la trasladábamos porque nos daba problemas, entonces era yo quien me encargaba de hacer el traslado y tiraba de mis dotes de psicólogo para tranquilizarla y engatusarla. Un traslado por carretera con una mujer descontenta es muy peligroso porque es fácil encontrarse con una patrulla de la policía o la Guardia Civil y que ella, en caliente, se anime a denunciar allí mismo. Por eso prefería hacerlos yo mismo y siempre de noche.

Ahora que hablo de psicología, me acuerdo de ese otro tipo de cliente de esa tercera categoría de los de la primera hora, también cazador e igual de peligroso. Era el que buscaba pareja estable y ejercía, precisamente, de psicólogo, además de protector. Solía ser un hombre de mediana edad, divorciado, separado o viudo joven. Algunos de ellos intentaban pagar la deuda de la mujer y otros les aconsejaban que nos denunciaran, pero ninguna de las dos cosas las hacían por conciencia social ni contra la trata, ni contra la explotación, ni contra nada. Sólo querían seguir con su papel de protectores y tratar de llevarse a las mujeres sin tener que pagar por sus deudas, que les resultaban demasiado costosas. Tampoco es que estuvieran enamorados de ellas: sólo querían el objeto. Pero, claro, las víctimas, tan inocentes, tan necesitadas de cariño, preferían creer en su amor y los aceptaban por esa necesidad de salir del mundo de la prostitución que todas tenían, sin saber que, al cabo de pocos meses, no sólo regresarían al club, sino que además se quedarían indocumentadas, por lo que deberían endeudarse de nuevo con nosotros para que les arregláramos esa situación, siempre a nuestra manera, claro. Es decir, para que les consiguiéramos más dinero siempre a cambio de mucha más deuda con nosotros y muchos más años de trabajo para pagarla.

Cuando alguna vez me reuní con estos tipos que querían pagar la deuda y retirar a alguna de las mujeres, veía cómo el romanticismo se desvanecía en el momento en el que les hacía los números.

—Mira, don Miguel —empezaba alguno—, yo lo que deseo es pagar la deuda de esta mujer.

—Muy bien, querido —respondía yo—. ¿Y la quieres alquilar o comprar?

—¡Noooooo! Yo la quiero para mí para siempre.

—Entonces ¿no la quieres para puta? —le preguntaba—. Mira que para siempre es mucho tiempo. Fíjate que ni nosotros las tenemos para siempre, porque al final todas se estropean.

—No, don Miguel —insistía él—. Yo lo que quiero es casarme con ella y formar una familia.

—Bueno, hombre —decía yo—, pues si es así vamos a hacer números. Mira, su deuda es de seis mil euros, más tres años de explotación, a unos cien euros diarios. O sea que la suma total es de ciento dieciséis mil euros más los gastos de pérdida de rentabilidad. Te la puedo dejar en ciento setenta y cinco mil, por ser para ti. ¿Cuándo te la llevas?

Al tipo no se le encanecía el cabello de pura casualidad, pero la cara de horror no se la quitaba nadie.

—Vaya —contestaba finalmente—, se me va de precio. Casi mejor la dejo aquí y que ella vaya poco a poco pagando su deuda...

—Pues claro, hombre —zanjaba yo con cinismo—. Al fin y al cabo tú vienes casi cada día y le pagas media horita, y con eso la ayudas a pagar la deuda. Ahora, eso sí, los platos que te los lave tu madre... Y otra cosa —añadía con mucho postureo de matón—:

si ella denuncia o se me estropea, te haré responsable a ti de todo ello y serás tú quien cargue con su deuda. ¿Lo has entendido, querido?

No me quedaba más remedio que hacerle la plática a muchos de ellos para evitar que, con tantos argumentos y tanta insistencia, las acabaran convenciendo. Y eso no. Además, no íbamos a dejar que se las llevaran de cualquier manera. Si las querían, que pagasen esas cifras astronómicas que les dábamos. Nosotros no éramos una agencia matrimonial. Los beneficios de verdad los conseguíamos explotando a la mujer hasta su límite y manteniéndola en el club al menos tres años, más aún que el alcohol que se consumía o sus propias deudas.

Los clientes de la noche eran muy distintos a los de las primeras horas. Los había de cuatro tipos: el viajante que se hospedaba en un hotel, el golfo, el delincuente y el joven que se iniciaba en el sexo de pago.

El viajante era un hombre que buscaba una relación meramente comercial. Satisfacer su deseo sexual y se acabó. Aprovechando que se encontraba fuera de casa hacía una escapada fácil al club, sin tener que dar explicaciones. Era un cliente muy parecido al oficinista de la primera hora. Otro hombre «normal».

El golfo era nuestro mejor cliente. En este apartado se encontraban los puteros de más alto poder adquisitivo, los empresarios, hombres de negocio o de profesiones liberales. Invitaban a las mujeres muchísimas copas, pasaban horas en las habitaciones, alquilaban las *suites* de los locales... Estos no iban por una mujer en especial, todo lo contrario: les encantaba variar de producto. Normalmente pagaban con tarjeta de empresa y se gastaban tranquilamente en una noche tres o cuatro mil euros. Aunque uno de ellos se llegó a gastar dieciocho mil. En una noche. Y los pagó en efectivo, por cierto. Fue nuestro récord.

Entre una noche y otra, los golfos dejaban verdaderas fortunas en nuestros locales. No sólo bebían e invitaban a beber o alquilaban a una o más mujeres, además venían con grandes cantidades de droga, que o bien traían ellos mismos, o pedían a su propio camello o nos encargaban que pidiéramos nosotros para ellos. En ese último caso, lo que hacíamos era llamar al traficante de turno para que fuera él quien se las vendiera al cliente. Y este, además de disfrutar consumiendo la droga, jugaba a ese juego que tanto lo apasionaba y que no era otro que iniciar en el mundo de las drogas a las recién llegadas, ofreciéndoles cristal o cocaína para después mantener un juego sexual con ellas; eso les parecía muy excitante. Las nuevas aceptaban jugar, por obediencia y sumisión, sin saber que luego acabarían necesitando la cocaína para poder ejercer y multiplicarían su deuda y sus problemas.

—Miguel, mándame a una nueva a la habitación, de las que acaben de llegar —me pedían siempre los golfos.

—Tranquilo, querido, que te mando carne fresca —respondía yo.

Les entraba más prisa para todo los jueves, porque era su último día de la semana en el club. Venían de lunes a jueves, y los fines de semana los dedicaban a la familia. Igual hasta iban a misa con la mujer y los hijos...

El tercer tipo de cliente nocturno, que a veces hasta cerraba el local, solía ser delincuente. Eran hombres que venían al club casi de celebración cuando un negocio les había salido bien y habían pegado un buen golpe. No gastaban tanto como los golfos, pero también derrochaban todo lo que habían ganado en la operación. Pagaban en metálico, tanto las copas como las mujeres, y eran, casi siempre, hombres amables y generosos con las chicas. Claro que no se comportaban así de bien por solidaridad con ellas, sino porque sabían bien que nosotros éramos muy peligrosos, íbamos *calzados* y no nos andábamos con tonterías.

El cuarto y último cliente de la noche era un chaval de entre veinte y veintidós años que se iniciaba en el consumo de sexo de pago. Un joven que ya había venido al club en varias ocasiones, siempre los fines de semana y en pandilla, y que luego volvía solo o con algún amigo de confianza, generalmente después de cenar, y se iba con alguna de las mujeres que había fichado en las visitas previas. Eran chicos que no tenían mucho dinero. A lo sumo cien euros, si se acababan de incorporar al mundo laboral o estaban estudiando una carrera; pero para nosotros eran una inversión de futuro. Por eso hasta les invitábamos alguna copa y los tratábamos bien. Sabíamos que, aunque ahora no pudieran, si se acostumbraban a venir en cuanto tuvieran algo de dinero, lo gastarían a manos llenas en nuestro club. Y había que velar por la nueva clientela, porque los puteros también se iban jubilando y era necesario que llegaran nuevas generaciones a reemplazarlos.

En una sociedad como la nuestra donde la juventud no tenía problemas para mantener relaciones sexuales, no se entendía por qué los chicos acudían cada vez con mayor frecuencia al sexo de pago. La realidad era que nosotros, los amos de la prostitución y la trata, llevábamos años tratando de atraerlos para llenar nuestros locales los fines de semana, cuando se quedaban casi vacíos. En esos días contratábamos a los DJ del momento, a estrellas de los programas de televisión especiales para jóvenes y acompañábamos su llamativa presencia con espectáculos de porno en vivo, bailarinas, *strippers* muy jóvenes y sexis... Eran fiestas con títulos tan llamativos como «Bienvenido al cole», donde vestíamos a las mujeres de colegialas con falditas de cuadros, coletas y paletas para chupar, «Noche de enfermeras», «Miss tetas mojadas»... Sabíamos que todo eso los atraería y más si, como hacíamos, les ofrecíamos unos precios muy asequibles en las copas y convertíamos los clubes en grandes discotecas llenas de sorpresas y atracciones para los fines de semana, donde además solo se permitía la entrada a los chicos y las únicas féminas que se encontraban en la sala eran las mujeres del negocio.

Pese a la cantidad de derroche que exigían estas bacanales, los números siempre salían a nuestro favor. A ello contribuía el horario de nuestros clubes. Al estar alejados de las poblaciones, podíamos mantenerlos abiertos hasta tarde y recibir a los jóvenes a primera hora o bien después de que dejaran a sus novias en casa. Nos convertíamos en sus *after hours* preferidos. Unos *after hours*, además, con mujeres de su misma edad.

No sería en esos fines de semana, casi nunca, cuando consumieran el sexo de pago. En pandilla, utilizarían las instalaciones a modo de discoteca para tomar copas, charlar y bailar, y en raras ocasiones contratarían los servicios sexuales de las mujeres; pero entenderían de qué se trataba y luego volverían, probarían y se convertirían, al fin, en lo que nosotros queríamos: clientes, puteros, depredadores... Nuestros cómplices, el alma de nuestros locales y sin los que nuestros negocios no existirían; a pesar de que hasta que llegara ese momento y se volvieran asiduos hubiera que aguantarles bastante. Sobre todo a esos pocos que sí querían tener relaciones el sábado o el domingo. Solían ser bastante conflictivos. Las mujeres los rehuían y eran muy reacias a mantener relaciones sexuales con ellos, sobre todo porque esperaban cosas muy excepcionales de las putas. Les pedían lo que veían en las películas porno, porque llegaban convencidos de que lo que nunca harían con sus esposas o con sus novias se lo podían pedir a ellas. Y encima confundían el alquiler. Pretendían que las mujeres hicieran el amor con ellos como si fueran su pareja, pero con las prácticas más nuevas y excitantes para ellos. Si ellas no accedían o en la habitación las cosas no salían como esperaban, salían reclamando que se les devolviera el dinero.

—Me tenéis que devolver el dinero porque esa puta no se deja hacer nada. Ni siquiera besa ni se deja tocar...

Ni les contestábamos, claro. Pero entonces ellos, que solían venir con amigos, se ponían chulitos, hasta que los intimidábamos, amenazábamos o lo que hiciera falta. Entonces, cuando ya se quedaban tranquilitos, les hacíamos entender que las mujeres no eran sus novias, que eran putas sin más y que se limitaban a chupar y follar. Y se iban aleccionados a casa.

Antiguamente, los jóvenes pisaban por primera vez el club justo antes de ir al servicio militar. Los llevaban sus orgullosos progenitores u otros familiares o amigos para «hacerlos unos hombres». Luego, con el tiempo, se puso de moda celebrar las despedidas de soltero en los burdeles, con todo un grupo de amigos; sin embargo, esa noche la mayor parte del grupo no pasaba con mujeres y se limitaba a beber, charlar, reír y mirar, pero ya nos encargábamos nosotros de que regresaran después solos. Sabíamos perfectamente qué chica teníamos que enviarles para engatusarlos y que volvieran solitos al redil. Tenían que tener, eso sí, la edad suficiente para hacerlo. Por eso, cuando los fines de semana llegaban los chicos más jóvenes de entre diecisiete y diecinueve años, en sus motocicletas y embriagados de curiosidad, les impedíamos el paso. No tenían dinero y solo molestaban, así que ¡los dejábamos esperando unos añitos!

Si alguien piensa que los burdeles han dejado de estar de moda en algún momento, o que los jóvenes dejarán de pisarlos, están muy equivocados. Mi experiencia de treinta años me dice lo contrario. Yo he visto en todo este tiempo cómo se iba incrementando la demanda del sexo de pago, sobre todo entre los más jóvenes. La prostitución tiene un costo muy bajo tanto en lo económico como en lo afectivo. Sólo hace falta no plantearse nada, ignorar que esos productos tan baratos tienen ese precio tan asequible porque vienen de países pobres y están siendo explotados. Eso y callar, con cobardía, es imprescindible para visitar los clubes una y otra vez sin remordimientos y sin problemas. Y son muchos los que lo hacen. En una mala noche pueden entrar entre mil y mil quinientos hombres a los burdeles, una media de ciento setenta y cinco puteros por local. Con una oferta de entre setecientas y ochocientas víctimas de trata diarias, sin contar a las rumanas alquiladas, muchas veces nos quedábamos cortos. Los clientes demandaban más y más materia prima, cada vez más nueva, cada vez más joven... Menores siempre de treinta años, porque a menor edad mayor sumisión y porque después de los treinta las mujeres se amargaban. El cliente, con su gran demanda, era el que las convertía en un producto con una pronta fecha de caducidad, al que enseguida había que reemplazar por otro: siempre chicas nuevas. Unas chicas nuevas que ellos consideran natural que desempeñen ese trabajo... Porque todos los puteros, sin excepción, piensan que la prostitución es un trabajo «normal», pero ninguno de ellos aceptaría que sus hijas, sus mujeres o sus hermanas fueran putas, como tampoco ninguno de ellos reconocería a una puta como alguien cercano. Las putas no tienen ni madre, ni padre, ni hermanos, ni amigos. Todos las expulsan de sus vidas, pero todos las utilizan.

CUANDO SE ACABA EL DINERO, SE ACABA EL AMOR

Los puteros nacen, crecen, se reproducen y ¡hasta se enamoran a veces de las putas!, pero sólo hasta que se acaba el dinero. «Cuando se acaba el dinero, se termina el amor», me dijo un día la señora Maika, quien, junto a mi mentor, me enseñó todo lo que sabía del ambiente. Me lo dijo cuando yo era muy joven. En mis primeros años en el club. Por aquellos días, todas las noches venía un hombre con el que ella se ocupaba. Tendría unos cuarenta años, estatura mediana, y siempre iba muy peinado. Resultaba bien parecido. Siempre llegaba al club con buenos coches —tenía varios— y mejores trajes.

Yo entonces estaba aún de portero y para mí todo era nuevo y estimulante. Siempre tenía los ojos abiertos como los búhos y me fijaba hasta en el último detalle para tratar de enterarme de todo. Así supe que el hombre era un constructor que había aparecido tiempo atrás por primera vez en el club en compañía de sus socios para celebrar un buen negocio. Se aficionó de inmediato. Después de aquella vez, empezó a ir de cuando en cuando, entre semana, casi siempre los lunes o los miércoles. Era uno de los clientes que nosotros llamábamos de «copa y polvo». Antes de entrar en el club, siempre se detenía un momento en la puerta y charlaba conmigo unos minutos sobre su trabajo. Me hablaba de proyectos, de obras realizadas... Y luego, al marcharse, igual nos fumábamos un cigarrillo juntos antes de que se montara en uno de sus potentes coches y se marchara para casa. Al cabo de no demasiado tiempo, sus visitas se volvieron diarias. Venía de lunes a viernes y cada vez permanecía más tiempo en el local. Poco después empezó a visitarnos también los sábados y los domingos. Todas las noches de todos los días de la semana... Pero entonces ya no me hablaba ni de proyectos ni de obras ni de nada, sólo me hablaba de la señora Maika.

—¡Qué guapa es Maika, Miguel! ¡Y qué buena chica es!

Estaba obsesionado con ella, pero de ninguna manera la hubiera retirado. Jamás. No le pasaba por la cabeza ayudarla a salir de allí. Era un juego de dominio. Quería tener su casa, su familia y su puta. Una puta a la que le encantaba deslumbrar encendiéndose los cigarrillos con un billete de cinco mil pesetas, en la barra, mientras tomaban una copa delante de todos. Prendía el billete con su Dupont de oro y con el billete en llamas encendía su Winston. Después de las copas subía con mi mentora a la *suite* y se pasaba horas con ella. Luego, cuando salía de madrugada, muy colocado por la cocaína y ebrio de alcohol, me hablaba alguna vez de lo mucho que quería a sus hijas y de lo incomprendido que se sentía en su matrimonio, pero sobre todo de Maika; de lo guapa que era, de lo buena que era, de las cosas que le hacía. Pasado un tiempo, dejó de venir con tanta frecuencia y de permanecer tantas horas en la habitación. Volvió a su condición de cliente de «copa y polvo», aunque solía quedarse hasta la hora del cierre. Ahora salía borracho de cerveza y me pedía que llamara un taxi, si es que no encontraba a alguien que lo pudiera acercar al pueblo. Según nos decía, los coches estaban en el taller.

Una tarde, al llegar en taxi a primera hora, se paró en la puerta, me saludó amable y encantador como de costumbre y me pidió que le prestara cinco mil pesetas porque andaba mal de efectivo. Lo dejé en la puerta fumando un cigarro y entré en el club para contárselo al encargado.

—Niño —me dijo él—, que cada cual se pague sus vicios, no me sea usted tonto.

Yo, pese a la advertencia, insistí en que me lo apuntara a mi cuenta y le dije que se lo devolvería cuando pudiera, así que me prestó las cinco mil pesetas y yo se las di a ese cliente, que me caía bien.

Durante el mes siguiente, el tipo ya sólo tomaba una copa por noche, no nos pedía que llamáramos al *camello* para comprar cocaína y apenas pasaba media hora con Maika.

Una noche, a la salida, muy cabizbajo, se me quejó de lo solo que estaba desde que se había separado y del comportamiento tan extraño que tenía con él en los últimos tiempos la señora Maika. A la siguiente, que me tocó estar detrás de la barra para sustituir a uno de los meseros que estaba enfermo, cuando lo vi aparecer avisé a mi mentora.

—Señora, acaba de llegar su cliente enamorado.

—¡Niño! —me increpó ella muy seria—. ¿Usted no aprende lo que yo le he enseñado? En este oficio, cuando se acaba el dinero, se termina el amor.

Al parecer, el amor también se le acabó en casa, porque se arruinó y su mujer lo abandonó y se llevó a sus hijas.

¿CUÁNTO VALE CERRAR ESTE CHIRINGUITO?

Los clientes se creen con derecho a todo y lo quieren todo. Sobre todo los que tienen suficiente dinero como para poder pagar casi cualquier cosa. Allá por el otoño de 2003, en la época de caza, poco antes de abrir el club grande de Valdepeñas, un hombre muy trajeado se acercó a mí nada más bajarme del coche. Hizo un movimiento tan rápido para acercarse que incluso toqué el revólver que llevaba en el cinturón, por si acaso.

—Buenas tardes —me dijo—. ¿Es usted de aquí, de este puticlub? ¿Sabe cuándo podría hablar con el jefe?

No sabía quién era, así que contesté con la debida cautela.

—Pues no sé qué decirle. Yo vengo a mirar los contadores de la luz; pero, bueno, algo los conozco. ¿Le puedo ayudar en algo?

El hombre trajeado sabía de sobra con quién hablaba. Sabía que yo era el que mandaba. No había más que mirar la actitud en guardia de los porteros esperando cualquier seña que yo les hiciera.

—¿Cuánto vale cerrar hoy este chiringuito? Cerrarlo entero, sólo para mí, me refiero —soltó a bocajarro.

Ni me inmuté. Lo miré fijamente a los ojos y le dije:

—Te voy a hacer las cuentas, para que acabemos pronto, ¿te parece? En el club hay ochenta y cinco mujeres, así que en concepto de plaza tendrías que pagar cuatro mil doscientos cincuenta euros. Más ciento cincuenta pases por diez sábanas, mil quinientos euros. Si a eso le sumamos tres mil euros de barra, el total son nueve mil euros, mujeres aparte.

Mientras hablaba con él, no paraba de pensar de dónde me sonaba aquella cara. Y de repente caí. Había visto el rostro de ese hombre en incontables ocasiones en las noticias, en los informativos... En cuanto terminé de hablar, sin pronunciar una sola palabra, se dirigió a la cajuela de su vehículo, metió la mano en una cartera de piel muy elegante y sacó un fajo de billetes que doblaba la cantidad que yo le había pedido.

—Venga. Como estos —dijo, mirándome con arrogancia—. Ya está cerrado el puti.

Le alquilé una terraza para él solo, la terraza donde estaba la piscina climatizada —el club tenía dos, una interior climatizada y otra exterior de verano—, e incluí en el lote servicio de restaurante ininterrumpido, barra libre y dos mujeres de las más jóvenes.

Comenzó su propia fiesta a eso de las cinco de la tarde, justo cuando acabábamos de abrir, y terminó la algarabía alrededor de las siete de la mañana. A esa hora regresé yo de mi habitual recorrido por el resto de los negocios y al entrar en la terraza me encontré a las dos mujeres sentadas en el suelo, con las piernas estiradas y la espalda apoyada contra la pared. Se habían cubierto enteras, incluso la cabeza, con una manta, y tiritaban de frío. Nuestro cocinero, que también había entrado en el precio para que se incluyese servicio a la carta durante la bacanal, estaba en calzoncillos, con el gorro de trabajo puesto y trinchando rayas de coca encima de la barra. Al verme entrar, me miró de reojo muy apurado.

—Miguel, esto no es para mí, ¿eh? El cliente quiere que le sirva así las rayas. Bueno, en realidad, quería que me quitara toda la ropa para que estuviéramos todos igual, pero no he querido...

El cliente, como su madre lo trajo al mundo, nadaba en la piscina y cantaba a voz en grito. Iba de coca hasta el tuétano. Cuando me vio, se acercó nadando hasta la orilla más próxima a mí y esbozó una sonrisa feliz y bobalicona.

—Jefe, mándame otras dos, que estas —dijo señalando a las dos mujeres cubiertas con las mantas—, como ves, ya están cansadas.

—Mire, maestro —repuse yo—, ha estado usted muy torero alquilando todo un gran club para usted solito, pero ha puesto al Poli, mi cocinero, en pelotas, y esto ya empieza a ser desagradable.

—Entonces, ¿nos vamos ya? —preguntó con inocente cinismo.

Y dicho esto salió de la alberca desnudo, se dio un baño sin prisa, se vistió de nuevo con sus ropas elegantes, se montó en su Mercedes último modelo y se fue por donde había venido, después de haberse gastado dieciocho mil euros sin despeinarse. Bueno, despeinándose y volviéndose a peinar... ¡Y si por él hubiera sido, hubiera continuado la fiesta, porque todavía tenía mucho *amor* que dar!

CAMPAÑAS DE ANTISENSIBILIZACIÓN

Si cualquier tipo de negocio, grande o pequeño, como puede ser una humilde ferretería de pueblo, pone en sus escaparates las ofertas más ventajosas para atraer más clientes al establecimiento, nosotros, que vivíamos de las mujeres, también las anunciábamos para recibir más puteros en nuestros negocios. Y no sólo hacíamos que entraran, también nos los trabajábamos para que, una vez que lo hicieran, ya no nos abandonaran.

A diferencia del ferretero, con quien nadie salía en la tele diciendo que comprar llaves inglesas y tornillos era una violación de los derechos humanos, fomentaba la esclavitud, la desigualdad, o que era un delito, con nosotros sí lo hacían. Y, aunque sólo fuera por temporadas, nosotros tomábamos nuestras medidas para neutralizar esos comentarios.

Si desde el Gobierno o la policía se lanzaban campañas de información y sensibilización contra la trata de personas, nosotros, los empresarios de las cárceles burdel, hacíamos las nuestras para rebatir, con argumentos, todas las acusaciones.

No era casualidad que después de más de veinte años desde que aterrizara en Madrid, procedente de Colombia, nuestra primera víctima de trata, Yamileth, mis socios siguieran regentando las macrocárceles burdel más importantes de España. Mantenerse arriba en este negocio no sólo requería tener en propiedad muchas mujeres para su explotación sexual, sino también hojas de ruta muy claras, estudiadas y meditadas, y mucho trabajo. Con nuestro dinero se invertía poco y se ganaba mucho, así que siempre podíamos emplear parte de los beneficios en estos menesteres.

De todos modos, el bombardeo por parte del Gobierno contra la trata durante algunos meses al año —casi siempre los mismos—, informando y sensibilizando a través de esas campañas en radio, televisión y prensa escrita, hacía poca mella en la opinión pública. O, al menos, eso parecía, viendo cómo crecía la clientela de los burdeles cada año.

Nunca supe si es que las campañas gubernamentales no eran suficientemente buenas o si es que las nuestras eran mejores; pero la realidad era la que era... Aunque también era cierto que nosotros invertíamos muchos más recursos y éramos más constantes. Nos iba la vida en ello, así que no podíamos descuidar ni el más mínimo detalle y, como no lo hacíamos, acabábamos ganando por goleada. También es verdad que para el Gobierno era un problema más y nunca lo tuvo como prioridad, por fortuna nuestra.

En todo caso, nuestras campañas no sólo iban dirigidas a desmontar las suyas, además tenían un segundo objetivo, que era el de atraer a los jóvenes al consumo de sexo de pago y fidelizar a los recién llegados a nuestro circo.

Lo que más nos beneficiaba era que lo nuestro no sólo resultaba más fácil de creer, sino también era lo que más le convenía creer a muchos y, además, mucho más fácil de digerir para los ciudadanos que no conocían la trata y se resistían a aceptar que la esclavitud estaba instalada frente a las miradas de todos, en las plazas, las calles, los polígonos y, desde luego, tras las luces rojas de los puticlubs, que formaban parte de nuestro paisaje desde siempre.

Jugábamos con ventaja, también, porque las campañas del Gobierno y la policía estaban llenas de mujeres encadenadas, como si fueran perros y con esposas en las muñecas, que las hacían parecer delincuentes en lugar de víctimas. Las nuestras, por el contrario, se ilustraban con rostros de chicas jóvenes, guapetonas, sonrientes y con cara de felicidad... ¡No había comparación!

Tanto el Gobierno como nosotros utilizábamos las mismas ventanas de promoción: los medios de comunicación convencionales. La prensa escrita, la radio, la televisión..., estos mismos medios que hablaban de la trata como la nueva cara de la esclavitud del siglo XXI, pero que no tenían remilgos para aceptar nuestro dinero y promocionar nuestras cárceles burdel sin recato.

Cuando organizábamos fiestas los fines de semana, solíamos hacer las campañas en las radios y periódicos locales, pero durante todo el año colocábamos la publicidad en las páginas de contacto de los periódicos generalistas. Era hasta gracioso ver cómo los mismos periódicos que a veces nos sacaban en portada cuando a uno de nosotros nos sentaban en el banquillo, o se desarticulaba una red de trata, o se desarrollaba una gran operación policial en un club, promocionaban nuestros locales unas páginas más adelante.

Además, contábamos con muchos grupos de presión a favor de la legalización de la prostitución como fue en su día ANELA y muchas otras asociaciones que trabajaban exclusivamente para confundir al ciudadano con mensajes a favor de su regularización y defender, con argumentos ridículos y que no tenían nada que ver con la realidad, el oficio de las trabajadoras del sexo.

Pero, claro, aunque no tuvieran el calado que pretendían el Gobierno y cuerpos de seguridad, sus campañas de sensibilización dejaban, inevitablemente, una estela de alarma en el putero y muchas dudas en el que estaba decidiendo si ir o no al club por primera vez. Eso nos llevaba no sólo a trabajar externamente en las campañas de antisensibilización, sino también a hacerlo dentro de los burdeles, directamente con nuestros clientes puteros. Así, para agasajarlos, organizábamos grandes fiestas, donde obligábamos a las mujeres a vestir con trajes de noche —que previamente nosotros mismos les habíamos vendido—, ofrecíamos grandes cenas y bebidas gratis y hacíamos un sorteo especial con el mejor trofeo posible: un «polvo gratis» con la chica que ellos eligieran.

También habilitábamos salas privadas donde las mujeres bailaban para el cliente y lo llenábamos todo de alegría y de misterio para que el putero se sintiera mejor que nunca.

Montábamos nuestra propia película y desmontábamos con ella todos los argumentos que habían visto en las campañas oficiales. ¿Cómo no iban a creer ellos en lo que les contábamos nosotros con lo bien que les venía? ¿Acaso iban a plantearse siquiera que todo eso que veían era un decorado tan falso como la sonrisa de felicidad pintada de rojo de las pobres víctimas? Sus comentarios no dejaban dudas.

—Para que luego digan en la tele que estos sitios son cárceles, Miguel... Que si son esclavas, que si están encerradas, que si llevan correas como los perros... Pero ¿de dónde se sacan todo eso?

—Tonterías, querido —respondía yo con una sonrisa—. Tonterías.

—¡Si es que se les ve lo felices que son! —decía el cliente mientras echaba una ojeada a la discoteca, repleta de mujeres jóvenes y guapas, vestidas con trajes de fiesta, sonriendo y ofreciéndose—. Y se nota que están aquí porque quieren, ¿o no, Miguel? ¡Y encima ganarán un dineral que no gano yo ni trabajando diez horas al día!

Era escucharlos y darme cuenta de lo bien que funcionaban nuestras campañas. Pero, por si las moscas, no nos quedábamos sólo ahí. Ya que habían nacido las redes sociales y eran gratuitas, nada como utilizarlas también.

El anonimato nos permitía expresarnos libremente en ellas y decir lo que más nos convenía sobre la prostitución. Y como era más progre y menos doloroso lo que contábamos y pensar que, si existía la trata, la legalización de la prostitución la erradicaría

—que me digan cómo—, pues había mucho público que se quedaba encantado con esas falsas hipótesis, que eran las que quería que se les presentaran. Por si quedaba algún resquicio de duda en alguno, nos ocupábamos, además, de entrar a debatir en los foros y confundir todo lo que podíamos.

También nos ayudaba que el Estado hablara de cierres de clubes, desarticulaciones de redes de trata, liberaciones de esclavas y grandes detenciones de proxenetas..., ¡y que luego el cliente llegara a nuestros clubes, los viera abiertos y llenos de mujeres estupendas y sonrientes y comprobara que nosotros seguíamos allí!

Y como el *modus operandi* del Gobierno se repetía año tras año y tenía un único patrón, nos resultaba muy sencillo analizarlo, estudiarlo y neutralizarlo.

De hecho, sabíamos que en cuanto acabaran las campañas en los medios y después de que acudieran los expertos a hablar en los programas de trata, esclavitud, etcétera, se produciría alguna gran redada o control selectivo, sin apenas investigaciones previas, en alguno de nuestros clubes. Así que, durante ese periodo, que normalmente se producía únicamente dos veces al año y casi siempre entre febrero y abril, primero, y luego entre septiembre y noviembre, nos preparábamos convenientemente. Pero no eran más que un mero formalismo para el control de personas extranjeras ilegales en el territorio nacional, para, de este modo, rellenar las estadísticas internas. Como no había otro sitio donde fuera más fácil encontrar a mujeres inmigrantes en situación irregular, las cartas y propuestas de expulsión a todas las mujeres con el visado de turista caducado engordaban las cifras, que era lo que querían los responsables.

Había otra razón para esos controles en los negocios, casi maquiavélica, y era la de hacer creer a la opinión pública que existía un poderoso plan de lucha contra la trata de seres humanos. Lo había, pero tan tibio que a nosotros nos parecía casi inexistente. Sin embargo, como esos controles que efectuaba la policía llegaban acompañados de inspectores de trabajo y de Hacienda para después magnificar los resultados de la lucha contra la trata, mezclándolos y camuflándolos entre sentencias y multas, que nada tenían que ver con ella, la sociedad lo percibía como algo real, tangible..., incluso que servía para algo y funcionaba.

No era que existiera dejadez por parte de las fuerzas y cuerpos de seguridad del Estado en la persecución de la trata, porque, de hecho, tanto la policía como la Guardia Civil especializada en delitos contra las personas en general hacían un trabajo muy comprometido; el problema casi siempre tenía que ver con la desidia de los políticos de turno. El caso era que, al final, no notábamos la lucha contra la trata, cada día captábamos más y cada vez se abrían más clubes en todo el país, mientras nuestra imagen, en vez de empeorar, mejoraba. ¿Cómo? Nos ocupábamos de crear o apoyar asociaciones que defendían la legalización de la prostitución. Señalábamos a los rumanos y nigerianos como los únicos tratantes y proxenetas de la prostitución callejera y contábamos lo malvados y violentos que eran, y mientras, tomábamos distancia de ellos haciendo creer que nosotros no explotábamos a nadie en nuestros clubes, que allí las mujeres hacían, simplemente, lo que les daba la gana.

El remate eran esas pequeñas ayudas financieras que hacíamos a las asociaciones de vecinos y ayuntamientos cercanos a los clubes. Todas esas donaciones para los eventos deportivos vecinales, la construcción de parques, los patrocinios de los equipos de futbol de pueblo o las fiestas patronales eran algo que los vecinos agradecían, porque los ayuntamientos con bajo presupuesto no cubrían estas pequeñas, pero importantes necesidades ciudadanas. Con este tipo de acciones, que para nosotros significaban muy poco dinero, nos ganábamos la confianza de los vecinos y desviábamos la atención de los propios ayuntamientos respecto a las múltiples irregularidades que cometíamos en cuanto a la masificación de las habitaciones, el excesivo número de inquilinas o los permisos para las reformas, que nos saltábamos a la torera para construir habitaciones en los pasillos que eran auténticas caletas sin ventilación o para ampliar los clubes y poder llenarlos más.

Los reportajes repletos de exageraciones de algunos medios de comunicación, que ofrecían trabajos sensacionalistas sobre la trata, también nos ayudaban. Sacaban a mujeres que trabajaban en la calle, a las que no dejaban ni contestar a sus preguntas, y luego decían, con cara de misterio, que las prostitutas no hablaban porque seguro que estaban siendo vigiladas... Y era cierto, claro, pero esa imagen que ofrecían en televisión de la pobre víctima era la de una prostituta más que la de una mujer prostituida, obligada y esclava. Parecía más la protagonista del delito que la explotada. Y así se las consideraba: putas de la calle, escoria que nadie quería cerca de sus casas o de los colegios de sus hijos; casi putas malvadas, culpables para la sociedad, que sólo quería que la policía las sacara de las calles, donde eran obligadas a ejercer la prostitución por sus chulos, en vez de fijarse en las que trabajaban «libremente» en los clubes.

—Mejor harían estas en limpiar escaleras en vez de molestar en las calles. La policía debería ocuparse de esto y no molestaros a vosotros, que lo tenéis todo en regla... ¡Como si aquí hubiera mujeres de esas de las campañas contra la trata llenas de moretones! ¡Esas están en la calle! En los clubes, yo que llevo años siendo cliente, nunca he visto a ninguna mujer así... —decía un putero, tan tranquilo.

Pensando de esa manera, los clientes se quedaban muy tranquilos. No les pasaba por la cabeza plantearse siquiera que las víctimas podían serlo sin que se notara que lo eran e incluso sin que ellas mismas se reconociesen como víctimas, sólo porque en su día, y debido a su máxima vulnerabilidad, un día aceptaron ejercer la prostitución sin saber que acabarían siendo esclavas. Las cadenas físicas no eran necesarias; de las otras, todas ellas estaban bien cargadas.

Entre el poco interés que tenían en conocer la verdad y la poca información clara y real que se ofrecía en las campañas de sensibilización, los clientes se olvidaban del asunto e incluso cargaban contra las personas bien informadas y comprometidas que llamaban a las cosas por su nombre, que no sólo se centraban en las víctimas, y que apuntaban a los proxenetas y a los clientes y a la verdad del negocio de la trata.

—Miguel, pero ¿qué dicen? —me preguntaba algún cliente—. ¿Esta gente no se da cuenta de que ayudamos a estas mujeres y a sus familias?

—Es increíble —contestaba yo—, hablan y hablan, pero no ven que si nosotros no les diéramos trabajo a estas mujeres, con vuestra ayuda, no podrían vivir. Si no tienen estudios... ¡No saben hacer otra cosa!

Mujeres, mujeres, mujeres... Siempre mujeres. Hablar de ellas, juzgarlas, colocar el acento sobre sus historias de manera morbosa. Tras ellas quedaba oculto el delito, e incluso nosotros, los artífices del mismo, los proxenetas, a los que nos llamaban «empresarios de clubes de alterne». Nuestros clientes cuestionaban hasta los testimonios de las víctimas en las televisoras, los informes policiales, las declaraciones de las ONG... Nosotros no les dejábamos ver las lágrimas de las mujeres en nuestros clubes y ellos preferían creer que si la realidad hubiese sido tan oscura como se pintaba en las campañas oficiales fallidas, la fiscalía y los jueces habrían cerrado los negocios y nosotros entraríamos en la cárcel para no salir más; pero eso, al final, nunca pasaba, porque entrábamos en las cárceles y salíamos de ellas, mientras nuestros clubes permanecían abiertos y los puteros seguían pagando por nuestras mujeres. En definitiva: nosotros seguíamos ganando la partida y todo seguía igual.

CAPÍTULO 6

PARÁSITOS DE LA PROSTITUCIÓN

En la Real Academia Española hay varias definiciones sobre los parásitos: una corresponde a la persona «que vive a costa ajena» y otra al animal «que vive a costa de otro de distinta especie, alimentándose de él y depauperándolo sin llegar a matarlo». La segunda sería más adecuada para definir a los parásitos de la prostitución, que no son pocos.

ABOGADOS

Muchos piensan que ellos son los defensores de la justicia, los que luchan por preservar los derechos de los ciudadanos..., pero no es así. O, al menos, no todos los abogados son así. Un buen puñado de ellos rodea la ley, que tan bien conoce, para ponerla al servicio de quien paga por sus servicios, sea bueno, regular o malo. Mientras pague, da lo mismo lo que haga, incluso que dañe a los demás.

Nuestra organización hubiera sido imposible sin los abogados. Ellos también fueron nuestros cómplices —como tantos otros— por unos cuantos euros.

Para nosotros era imprescindible su ayuda porque, una vez teníamos completamente organizada tanto la captación de las víctimas en sus distintos países de origen como su posterior explotación en nuestras cárceles burdel, el problema radicaba en cómo conseguir mantener a las mujeres en nuestro país el máximo tiempo posible para explotarlas al menos durante tres años.

Como las mujeres llegaban con un visado de turista que les permitía estar en España por un periodo no superior a tres meses, era necesario conocer a fondo las leyes de extranjería para examinar las rendijas por las que colarnos. Para ello necesitábamos profesionales especializados en extranjería que estuvieran dispuestos a seguirnos —previo pago de su importe— en esta nueva aventura y carecieran de remilgos para pasarse, junto a nosotros, al lado oscuro de la línea.

Pensamos que nos costaría mucho trabajo convencerlos, vencer sus reticencias..., pero ni siquiera tuvimos que salir a buscarlos. Los letrados fueron presentándose solitos en nuestros negocios.

Sucedió a finales de los noventa. Por entonces, nuestros clubes se llenaron de jóvenes abogados encorbatados, armados con sus maletines y su verborrea, y dispuestos a explicarnos todo acerca de nuestras mujeres y el tipo de papeles, solicitudes, permisos y demás que necesitaban para poder permanecer en España más allá de esos tres meses que les concedía su visa.

Nos hablaban de cómo evitar que se les abriera un expediente de extranjería donde se resolvería su expulsión, asegurándonos que era «lo mejor para ellas», como si a nosotros nos importara eso o cualquier otra cosa que fuera «lo mejor para ellas».

Supongo que, de ese modo, como siempre, se quitaban su parte de culpa de encima. O a lo mejor es que, sencillamente, se creían que nosotros éramos unos imbéciles. No lo éramos y sabíamos bien que, dijeran lo que dijeran, ellos también estaban dispuestos a casi todo por dinero. Pero, de entre todos, teníamos que encontrar un tipo que se mezclara bien con nosotros, con el que tuviéramos buena química y que se preocupara por lo nuestro. Y apareció Julito.

El día en que Julito atravesó la puerta de nuestro club grande de Valdepeñas todo cambió para nosotros. Este jovencísimo abogado —no llegaba a la treintena— vino de la mano de un amigo, Pepe el Gordo, dueño de dos clubes y socio nuestro en Córdoba.

Pepe, además, fue uno de nuestros primeros socios en Valdepeñas, en nuestro club grande precisamente, cuando empezamos, y allí su apoyo había sido decisivo. Así que el tal Julito llegaba avalado por un hombre de confianza para nosotros, lo cual era imprescindible.

El abogadito acababa de llegar de las Américas. Era un chico muy atractivo, alto, de tez morena casi indígena, delgado...; resultaba muy guapo, muy atractivo, con esos rasgos algo exóticos y su acento suave y un poco cantarín. Y parecía muy seguro de sí mismo para su edad. Pero lo mejor de Julito no era que llegara apadrinado, ni su buena apariencia, ni la musicalidad de su discurso, sino que, desde el primer momento, en vez de hablarnos de lo que las mujeres necesitaban se refirió a lo que nosotros necesitábamos. Y a partir de ese instante se ganó nuestro respeto, y pasó de ser Julito a ser don Julio.

Él nos habló, para empezar, de lo que nosotros ya sabíamos: que una mujer con el visado de turista podría estar en el país por un tiempo no superior a los tres meses, pero también nos dijo algo que desconocíamos y necesitábamos: que si no dejábamos expirar la visa de turista de su pasaporte, podríamos anticiparnos y solicitar una extensión de la misma, con lo que la estancia se prolongaría otros tres meses de forma legal. Una vez pasados estos, las mujeres volverían a ser inmigrantes en situación irregular, pero, una vez más, antes de la caducidad de esta nueva prolongación, se podría solicitar una petición de asilo, bien por motivos políticos o hasta por razones humanitarias.

—Pueden ser acogidas incluso como refugiadas, si alegamos que en su país su vida o su libertad corren un grave peligro a causa de su raza, religión, nacionalidad, pertenencia a un grupo social u opiniones políticas. Eso está recogido en la Convención de Ginebra de 28 de junio de 1951 y en el Protocolo de Estatuto de Refugiados de Nueva York de 31 de enero de 1967 suscrito por España... —nos decía don Julio, dejándonos boquiabiertos.

Don Julio nos enseñó también, nada más llegar, que no debíamos temer a las redadas, ya que las mujeres que se llevaran las fuerzas y cuerpos de seguridad del Estado deberían ser puestas en libertad, pues sólo las proponían para una expulsión. Esto, según el abogado, incluso nos beneficiaba, porque presentando unas alegaciones a tal propuesta de expulsión en el expediente de extranjería en un tiempo máximo de veinticuatro horas, con las solicitudes de asilo, nos garantizaba otros nueve meses más de su estancia, sin ser molestadas o expulsadas del país. Pasado todo este tiempo, tan sólo era necesario esperar a que las volvieran a detener para solicitar que los jueces revisasen cada caso particular. Eso añadiría otros meses más. Después, cuando las volvieran a detener, ya no habría nada que hacer; y sería entonces, y sólo entonces, cuando las expulsarían del país con la prohibición de poner un pie durante diez años en los países del espacio Schengen.

De este modo, don Julio nos aseguraba dos años de trabajo de cada víctima, y dos años de su explotación correspondiente, claro. Después de ese tiempo, ya todo dependería de Dios, o más bien de la diosa Fortuna, que suele tener muy mala leche y casi nunca favorece a los más desvalidos.

De las minutas que nos cobraría por su trabajo también se habló largo y tendido ese primer día. Por cada solicitud presentada, él percibiría la cantidad de novecientos euros. Cada mujer, bien llevada, podría necesitar entre tres y cuatro solicitudes.

Por cada asistencia letrada en la propuesta de expulsión y estancia irregular en comisaría con motivo de una redada, las víctimas deberían abonar la cantidad de trescientos euros cada una. Las solicitudes de residencia española o comunitaria tendrían un precio de mil doscientos euros por cada mujer y solicitud. De todas estas gestiones, él pedía el treinta y tres por ciento por adelantado y todo en dinero contante y sonante...

Don Julio, aparte de ser inteligente, tenía un par de cojones.

Fue él quien nos habló por primera vez de hacer un seguro médico privado a las víctimas. Tal seguro, obviamente, como todo, serían ellas mismas quienes lo abonaran con su cuerpo, y con los intereses correspondientes.

También nos aconsejó alquilar diferentes viviendas para poder empadronar en ellas a las mujeres, y de hacerles a todas ellas, a través de nuestras empresas o las de nuestros socios, un precontrato de trabajo. Con todo esto, él podría ponerse manos a la obra en cuanto a presentar expedientes.

Julito habló, lo escuchamos muy atentamente, y después, en nuestro turno, le contamos nosotros cómo funcionaba nuestro negocio, desde la captación en los países de origen al sistema real de explotación en el nuestro.

Se lo expusimos absolutamente todo, con pelos y señales, sin ahorrar detalles; incluso los métodos de coacción que empleábamos con las infelices víctimas, su soledad trabajada por nosotros, su cautiverio..., todo. Don Julio, muy lejos de asustarse o dar un paso atrás, directamente nos pidió un monto fijo mensual de seis mil euros por ser nuestro abogado y el de las mujeres. En caso de detenciones, además de todo lo anteriormente pactado, eso sí, se comprometía con nosotros a estar localizable las veinticuatro horas del día. Cerramos el trato.

Una vez que don Julio estuvo en nómina, tanto él mismo como los demás miembros de su bufete profesional empezaron con el aleccionamiento de las mujeres, para lo que visitaban cada semana, uno a uno, todos nuestros burdeles.

Yo lo acompañaba en toda esta ruta, y debo decir que, ahora sí, de la mano de don Julio me convertí en un auténtico tratante, en un proxeneta de los pies a la cabeza.

¡Qué magnífico tándem formábamos! Él avivaba la esperanza de las chicas para conseguir la ansiada regularización de sus papeles, y yo las manipulaba psicológicamente para que confiaran en él y, de paso, las motivaba para trabajar muy duro para pagar pronto la deuda y para que los papeles llegaran cuando esta estuviera ya del todo finiquitada y, así, pudieran empezar a ganar dinero para ellas.

A don Julio le iba tan bien con nosotros que muy pronto abrió un elegante bufete en Madrid, en el famoso y caro barrio de Salamanca, además de tener a su disposición, por supuesto, una oficina en cada uno de nuestros clubes.

También nos asesoró en la creación de ANELA, aunque no quiso participar en la asociación, porque decía que nuestro presidente tenía «mal pie» para los negocios. En eso tampoco se equivocó.

Nosotros fuimos los pioneros como tratantes, sí, pero gracias a las habilidades e interpretaciones de la ley —que no de la justicia— de don Julio consolidamos el gran negocio y logramos, además, con su aleccionamiento constante a las mujeres, evitar las denuncias.

Ellas nunca veían a este hombre como parte de la organización, sino como representante de la justicia, así que se entregaban sin reservas a sus directrices y creían ciegamente en sus promesas de conseguir los papeles para escapar de la esclavitud. A él le cedían la poca confianza que les quedaba en la humanidad.

Tanto don Julio como el resto de los abogados que colaboraron con nosotros durante tantos años en los que fuimos propietarios de los mejores clubes de alterne conocían desde el primer día la situación exacta en la que se encontraban las víctimas, su explotación y su manipulación psicológica, así como su sometimiento a través de las amenazas y la violencia física. Todos sin excepción. Sin embargo, no sólo callaban, sino que apoyaban el negocio. Sentían tanta indiferencia hacia las mujeres y era tal su falta de empatía que no dudaban en aconsejarlas, una y otra vez, que guardaran silencio, y no sólo las instaban a que no desvelaran a nadie las circunstancias de su situación real, sino a que, en caso de ser interrogadas por las autoridades, las negaran con rotundidad.

Cada semana, estos ilusionistas se acercaban a los clubes en busca de la nueva remesa de mujeres recién llegadas para venderles alegremente las solicitudes de permiso de residencia y trabajo al módico precio de mil doscientos euros. Esta cantidad, como tantas otras, incrementaba la deuda de las mujeres y, por tanto, alargaba su cautiverio y su explotación. Lo de siempre.

La fórmula para mantener a una víctima de trata bajo la tutela de la organización durante unos tres años en promedio no era sólo un coctel de fuerza y engaño: para nosotros era vital que la mujer estuviera en situación legal según las leyes de extranjería. Si su estancia estaba regularizada, menos preguntas les harían las fuerzas y cuerpos de seguridad del Estado, que siempre andaban buscando inmigrantes sin papeles y no víctimas de trata. Y de eso se encargaban nuestros leguleyos.

Estos adictos al dinero trabajaban para lograr unos objetivos idénticos a los nuestros; sin embargo, a diferencia de nosotros, nunca se sentaban en el banquillo de los acusados. No era que las víctimas no los conociesen o no supiesen dónde tenían los despachos, sino que cuando eran conscientes de que las habían engañado y habían pagado por unos papeles que nunca llegarían, también lo eran de que ellos ejercían como abogados nuestros y no suyos, y de que eran hombres conocedores de las leyes y supuestamente con poder. Como las mujeres sentían más miedo de denunciarlos a ellos que a nosotros, que ya les costaba, estos «profesionales» siempre permanecían en el anonimato.

Estos abogados eran nuestros cómplices, los expertos en leyes que nos asistían y defendían en los juicios ante los jueces o juezas; los mismos que, cuando una mujer, valientemente, nos denunciaba, la manipulaban en la fase de instrucción para que no declarase o, si lo hacía estando vinculada emocionalmente a alguno de nosotros, la convencían para que se acogiera al silencio del artículo 416 de la ley de Enjuiciamiento Criminal para obtener la dispensa a no declarar.

Todo esto me quedó claro el día de mi propio interrogatorio, cuando a Claudia, la misma mujer denunciante, le tocó el papel de acusada por parte de mi letrado. La humillación y el desprecio a los que fue sometida por el equipo de estos abogados, con una batería de preguntas supuestamente legales, pero con la ventaja de conocer las respuestas de ella, fue delirante.

Todo estaba estudiado estratégicamente para que no se mantuviera firme en su declaración. Algo que conseguíamos, como de costumbre, a través de amenazas veladas, de las que ellas se daban cuenta, pero que no percibían los jueces y fiscales poco formados en asuntos de trata y ajenos a la situación de vulnerabilidad en la que se encontraban las mujeres.

Ellos no eran conscientes de que, aunque ellas fueran en calidad de testigo protegido, declarasen detrás de un biombo y no apareciese su nombre, sino el número que le habían asignado para que no se desvelase su identidad en el procedimiento, el abogado les recordaría la realidad de su situación.

—¿No es cierto, señora Claudia, que usted en Cali se puso en contacto libremente con James, apodado *el Negro*, y fue a verlo acompañada por su mamá? —preguntó el abogado, haciéndole saber así que, pese a su número asignado para que eso no sucediera, él conocía su nombre, y recordándole, de paso, que el captador seguía en su Colombia natal junto a su madre y a su hijo.

En cuestión de segundos, a través de esa única pregunta, la mujer comprobaba que ese anonimato prometido no existía y que la protección que le habían asegurado no cubría ni a su familia en su país de origen ni tampoco a ella misma, de quien el abogado, con su «equivocación», dejaba claro que lo sabía todo. Y si sabía todo, ¿debía ella seguir con la denuncia? A partir de ese momento, la mujer empezaba a sentirse incómoda, confusa, asustada y a caer en continuas contradicciones. Poco a poco, el picapleitos, trufando sus preguntas de alusiones a los nombres conocidos, a los motivos que lo llevaron a interponer la denuncia, a su país de origen, acabaría por conducirla al silencio, su lugar habitual de supervivencia, su cárcel sin barrotes, su único mundo posible tras haber entrado a formar parte de la malvada historia de la trata de personas.

Estos abogados, especialistas en víctimas de trata, conocían bien su trabajo y por eso los contratamos. Ellos sabían de sobra que no existía un juzgado único para la trata, amparado por una ley integral que no sólo sancionara penalmente, sino que previniese el delito y coordinase su detección. Eso era una asignatura pendiente de la justicia, como también la formación de los jueces y fiscales en esta materia, que, de momento, desconocían la realidad que se escondía tras cada testigo protegido. Y nos beneficiaba a nosotros, pero, además, todas esas carencias conseguían que a los abogados les resultara muy fácil torpedear los intentos de denuncia de las víctimas; de hecho, no sólo las manipulaban, sino que también enmarañaban sus denuncias, convenciendo a otras víctimas para que declarasen en contra de la policía de Extranjería que había instruido las diligencias de la denuncia o de las propias denunciantes... Cualquier cosa con tal de desmontar los argumentos esgrimidos por las mujeres.

Los leguleyos convertían con habilidad verdades en mentiras y mentiras en verdades, a su conveniencia, mientras iban enseñando a las víctimas, con enorme paciencia y mano firme, a desvirtuar por completo la realidad delante de jueces y fiscales. Así, los comedores de los clubes se convertían en aulas improvisadas donde las mujeres recibían instrucciones de cómo debían actuar aquí o allá. No todas se prestaban a esta manipulación, pero, naturalmente, nosotros las conocíamos y seleccionábamos a las que sabíamos que sería más fácil engatusar. Convivíamos con las víctimas las veinticuatro horas del día, así que teníamos claro quiénes eran las más dóciles.

Pero incluso las más valientes acababan claudicando al darse cuenta de que «sus abogados», en realidad, eran los nuestros y de que no habría resoluciones favorables para sus papeles ni para su documentación, porque todo era de nuevo un engaño para inflar su deuda y aumentar su tiempo de explotación.

En ese momento de nueva duda, de soledad, de incertidumbre, de angustia, se planteaban a quién recurrir, a quién denunciar, cómo hacerlo..., pero sólo hasta que les volvíamos a mandar a otro abogado del mismo despacho, otro de nuestros cómplices, con el que todo el proceso volvía a empezar. Luego se repetía y acababa igual... Para cuando el circuito de la explotación concluía, la víctima ya había perdido la esperanza de lograr sus objetivos y su único deseo era marcharse lo más lejos posible del club y de la organización.

Justo en ese instante, nosotros comenzábamos a soltar poco a poco a la mujer, para no tener problemas más adelante con la justicia.

Sobre cómo caminar en esa nueva vida también se encargarían de asesorarla nuestros abogados. Ahí comenzaría otro periodo de manipulación con el propósito de que se marchara sin prisas y sin denuncias. Todo eso hasta devolverle por fin su ansiada libertad... Aunque ya jamás sería libre. Estaría presa para siempre. De sí misma, de sus miedos a la repulsa de todos, y de la propia prostitución, su único medio de vida, si es que a eso se le podía llamar vida.

MÉDICOS

Si hubo jóvenes abogados que enseguida vieron un filón en la explotación de las víctimas de trata, algunos médicos no hicieron menos. A principio de 2000 la mayoría de los clubes se consolidaron mientras iban floreciendo muchos otros. Animados, como de costumbre, por las espectaculares ganancias que ofrecía la trata, llegaron también los jóvenes médicos deseosos de participar de aquella inmenso pastel donde parecía que había un trocito para cada uno.

En la prostitución antigua era necesario que las mujeres que ejercían pasaran una serie de controles sanitarios. Unos análisis que se hacían en dependencias estatales y que tenían como prioridad, más que la salud de la prostituta, el control de las mujeres que se dedicaban a tan «alegre» profesión, a las que se les prohibía ejercer sin estos papeles. O lo que es lo mismo, se daba por hecho que el problema no era la prostitución, sino las prostitutas.

Con la llegada de la democracia se anuló este requisito porque las estigmatizaba al quedar fichadas de forma injusta e ilegal al realizarse ese control; pero, claro, ellas tuvieron que buscarse otra manera de vigilarse la salud, sobre todo cuando los tiempos fueron cambiando y la prostitución dejó paso al lucrativo negocio de la trata, que, año con año, los proxenetas tratábamos de perfeccionar para sacarle cada vez un mayor rendimiento. Por eso, nosotros mismos decidimos encargarnos del asunto de la salud, pero pagándolo, como siempre, ellas.

Cuando los médicos hicieron su aparición estelar, ya estábamos lejos de ser aquellos macarrones del principio, e incluso de los incipientes tratantes de esclavas que habíamos sido en su día. Ahora éramos jóvenes empresarios, dueños de clubes de alterne y de otras muchas empresas. Así que, para empezar, no admitíamos a nadie que no viniera a través de alguien conocido.

Al igual que don Julio llegó de la mano de un compadre nuestro —el Gordo—, los médicos llegaron avalados por ANELA. El dueño del pequeño laboratorio valenciano que entró en el juego era vocal de nuestra asociación gracias a su buena amistad y complicidad con nuestro presidente. Y la asociación obligaba a todos sus asociados a hacer controles sanitarios a las mujeres para darle al consumidor de sexo de pago la garantía de que el producto que iba a alquilar era no sólo fresco, también sano.

Era algo parecido a lo que se hacía en las buenas carnicerías o restaurantes, donde se anunciaba, en una plaquita en la puerta, que el ganado había pasado con sobresaliente el control de calidad.

Por supuesto, ANELA sólo exigía que se efectuaran tales controles médicos a las mujeres, y en ningún caso obligaba a que el consumidor tuviera ninguna acreditación demostrando lo mismo.

En la misma circular donde nos impusieron como condición los controles, también nos aconsejaron contratar los servicios del laboratorio de Valencia cuyo propietario era de toda confianza de la asociación.

Una vez al mes se obligaba a las víctimas a realizarse los análisis clínicos que certificarían su salud, al módico precio de sesenta euros, que pagaban ellas. ¡Y eso sí que era un negocio para los médicos!

Cualquier club pequeño, con un mínimo de cincuenta mujeres en propiedad, les deparaba la «reducida» cantidad de tres mil euros. Si visitaban una media diaria de tres clubes, las ganancias ascendían entre nueve mil y doce mil euros, que les pagaban por adelantado y, por supuesto, sin figurar en nómina.

Más de tres mil mujeres eran obligadas a este tipo de análisis mensuales, dentro de los locales afines a la asociación. Y eso suponía un monto fijo mensual de ciento ochenta mil euros.

Este dinero se repartía alegremente, en tres partes iguales, entre los laboratorios valencianos, ANELA y los dueños de los negocios, que éramos los que adelantábamos el efectivo para después sumarlo a la deuda de las mujeres.

Todos salíamos ganando. Todos menos ellas, por supuesto.

Los médicos de este laboratorio valenciano se paseaban por los clubes de su comunidad, pero también se desplazaban por todas las provincias españolas haciendo los análisis a todas las mujeres para después colocar las placas en la entrada de los clubes dando fe del control sanitario, por lo que el laboratorio tuvo que triplicar su personal en poco tiempo, además de ampliar las oficinas, porque, aparte de trabajar con los clubes asociados de ANELA, también los contrataban muchos otros clubes, no fuera que al no tener ellos también la placa de calidad en la puerta la clientela sufriera una espantada.

La sangre recogida era analizada en Valencia, para después enviarnos a nosotros los resultados de las pruebas, donde nos notificaban las pacientes que no debían trabajar. Pero ese era un consejo que no seguíamos, claro.

Muchos médicos nos repetían una y otra vez: «Esto de ANELA sí que da seguridad al cliente»; pero la realidad era bien distinta.

Realmente, una mujer, cuando llevaba cierto tiempo con nosotros, podía decidir de vez en cuando pasar o no con algún cliente, pero nunca podía negarse a realizarse una vez al mes los análisis. El resultado era lo de menos, lo importante era que se los hicieran y todos sacáramos el correspondiente partido.

Ahora que ha pasado el tiempo reconozco, muy a mi pesar, que además de ganar dinero con la venta y alquiler de sus cuerpos también lo hacíamos con su sangre.

Estos laboratorios estuvieron en el negocio de la explotación sexual durante diez largos años, hasta que la UCRIF pudo demostrar que, más que cuidar de la salud de las víctimas, velaba por la de las carteras de los médicos, de los proxenetas y de la misma ANELA.

Al final se fueron como llegaron: en silencio. Eso sí, lo hicieron con la cartera repleta de dinero.

Tras la aventura con aquellos vampiros de bata blanca, empezamos a hacerles a las mujeres seguros particulares en compañías privadas, tal y como don Julio nos aconsejó.

Pero tampoco les hacíamos estos seguros porque nos preocupara en exceso su salud, sino, simplemente, por la necesidad de que ellas pudiesen demostrar un arraigo de cara a la justicia en el caso de que les abrieran un expediente de expulsión en alguna redada. Tenían una cuota inicial de trescientos euros y cincuenta más todos los meses. En realidad, las mujeres nunca hacían uso de ellos. No podían permitirse el lujo de caer enfermas, porque el día que no trabajaban seguían teniendo que pagar *la diaria,* que se acumulaba a su deuda. Así que, al final, era una táctica más para engordar la suma que tenían pendiente con nosotros y una fórmula para que, cuando se los hacíamos a las víctimas recién llegadas, ellas pensaran que nos preocupábamos por su salud y bienestar y nos mirasen arrobadas, como si fuéramos sus benefactores.

En todo caso, antes de los seguros, en los diez años previos, los chupasangres valencianos y el propio don Julio nos enseñaron que la delincuencia no sólo florece en la marginalidad y que no es necesario ser pobre para atreverse a explotar a seres humanos como forma de supervivencia. Entre los ricos son muchos los que también encuentran en la esclavitud su forma de vida y la convierten en su medio para amasar sus fortunas. Los abogados y los médicos se hicieron ricos a costa de nuestras víctimas. Y no fueron los únicos.

TESTAFERROS

Cualquier tipo de empresa donde la directiva necesite de un testaferro es ya, desde su comienzo, una sociedad construida con la intención de delinquir.

Nosotros distinguíamos tres tipos distintos de testaferros: el fiel, el gil —tonto— y el profesional. Cada uno de estos perfiles los utilizábamos indistintamente según nuestras necesidades. No todos estaban preparados para afrontar una declaración delante de la policía, de un juez o de un inspector de Hacienda, pero todos podían desempeñar un papel importante para la organización.

El testaferro fiel era un hombre atado a la organización, no de una manera temporal, sino que directamente pertenecía a ella, bien por lazos de sangre, bien por ser un hombre de mucha confianza. Este testaferro, a pesar de conocer todos los chanchullos de la organización, permanecía alejado por completo de las ilegalidades o actos delictivos que cometíamos, porque teníamos que depositar toda nuestra confianza en él, ya que todas nuestras propiedades, casas, locales, terrenos, coches, etcétera, adquiridos a lo largo de nuestra vida como proxenetas o delincuentes, figuraban a su nombre. Al estar alejado de las empresas pantalla y de la explotación directa de los clubes se convertía en un hombre invisible para cualquier tipo de investigación, fuera de carácter administrativo, penal o judicial. De esta forma, todo nuestro patrimonio ilegalmente adquirido por un enriquecimiento ilícito tipificado en el código penal quedaba completamente a salvo.

El testaferro gil era una persona que llegaba de la mano de amigos o conocidos, que sabían de hombres que eran buenas personas, pero más bien «cortitos». Este testaferro, por lo general, era una persona sumisa, muy obediente, de una cultura más bien baja o nula. Nos servía incluso si tenía algún retraso mental, porque ni lideraba ni estaba al frente de ninguna empresa, y sólo lo necesitábamos para utilizar su nombre y su documentación.

Su presencia física sólo se hacía visible en las notarías para la creación o traspaso de la gerencia de empresas, o en las sucursales bancarias para la firma de los préstamos y líneas de crédito.

A su nombre solo poníamos algunas de nuestras empresas legales. Empresas que irían desapareciendo a medida que los préstamos adquiridos a través de ellas o las deudas contraídas con el Ministerio de Hacienda o con el Ministerio de Trabajo y Seguridad Social fuesen creciendo, puesto que la única finalidad de su creación era el lavado del dinero procedente de la prostitución y de la trata.

A este tipo de testaferro también lo poníamos al frente de los clubes, pero no de una forma activa, ni en la administración, ni tampoco en la gerencia. Su presencia en nuestros locales era necesaria tan sólo para tenerlos bajo control, sobre todo porque al ser personas psicológicamente manejables podían darnos problemas si no estaban vigilados convenientemente, y eran agasajados a todas horas con pequeñas dádivas que les ofrecíamos nosotros mismos o el encargado del negocio. Y siempre estaban bien aleccionados por nuestros abogados respecto a las posibles preguntas que les podían hacer la policía, los jueces o el Ministerio Fiscal.

Estos testaferros estaban en la organización desde su creación. Su sueldo era relativamente bajo, ya que solían ser personas desestructuradas y sin arraigo familiar, y creábamos con ellos un vínculo supuestamente afectivo. La realidad era que sólo los queríamos mientras los necesitábamos y que, a medida que iban desapareciendo de la organización por edad o por haber quemado su nombre ante todas las posibles administraciones del Estado, o agotado toda posibilidad de la utilización de su identidad, su presencia nos incomodaba por si dañaban o contaminaban la personalidad de los nuevos testaferros, y los queríamos fuera de nuestros locales. Si ya no nos servían, ¿para qué íbamos a aguantarlos ni un minuto más? En ese mismo instante los echábamos de nuestro lado y ellos constataban que las promesas que les habíamos hecho durante años no eran más que burdas mentiras que jamás cumpliríamos.

El otro tipo de testaferro era un profesional, un hombre con estudios medios o universitarios. Por lo general, era una persona inteligente, capaz de soportar cualquier tipo de interrogatorio y de convencer tanto a notarios y directores de bancos como a la mismísima policía.

Recibían en compensación un sueldo alto y una participación en los beneficios de la organización, al estar en la parte activa de la dirección. Y conocían, además de las empresas legales, las contabilidades de todo el entramado financiero de los clubes, donde se recogía el dinero procedente de la prostitución y la trata. También tenían acceso a los programas informáticos diseñados con las claves especiales que, cada noche, automáticamente, hacían los balances de todos los locales para presentar la triple contabilidad que manejábamos en ellos.

Eran hombres que asumían el riesgo siendo conscientes de lo que estaban haciendo y que estaban preparados para cualquier tipo de interrogatorio e incluso para un posible ingreso en prisión.

La confianza mutua era total. De su silencio dependía nuestra seguridad, como también su propio bienestar y el de su familia.

BANQUEROS

Como era de esperar, entre los parásitos que fueron llegando a los burdeles no podían faltar los directores de las sucursales bancarias y cajas de ahorro de la zona.

Buscaban dinero, claro. Y su procedencia les importaba poco.

Cuando abrimos por segunda vez nuestro primer club en Valdepeñas, en 1995, recuerdo las filas interminables que me tocaba hacer para cualquier ingreso por ventanilla. Nos devolvían los recibos del agua o de la luz del local por tres pesetas y nos trataban como si fuéramos insectos. ¡Como para pensar en esa época en solicitar un préstamo por pequeño que fuera!

Lo mismo pasaba cuando, tiempo después, empezábamos con la captación de las mujeres en Colombia. Nos exigían toda suerte de requisitos para poder enviar un giro a ese país. Tiempo después fuimos manejando poco a poco más activos, pero aun así nos devolvían los talones y los pagos a proveedores incluso por céntimos. No nos ayudaban nada, todo lo contrario. Y el motivo era que el director de la sucursal bancaria de entonces, don Carlos, consideraba nuestro negocio como un «farolillo rojo» —esas eran sus palabras textuales para definirlo—. ¡Y eso que él sólo sabía lo de la prostitución!

En la sucursal del banco de Valdepeñas también me tocaba esperar horas hasta ser recibido por don Antonio, otro director, que solía hablarme con tono displicente.

—Mire, Miguel, nosotros los banqueros somos banqueros, y Valdepeñas es una ciudad, pero para sus gentes todavía sigue siendo un pueblo, y su negocio no está muy bien visto...

Don Antonio me dijo todo esto mirándome con un desprecio evidente la primera vez y me lo repitió en un par de ocasiones más cuando solicité una cita con él para pedir un mínimo de compasión y que nos aplazaran algún pagaré, que naturalmente me devolvieron.

Cuando solicité a esta misma sucursal, donde teníamos una cuenta más o menos saneada, salvo momentos puntuales, nuestra primera terminal para tarjetas bancarias o TPV, la contestación de don Antonio no se hizo esperar.

—Mire, Miguel, en estos momentos es difícil que se lo pongamos, no es que no nos fiemos de usted, es que en sus negocios siempre tenemos problemas con las tarjetas, entiéndalo, las clonaciones de tarjetas están a la orden del día, pero tranquilo, que en unos días nos contestan y veremos si lo autorizan.

No lo autorizaron. Estuvimos esperando la TPV casi un año. Pero a pesar de tanta desidia por parte de estos señores sacamos el negocio adelante, porque empezábamos a ganar mucho dinero con la trata.

En un principio yo mandaba el dinero a Colombia desde los propios bancos, a mi nombre y a través de la cuenta que Universal de Envíos tenía en mi entidad bancaria. Cuando superé el máximo establecido por la ley, de doce mil euros, el banco me puso muchos problemas. Fue entonces cuando empecé a utilizar los distintos locutorios que había en el pueblo, que no eran tan exigentes con las normas de envío; aprendí a utilizar los diferentes pasaportes de las mujeres que teníamos en el club para ello. Pero un día, todo cambió. Nuestras cuentas ya no estaban saneadas, sino rebosantes. Y eso que en los bancos sólo guardábamos las migajas del pastel.

Una mañana, haciendo cola en la ventanilla del banco, don Carlos, el mismo director que hasta hacía poco nos devolvía los talones, salió a buscarme, me sacó de la cola y me acompañó a su acristalado despacho. Una vez en él, muy amable y solícito, me enseñó palabras nuevas y desconocidas para mí: remesas, imposiciones, cubiertos, descubiertos, tipos de interés, tantos por ciento... También, en menos de quince días, me proporcionó no uno, sino tres TPV.

Don Antonio, el otro banquero, giró desde su distante «banqueros, nosotros somos banqueros» a un rendido «nosotros somos amigos»... ¡Todo un cambio!

Donde antes no nos atendían, ahora abrían sus puertas de par en par, a cualquier hora de la tarde o de la noche, para recibir nuestro dinero.

—No hace falta que madrugues, Miguel —me ofrecían diligentes—, sé que trabajas hasta muy tarde. Tú me llamas, y lo que necesites; luego a la tarde, tranquilamente, ya cuadramos.

Ellos no querían mandar el dinero a los países de captación, porque los comprometía, pero sí querían gestionar el que teníamos en nuestras cuentas bancarias, sin importarles que tuviera que ver con la trata. Y como sabían que la parte sustancial de los beneficios reales del negocio no viajaba de vuelta a Colombia, sino que la escondíamos en caletas, su aspiración no era otra más que acceder a esa parte del botín para convertir en legales todos esos activos. Si nosotros sabíamos de explotación sexual y de esclavas, ellos eran los putos amos en todo lo que tuviera que ver con el dinero.

Me explicaron cómo funcionaba eso de la construcción, justo, además, en el mejor momento de la gran burbuja inmobiliaria. Me contaron que en la construcción podría invertir parte del dinero guardado y que no tendría ningún problema después para la venta de los inmuebles. Hasta me aseguraron que podríamos abrir agencias inmobiliarias para vender nuestras propias promociones, y que de esta manera blanquearíamos y triplicaríamos nuestro dinero con facilidad.

Me enseñaron lo que ellos llaman «rueda de talones» —sistema fraudulento para obtener financiamiento bancario gratis durante unos pocos días: consiste en ingresar en un banco A un talón con cargo a otro banco B en el que en ese momento no hay saldo, disponiendo seguidamente de ese ingreso en efectivo, que pasados unos días se ingresará en el banco B para tener fondos cuando llegue el talón de la Cámara de Compensación—, y los mejores días para llevarlo a cabo, en puentes y también en días justo antes de los festivos.

También me pusieron al día sobre cómo solicitar préstamos a los bancos a través de empresas más «saludables para la opinión pública». Me aconsejaron que los préstamos los pidiese a través de estas empresas y que los avalara con otras propiedades, también ajenas a nuestros clubes, aunque pertenecieran en realidad a nuestros propios negocios, que eran la fuente de todos los ingresos.

Estos préstamos los debía ir pagando con el dinero negro, poco a poco, en cuotas pequeñas, porque aunque pagábamos un interés —no muy alto, todo hay que decirlo—, también blanqueábamos todo el dineral escondido de cara a Hacienda. Me explicaron mil y una fórmulas más para blanquear los activos, como comprar décimos premiados de la lotería, sobre todo los extraordinarios como en Navidad, o comprar en subasta embargos inmobiliarios... En definitiva, me dejaron claro que si nosotros disponíamos de efectivo listo para entrar en todas las operaciones, eran tiempos muy buenos para este tipo de negocios, y contábamos con ellos, que eran los mejores asesores.

Y nos hicieron ganar mucho dinero. Porque si en los años más felices habíamos sacado unos pingües beneficios, en los tiempos de la gran crisis, junto a ellos, incluso los doblamos, porque surgían muchas más oportunidades.

¡Qué gente!, ¡qué barbaridad! Si nosotros abusando de las víctimas éramos unos maestros, ellos asesorando a sus clientes eran unos catedráticos. Formábamos un magnífico matrimonio de conveniencia, era «el hambre con las ganas de comer», o la «uña y mugre», que dirían las colombianas.

Una tarde, en la terraza del club La Rosa —el que tenía piscina interior, comedor privado y acceso directo a la *suite* Paraíso—, después de una buena comilona regada con abundante vino y licores celebrada entre un constructor, don Rubén —el joven notario recién llegado al pueblo— y don Antonio —el banquero—, decidieron pasar todos a la gran *suite*, acompañados por tres preciosas señoritas.

Yo me alarmé bastante, la verdad, pero no porque ocupasen los seis juntos la *suite*, sino porque aquel banquero tan alto como gordo, cuando se levantó de la silla con un enorme puro en la boca que hacía rato que se había apagado, y con la camisa completamente desabrochada hasta la cintura, iba dando tumbos por el comedor siguiendo a una joven y preciosa colombiana.

No había pasado una hora cuando la puerta de la *suite* se abrió de golpe para dar paso al banquero, ahora completamente desnudo y con un incipiente ataque al corazón. Mientras se derrumbaba en el suelo, no paraba de decir una y otra vez:

—No sé lo que he firmado, no sé lo que he firmado...

Inmediatamente llamé al 112 para que una ambulancia lo llevara directo al hospital.

También me asusté cuando días después me enteré de que lo suyo había sido una angina de pecho, pero más aún al saber que la Guardia Civil se lo había llevado desde el mismo hospital y lo había ingresado en prisión. Sólo me relajé cuando nuestro abogado me contó que no lo habían encarcelado por cosas nuestras, sino por otras muy parecidas. De todo eso y de algunos asuntos más hablamos largo y tendido don Antonio y yo en el patio de la prisión de Herrera de la Mancha, donde coincidimos años después.

La verdad es que, como siempre he tenido un humor muy negro, cuando bajaba hasta su patio solía decirle a modo de saludo:

—Don Antonio, «presos, nosotros somos presos».

Nuestros negocios siguieron viento en popa porque el sucesor de don Antonio se orientó desde el primer momento, y si él al principio nos recordaba con soberbia y altanería aquello de que ellos eran «banqueros», su sucesor quiso ser «amigo» desde el primer momento.

No todos los directores de sucursales bancarias o de cajas de ahorros eran como estos compinches nuestros. Es más, no resultaba nada fácil encontrarlos, pero una vez que conocías al primero, este te presentaba al resto. El dinero ayudaba mucho a hacer pandilla de secuaces.

De los otros, de los honrados, recuerdo el día que me presenté en una sucursal bancaria de Valencia con un testaferro para
solicitar la ampliación de una línea de descuento y un préstamo
de una de nuestras empresas pantalla, que hacíamos desaparecer
tras conseguir las solicitudes de los préstamos. Como siempre,
lo primero que hice fue seleccionar al testaferro, esta vez uno gil,
Pedrito, que ya lo habíamos utilizado en otra ocasión. Le coloqué
un buen traje —ni siquiera lo compré, pues era de uno de nuestros porteros—, lo llevé a la peluquería para que le hicieran un
buen corte de pelo y me dirigí con él a la sucursal bancaria, donde
el director nos esperaba. Al tomar asiento, hicimos las presentaciones. El testaferro tenía orden explícita de hablar lo estrictamente
necesario, pero tampoco hubiera podido hablar mucho más, porque para representar su papel se había tomado esa misma mañana dos tranquimazines, y si de natural era tonto de baba, con los
tranquilizantes era tonto del todo.

Al entrar en la oficina del director solté sobre la mesa las
escrituras y la documentación del señor Pedro, quien, cuando alcancé a mirarlo, ya se había desparramado en la silla frente al
director y estaba durmiendo a pierna suelta. Le propiné con disimulo un pequeño puntapié que le hizo dar un respingo en la silla.

—Pero ¿por qué me pega, señor Miguel? —me dijo con un
ligero tono de enfado.

El director de la sucursal se percató del estado de Pedro y,
muy amable, mostró su preocupación.

—¿Necesita algo?, ¿quiere algo? ¡Yo no lo encuentro bien a
usted! —dijo, amable y solícito.

—No se preocupe, don Pedro está bien. Un poco cansado,
nada más. Es que acabo de recogerlo del tren... —respondí yo
con rapidez.

El director, muy extrañado por el comportamiento de Pedrito, le preguntó a él directamente.

—¿Es usted el presidente de la compañía? ¿Para qué necesita el préstamo y la línea de descuento?

—Yo soy el gerente, el gerente... —repuso él—. ¿Dónde hay que firmar?, porque yo he venido a firmar.

Pedro dijo esto muy serio, para acto seguido comenzar a reír y reír casi con hipidos.

—Mire usted —soltó el banquero con firmeza, mirándome a mí—. Esto yo no lo veo serio, mejor vengan otro día.

Inmediatamente y sin mediar palabra, le pasé una tarjeta de una mujer, apoderada de otra sucursal del mismo banco pero en Castellón, y le rogué que la llamase. El hombre no daba crédito: la tarjeta que le acababa de entregar era de su propia mujer.

El director salió por unos minutos del despacho mientras yo le daba un par de collejas a Pedrito, que estaba totalmente fuera de control con su risa floja. Al regresar, me dedicó una gran sonrisa y nos aprobó lo que solicitábamos. No es que hubiéramos hecho ningún chanchullo con su mujer, simplemente éramos buenos clientes de su sucursal, porque en Castellón teníamos un macroburdel con muchos empleados y, por tanto, una cuenta corriente muy saneada.

Al salir del banco, el bobo de Pedrito, aún atontado, no se había enterado de nada.

—Señor Miguel, ¿a que lo he hecho bien? —me preguntó con inocencia. Y añadió—: Entonces ¿el gimnasio también es mío?, ¿y los terrenos?

—Sí, Pedrito —mentí yo sonriendo—, y las pistas de tenis también son tuyas... Y para Navidad te compraré un jamón.

De la mano de estos directores de entidades bancarias conocimos a nuestros padrinos de esta gran boda: los notarios. Como dice el refrán: «Dios los cría y ellos se juntan». O quizá cuadraba mejor la otra versión: «Dios los crea y el diablo los junta». El caso es que nosotros íbamos conociendo al pequeño ramillete de delincuentes que existe en cada una de estas profesiones, todos imprescindibles para el desarrollo de nuestra actividad.

Lo más gracioso es que, en esa época, la única honradez que nos encontrábamos estaba en Hacienda, donde no querían nuestro dinero. O al menos eso parecía, porque, cada año, cuando hacíamos la declaración de la renta, nos lo devolvía...

NOTARIOS

Don Ramón, aparte de ser notario de profesión, era un putero, putero. Yo lo conocí primero como cliente, de los de primera hora, tres días a la semana. Era un soltero empedernido. Llegaba al club, se ocupaba con distintas mujeres, pagaba y listo. Poco ruido, poca broma, mucha disciplina en su comportamiento extralaboral y toda la virtud en su trabajo, donde era un hombre honrado y muy estricto.

Su notaría estaba ubicada en el centro del pueblo y a él, al contrario que a los otros profesionales que se fueron presentando solitos, tuve que ir a buscarlo yo a su despacho cuando nos apremiaba la necesidad de recopilar los papeles y certificados que nos solicitaba don Julio, nuestro abogado. Eran muchas las gestiones que teníamos que hacer en la notaría. Entre ellas, esas cartas de invitación que debíamos rellenar para poder traer a las mujeres colombianas, que era necesario firmar en la notaría con la presencia *in situ* del «invitador» oficial. Justo en aquel momento comenzábamos a abrir todos los grandes locales y necesitábamos traernos a muchas mujeres colombianas como fuera. Y aunque ese método de las cartas de invitación no nos resultaba especialmente rentable, por lo lento y lo complejo y por las huellas que dejaba, como aún no conocíamos todas las posibilidades para obtener la visa de las autoridades de aquel país y nos urgía un gran número de chicas no nos quedaba más opción que utilizarlo.

Las cartas, una vez rellenadas y firmadas por el notario, tenían que ser remitidas por la empresa UPS directamente a Colombia. No podíamos hacer más de diez o doce invitaciones de una vez, lo que suponía una cantidad ridícula, teniendo en cuenta el número de víctimas que se requerían para cada uno de nuestros locales abiertos y los que estaban a punto de abrir sus puertas, pero no teníamos más remedio que jugárnosla con cada invitación. Especialmente yo, porque la víctima viajaba con la carta donde figuraba mi nombre, amén de quedar registrado en la propia notaría.

A la de don Ramón fui tras sufrir una redada, porque era muy urgente que hablara con él. Me hacía falta mucha documentación para presentarla ante el juez de instrucción número 1 de Valdepeñas. Y él era la única vía que tenía para conseguirla.

Los papeles que previamente me había solicitado don Julio eran cartas de invitación, cartas de parejas de hecho o de convivencia, declaraciones juradas de peticiones de asilo político o intento de arraigo en España, por ser víctimas perseguidas y amedrentadas por las FARC o de las autodefensas colombianas —grupos guerrilleros que obligaban a las víctimas a realizar unos desplazamientos masivos de población—... Obviamente, en la mayoría de los casos eran mentiras que no podríamos demostrar.

Don Ramón me recibió muy amable en su despacho —no en vano nos veíamos casi a diario en el club—. Le conté todo lo que demandaba nuestro abogado y la urgencia con la que lo necesitaba. El notario escuchó paciente mi relato, pero al minuto me contestó sin asomo de duda.

—Mira, Miguel, yo no puedo hacer lo que me pides, ni es ético ni es legal.

—Don Ramón, si no hace daño a nadie —insistí yo—. Usted me prepara la documentación que yo le traiga, la firma, me dice lo que le debo y aquí paz, todos contentos, y cada uno a lo suyo...

—Que no, Miguel, que no. Sabes que soy buen cliente vuestro y sé de las deudas de las mujeres... Lo que me pides es una prolongación de estas. No, Miguel. No es que no pueda, es que, sencillamente, no quiero.

—Don Ramón —dije, subiendo el tono y poniéndome en modo barriobajero—, no es lo que usted quiera o deje de querer, es sencillamente lo que tiene que hacer... Por cierto... —añadí tras una incómoda pausa—, ¿cómo le va con Paquito el gestor y la nueva promoción de viviendas de Fernández?

Fernández era un constructor que estaba considerado como el cacique del pueblo y Paquito el gestor, su asesor financiero. Yo no tenía nada de ellos, ni bueno ni malo, pero sabía que, de las dos notarías que había en el pueblo, ellos trabajaban con la de don Ramón, y que si Fernández para muchos era el verdadero alcalde del pueblo, por lo que mangoneaba y conocía de todo el mundo, algo tendría que conocer del notario, de compras o ventas, o de algún chanchullo. Sin más, me tiré a la fosa, con mucho postureo, pero sin agua.

Don Ramón cambió la cara, bajó por unos instantes el mentón, respiró profundamente y después volvió a mirarme a los ojos con seriedad.

—Bueno, Miguel, vale. Habla con Juanito, mi secretario. Tal vez él llegue donde yo no deseo llegar.

—Gracias, don Ramón, verá cómo nos entendemos.

Si don Ramón el notario era putero, pero correcto, Juanito, su secretario, no era nada putero, de hecho nunca lo vi en el club, pero sí una persona fácil de comprar y, como solía decir el Dandy, «con el corazón en la espalda». El secretario de la notaría era un hombre alto, muy serio, eficiente y con la titulación de abogado. Era su mano derecha.

—Mira, Miguel, te voy a preparar las cartas y documentos que necesitas —me explicó en un segundo—. Tráete a las mujeres pasado mañana por la tarde a última hora, con los pasaportes, alquileres de pisos, recibos de luz y agua, todo lo que tengas de ellas, y cuando tenga lista la documentación, vienen y la firman. El importe será de cincuenta euros por cabeza, por cada mujer. Esta cantidad es para los gastos de notaría y del registro de la documentación. Yo te cobraré por la gestión ciento cincuenta euros aparte por cada una, ¿te parece bien?

—Sí, perfecto —acepté yo—. Doscientos euros por cada mujer es una buena cifra para empezar. Luego, sobre la marcha, vamos viendo, Juan. Y si ellas preguntan por el precio, les dices que yo ya me entiendo contigo.

Don Ramón dejó de ir al club, no lo volvimos a ver más por ninguno de los locales de Valdepeñas. Supongo que en la conversación que mantuve con él pudo intuir el chantaje y la mala hostia que nos gastábamos. Con su secretario, por el contrario, los negocios en los que trabajábamos día tras día nos fueron uniendo cada vez más. Eso y la gran cantidad de dinero que le entregaba por cada documentación de las mujeres que le iba solicitando. Una auténtica oportunidad para él, que fue creciendo a medida que mis abogados solicitaban más y más documentación para engordar los expedientes de cara al juzgado, retrasar las resoluciones desfavorables de expulsión de las incautas víctimas de trata y poder prolongar en el tiempo la explotación de las mismas.

En cuanto don Ramón se jubiló, apareció un nuevo fedatario para reemplazarlo, don Rubén, un joven notario procedente de la provincia de Jaén que se hizo cargo de la notaría. A partir de entonces empezamos a ganar dinero de verdad, no sólo con los chanchullos de las mujeres, sino también con la compra de inmuebles y la gran facilidad que nos ofreció para escriturar en negro las compras y las ventas de terrenos adquiridos y pagados con las ganancias de la trata.

Don Rubén era un personaje característico de la llamada «cultura del pelotazo». Elegante, buenos modos, buen coche con chofer, buenos trajes, buen whisky y mejores *escorts*, que era como él llamaba a las putas.

Lo conocí de la mano de Juanito, quien, a pesar de la jubilación del anterior notario, se quedó como secretario en la notaría y siguió siendo la mano derecha del nuevo. Si con el antiguo notario las cosas se hicieron de una manera camuflada o con el pensamiento de «ojos que no ven, corazón que no siente», con don Rubén todo parecía más normal. Si al primero le importaba «el qué dirán», a este joven notario le importaba más el dinero. Me recordaba a la sinceridad y honestidad del político que dijo aquello de «yo estoy en política para forrarme».

El nuevo notario muy pronto se convirtió en un buen cliente nuestro, de diario, de lunes a viernes. Rara vez era la tarde que no pasaba por el club grande, siempre acompañado de algún nuevo rico de los llamados «del ladrillo». Don Rubén terminaba de cerrar los negocios en nuestro burdel con supuestos constructores y dueños de agencias inmobiliarias, todos nuevos ricos, que más que vender promociones de departamentos o adosados lo que hacían eran ofertas a los dueños de terrenos, parcelas, viñedos, bien recalificados o con fácil posibilidad de que se recalificaran, donde más adelante supuestamente construirían urbanizaciones ajardinadas con piscina o bloques de departamentos. Sin embargo, tales construcciones, una vez aprobados los préstamos multimillonarios por los bancos para llevarlas a cabo, se paraban y las obras quedaban abandonadas.

Juanito me tenía al día de las andanzas del joven notario. Lo hacía por puro compadreo y para no perder su fuente de ingresos, ahora que ya parecía fácil la complicidad directa del notario, sin intermediarios.

Realmente eran tiempos locos, que daban cabida a todos estos personajes, pero la tarde en que me di cuenta en realidad de la clase de tipo que era el notario fue cuando, en la barra del club, con unos Chivas de más, me contó todo lo referente a la nueva promoción de viviendas que habían construido en el pueblo y que dejó a la mayoría de nuevos ricos en la ruina o, como poco, en la misma línea de salida de aquellos tiempos previos a los de la bonanza. El notario, sin pestañear y sin sufrir en absoluto por aquellos con los que tantas veces había comido o compartido farra y putas, me lo confesó todo sonriendo.

—Que sí, Miguel, que al final el dinero es para nosotros, los mismos, los que siempre lo hemos tenido. Estos tienen que volver al tractor, los Mercedes les vienen muy grandes —me dijo en tono jocoso. Tanto, que pensé que era el momento para plantearle algo que llevaba tiempo queriendo exponerle.

—Una cosa, don Rubén. Nosotros tenemos que crear unas empresas nuevas. También alquilar estos locales —dije señalando el club— a segundas o terceras personas. ¿Cómo lleva usted el tema de los testaferros?

Siempre que hablaba con alguna persona y dejaba caer el soborno o la corrupción, antes había estudiado al tipo y la manera de abordarlo; no lo hacía sin antes conocer a fondo su manera de ser, sus aficiones, su familia... Una vez que decidía su idoneidad —no me equivocaba casi nunca— iba directo al grano, sin medias tintas.

—Muy sencillo. El testaferro viene con su documentación —contestó don Rubén tan tranquilo—. Le leemos la constitución de la empresa para que sepa que, en caso de alta y de baja, debe asumir la deuda o reconocimiento de esta, lo firma y todo legal... Ah, Miguel, lo que estés haciendo con Juan —prosiguió el notario— sigue haciéndolo con él, y estos asuntos nuevos los arreglamos entre nosotros.

Así fue como empecé a trabajar directamente con el notario en esa zona. En Valencia, Barcelona, Tarragona y Madrid teníamos —y tienen en la actualidad mis socios— tipos de la misma calaña.

Con don Rubén ya todo era tan normal que lo nuestro era puro descaro con todo: desde el *casting* de testaferros que pasaban por su notaría hasta los nombres de las empresas que le presentábamos, totalmente ridículos, que poníamos en un minuto antes de entrar a firmar, como «Nohaymalqueporbienovenga, S. L.». Precisamente en esta sociedad debíamos una cantidad muy importante tanto a Hacienda como a la Seguridad Social, así que tuve que buscar un testaferro para que asumiera como gerente las deudas contraídas, a cambio de tres mil euros y un coche de segunda mano de seiscientos euros.

Don Rubén y yo cerramos, en la barra del club, el día que debía presentarme en su notaría con el testaferro indigente recién salido de la cárcel de Herrera, donde estaba cumpliendo condena en tercer grado. A este hombre incluso le hacíamos un favor, porque no tenía dónde caerse muerto.

El día señalado, a última hora de la mañana, llegamos al despacho del notario el Chepa, el testaferro indigente, que se llamaba Tomás, y yo. Una vez sentados a la mesa alargada presidida por don Rubén, este procedió a leer al testaferro la situación real de la empresa que él debía ratificar con su firma como nuevo gerente. A medida que don Rubén leía las múltiples deudas de nuestra empresa, el testaferro indigente empezó a sentirse mal. Primero empezó a toser un poco, con una tos muy seca. El notario, que ante todo era un caballero, le ofreció una botella de agua. Esa tos seca pero leve dio paso a un dolor agudo en el pecho y a una respiración muy pausada, casi jadeante, con sudores fríos que corrían por su frente. El pobre hombre, lívido y sudoroso, se aflojó el nudo de la corbata, con estampado de pequeños roedores, que unos minutos antes le había comprado yo mismo en una tienda de los chinos, y cayó desplomado, aunque consciente, en el suelo de parqué de la noble notaría, con un ataque al corazón, según nos dijeron un rato más tarde los paramédicos. Eso sí, antes de que se lo llevaran hizo la última cosa que tenía pendiente y firmó el cambio de titularidad de la empresa.

—Miguel, este tío se muere —dijo el Chepa, sin agacharse siquiera a mirar al pobre testaferro indigente—. Pero, antes, que firme, ¿no le parece a usted, don Rubén? Yo creo que le da tiempo.

—Hombre, qué queréis que os diga, yo lo veo muy mal —contestó el notario, mirando al pobre hombre también desde su altura.

—¿Sí?, ¿usted cree, don Rubén? A mí no me lo parece —intervine yo, agachado y cogiendo entre mis manos la cabeza del hombre, que apenas exhalaba pequeñas bocanadas de aire como los peces—. Total, ya hemos llamado a la ambulancia, sólo queda esperar a que lleguen los paramédicos, pero, mientras, que firme, dejamos todo cerrado y así el Chepa y yo acompañamos a nuestro buen amigo Tomás al hospital... Esto debe de ser porque no ha desayunado. Nada que un cafecito y un donut no curen.

El hombre firmó. La empresa hoy en día sigue a su nombre y, por supuesto, también las deudas... El notario cobró lo suyo y el indigente también —porque nosotros somos así, nos gusta cumplir y que nos cumplan—. Hacienda y la Seguridad Social ya le cobrarían a don Tomás, que en ese mismo instante se convirtió en todo un empresario, con una deuda de casi cien mil euros al Estado... O lo intentarían, claro. Porque a ver de dónde iba a sacar el dinero para pagarlas...

Algunas de nuestras empresas superaron incluso el millón de euros en deudas al Estado. Muchas de ellas fueron investigadas, sancionadas y dadas en quiebra, pero eso sí: todas ellas siguen funcionando en la actualidad con los mismos gerentes y dueños.

Si es que entre banqueros, notarios y abogados, como entre bomberos, jamás se pisan las mangueras.

ABOGADOS DE DERECHO CIVIL

La delincuencia va siempre por delante de la justicia, y nosotros siempre estábamos asesorados por abogados que, en cuanto la ley nos igualaba o atacaba los métodos que empleábamos e interponía una denuncia, nos indicaban, en menos de veinticuatro horas, cómo corregir la situación. El motivo de la denuncia de un día, al siguiente quedaba subsanado y todo comenzaba a organizarse de una manera distinta hasta que la policía lo volviera a descubrir y hubiera que enmendarlo de nuevo.

De la mano de los notarios conocimos a otra clase de abogados, los especialistas en derecho civil. Si ya no nos asustábamos ante los de derecho penal porque sabíamos que no eran mala gente, tan sólo unos chupasangre con las víctimas, tampoco lo íbamos a hacer con estos, que no eran distintos en su comportamiento con nosotros. La única diferencia entre unos y otros era que, a diferencia de los primeros, a los de derecho civil no les interesaban las víctimas ni sus circunstancias. Tan sólo les atraía nuestro dinero.

278

Al principio se encargaban sólo de nuestras empresas legales, las relacionadas con el suministro de nuestros burdeles, donde revisaban las facturas de compra y venta. Más adelante, cuando creamos las inmobiliarias para controlar los alquileres de nuestros clubes, y también a los testaferros que poníamos al frente de estos, también se ocuparon de ellas: de los contratos de arrendamientos, de la compraventa de las viviendas y locales que edificábamos, de las hipotecas...

Nos explicaron que el secreto para que todo fuese legal estaba en que las empresas que montáramos deberían ser las mismas que nos sirviesen y suministrasen lo que necesitáramos, pero facturando exclusivamente lo que nuestros locales declarasen. El resto debería ir todo en dinero negro.

Nos enseñaron que las viviendas que habíamos construido debían ser vendidas a personas indigentes o a empleados nuestros, para que más adelante, cuando estos supuestos compradores dejaran de pagar el préstamo hipotecario voluntariamente, nosotros ya hubiéramos cobrado la totalidad de la venta del inmueble a través de los bancos, con la complicidad del director de la sucursal. Después, cuando esa vivienda saliera a subasta pública por el impago de la hipoteca, nosotros la volveríamos a comprar, esta vez a un precio muy por debajo de su valor.

De todas estas gestiones relacionadas con la construcción y la compra de inmuebles en subasta pública se encargaría, junto con los abogados, nuestro asociado de Lleida, cuya empresa de promociones y construcciones tenía una gran cantidad de bloques de viviendas y departamentos en venta. El leridano era un exmacarrón y ahora tratante de mujeres paraguayas y brasileñas, que prefirió desde el primer momento no diversificar y crear empresas de servicios, sino dedicarse al ladrillo como forma de inversión y para el lavado de los activos que generaban sus macroburdeles.

Don Toño, *el del puro*, como lo apodábamos siempre, tuvo muy buena mano para los negocios de este tipo. Este, que tenía su yate fondeado en Puerto Banús, recibía y agasajaba en él al director de la sucursal bancaria de Lleida, donde nos concedían los préstamos hipotecarios para nuestros compradores y también los avales para nuestras empresas. En ese ambiente tan distendido y sofisticado del yate, el director de la sucursal, ahora sin corbata y en traje de baño, no nos decía que no a nada.

Por Navidad, este siempre esperaba el gran baúl de productos navideños que don Toño le mandaba, amén de su correspondiente sobre de beneficios que yo le llevaba personalmente a su chalé de Parets del Vallès.

Todo esto, por supuesto, lo gestionaban nuestros abogados expertos en derecho civil, que eran quienes se ocupaban, además, de los contratos. Ellos conocían todas nuestras actividades, incluida la existencia de las más de veintisiete empresas registradas a nombre del Dandy como administrador único en diferentes registros mercantiles. Unas empresas que sólo se utilizaban para el blanqueo de capitales...

En las investigaciones y registros judiciales llevados a cabo por la UDYCO (Unidad de Drogas y Crimen Organizado) se encontraron armas y balances contables de dinero negro procedente de las distintas empresas legales y clubes. Tales hallazgos originaron las detenciones e ingreso en prisión de los directivos y testaferros, que iban a la cárcel en nuestro lugar. Nuestros eruditos abogados siempre encontraban la manera adecuada tanto de desmantelar y crear nuevas empresas para seguir con el entramado financiero como de evitar el ingreso en prisión de los destacados amos de la prostitución y la trata sin que tuvieran que desvincularse de las compañías.

La empresa Inversiones Camolia S. L., situada en Cambrils (Tarragona), era la sede social oficial de nuestra organización, desde donde se controlaba la contabilidad, pero también las distintas gestiones de todo el entramado financiero de las empresas pantalla de los clubes y del dinero procedente de la trata y prostitución. Esta sociedad fue intervenida y en el registro encontraron tanto irregularidades en los balances como la verdadera y la falsa contabilidad, además de varias armas. La investigación se saldó con la detención del principal testaferro, el directivo y gerente de la empresa de las TPV.

Tras esa detención decidimos cerrar la compañía y trasladar la sede central de nuestra organización, con exactamente las mismas actividades, a otra que creamos con nuevos testaferros en Castellón, y nuestros abogados aconsejaron al Dandy que saliera del país y se fuera al norte de Portugal, donde se podría empadronar y comprar propiedades mientras el asunto se enfriaba. El Dandy obedeció y se marchó, dejando en manos de Luis, el hombre de confianza que años atrás le recomendé como conductor y que desde hacía mucho era su mano derecha, un depósito de ciento cincuenta mil euros en metálico, por si él era detenido en la huida hacia Portugal y era necesario pagar una fianza.

Como era de esperar, todos estos servicios y gestiones engordaban las minutas y facturas de nuestros abogados.

Para nosotros, sus gestiones y consejos eran muy importantes, pero para ellos suponían una fuente de ingresos de tal calibre que ni se les pasaba por la cabeza prescindir de ella.

Nuestras empresas tenían nombres distintos y estaban inscritas en diferentes registros mercantiles, pero todas estaban relacionadas entre sí, no sólo porque todas sirvieran para el control del dinero y su lavado, sino porque todas contaban con el asesoramiento de los mismos contables licenciados y abogados, y también porque, en todas, manejábamos programas informáticos, con claves especiales en cada club, para el cierre diario de las cajas, que se efectuaban sumando y descontando los tantos por ciento de las recaudaciones diarias, con la triple contabilidad.

Toda esta fauna de profesionales era la que nos permitía ir por delante de la ley. Su silencio y su doble moral les hacía ser como nosotros. La única diferencia es que yo nunca engañé a nadie: entonces era lo que era, y hoy en día soy lo que soy.

TAXISTAS

En todos nuestros clubes, además de utilizar a nuestra propia gente de seguridad para los desplazamientos, también contábamos con la colaboración de algunos taxistas de nuestra entera confianza. Los utilizábamos para el traslado de las mujeres de unos locales a otros, e incluso para las salidas que hacían ellas a petición de clientes también de mucha confianza.

Estos taxistas nos hacían un doble servicio porque, además, por su cuenta, hacían un trabajo psicológico durante los trayectos con las chicas, a las que contaban historias, supuestamente inocentes, que contribuían a que temieran aún más.

A cambio de unos míseros viajes, los taxistas nos informaban de la personalidad y dudas de la víctima por una parte, y por otra nos acercaban clientes a los locales, por lo que recibían una pequeña comisión.

Parece una tontería, pero como tanto las mujeres como los clientes creían que los taxistas estaban muy alejados de nosotros, de nuestra organización y de nuestras actividades, sus comentarios con ambos nos resultaban muy beneficiosos, ya que ayudaban a fortalecer el pánico de ellas y el respeto de ellos. Y, encima, nos proporcionaban información valiosa sobre todos.

Una noche, en una de mis visitas al club de Denia durante mis rondas por los diferentes locales de nuestra propiedad, me encontré a mi socio el Chepa muy preocupado. Salimos del local juntos y fuimos a tomar un café a un lugar cercano al burdel. Ya a solas y fuera de nuestro negocio, me confesó sus cuitas.

—Fernando el taxista dice haber visto a la Patata —Aline— hablar mucho en la estación con unos secretas —me dijo.

—Y bien, ¿qué pasa?, ¿qué problema hay?, ¿has hablado con ella? Ya sabes que Aline es de mi entera confianza, no en vano la traje yo aquí —respondí yo, molesto.

—Miguel, sé que tienes aprecio a esa mujer, pero creo que es mejor matarla —soltó el Chepa de golpe.

—Déjate de tonterías, coño, Chepa... La Patata es una tía seria y nos tiene aprecio —empecé yo.

—Ya, Miguel, lo que tú quieras... —cortó él—, pero esa tía sabe mucho de nosotros, demasiado. Además, el Dandy está de acuerdo.

Pagué los cafés de inmediato y lo agarré del brazo para sacarlo de allí casi cargando.

—Sube al coche —ordené—, vamos a dar una vuelta.

Me dirigí al club y, al llegar, le dije al Chepa que esperara dentro del coche mientras yo entraba al pequeño almacén de las herramientas y agarraba una pala. Salí de nuevo al estacionamiento, donde me esperaba mi socio, abrí la cajuela y puse la pala en el interior.

Serían las dos o dos y media de la madrugada cuando salimos del club rumbo a un chalé que teníamos a las afueras, una casa de campo rodeada de viñedos. Estacioné allí, en mitad del campo, mi Audi último modelo y le dije al Chepa que me acompañara a dar un paseo. No habíamos recorrido ni un par de metros cuando me paré en el primer montículo de arena que encontré tras salir del vehículo.

—¿Qué te parece aquí? ¿O allí? —dije, señalando un lugar algo más alejado.

—¿El qué, Miguel? —dijo el Chepa, desconcertado.

—¡Qué va a ser! ¡El agujero, cojones! Habrá que enterrar a la Patata, ¿no?

—Muy a la vista —me contestó el Chepa con toda tranquilidad.

—Entonces, ¿qué te parece bajo ese olivo?

Mi socio contemplaba incrédulo mi cambio de actitud, pero es que yo me había dado cuenta de que eso era lo que querían y tenía que bandear el asunto como fuera.

—Vale, ve al coche por la pala —dije señalando el automóvil—, la tengo en el maletero. Tu cavas hoy una mitad del hoyo y el Dandy que venga mañana y cave la otra mitad.

El Chepa me miró con más detenimiento y percibió mi ironía, también mi enfado, que iba creciendo por momentos. Sacó su celular y llamó al Dandy para decirle que yo no estaba de acuerdo con esa decisión de matar a la Patata que ellos habían tomado a mis espaldas.

—Pregúntale si os falta valor para matarla o cojones para hacer el hoyo —dije ya casi gritando.

El Chepa, muy nervioso ante mi actitud tan bronca, apenas articulaba palabra. El silencio de la noche se volvió casi palpable en contraste con mi voz, cada vez más alta y amenazante.

—A mí me sobra valor y cojones para las dos cosas. No tengo nada que demostraros porque ya sabéis que he hecho ambas cosas en otras ocasiones, cuando ha sido necesario y lo merecían, pero jamás con una persona inocente.

El Chepa asintió con la cabeza. Con ese gesto, de nuevo en silencio, me daba su palabra, en aquella noche oscura, de que nunca se volvería a tocar ese tema.

Al día siguiente hablé con *la Patata* y me confesó, sin rubor alguno, que en efecto había hablado con esos policías y que eran secretas, pero que lo único que quería al acercarse a ellos era información para poder traer a su hijo. Nada más.

A Aline no la mataron mis socios aquella noche, lo hizo, como ya *he contado*, ese coche que la atropelló accidentalmente cuando iba a sacar la basura del club. Sentí profundamente su muerte. Nunca me hubiera perdonado su asesinato.

Este tipo de taxistas, por un puñado de euros, ofrecían cualquier información para demostrar su falsa lealtad; y eso que eran conscientes de nuestra pasta de hijos de puteros... Aun así, colaboraban con nosotros, siendo nuestros ojos y oídos, transportando al cliente al «séptimo cielo» —así llamaban a nuestros locales—, aconsejando a las mujeres que pagaran su deuda y engañándolas al asegurarles que habían caído en buenas manos —las suyas— y que podrían contar en cualquier momento con su ayuda: la de un trabajador autónomo y honrado que nada tenía que ver con la organización para la que iban a trabajar. Como una vez más los elegíamos nosotros, ya nos ocupábamos de que fueran de esos que, en cuanto alguna mujer los llamara para pedirles que le echaran una mano en un posible plan de fuga, no tardaran ni un minuto en contactar con nosotros para contarnos todo y recibir el dinero correspondiente a cambio.

Entre las frases habituales que los taxistas dedicaban a las mujeres en sus primeros viajes estaban algunas como estas:

«Señora, este es un club muy bueno y serio.»

«Niña, qué suerte ha tenido usted de haber topado con estos señores.»

«Mujer, haga caso a esta gente, que ellos le arreglaran los papeles si se porta bien.»

«Eso de denunciar ni lo piense, señora, mire que no es usted la primera que lo insinúa.»

Para engañar a los clientes, utilizaban otras frases distintas:

«Caballero, ya verá qué gran club, y qué material de primera.»

«Señor, nada que ver con lo que cuenta la televisión de estos señores.»

«Caballero, que yo bajo y subo a las mujeres del club y son libres como el viento, créame.»

Otra anécdota muy significativa con otro miembro del gremio de los taxistas sucedió una madrugada, cuando Valeria, una chica colombiana de tan solo dieciocho años, llamó a mi celular desde Berna (Suiza) hecha un mar de lágrimas y aterrada. La habían devuelto los de inmigración, desde Francia, antes de tomar el tren bala con destino a Barcelona. Al parecer la habían atrapado por no hacer caso al revisor y no pasar al vagón restaurante cuando este se lo indicó.

—Don —decía la joven, llorando por el teléfono—, que me ha devuelto a Suiza la policía de Francia por no tener visado.

Apenas se entendía lo que decía entre el marcado acento colombiano, el llanto y los suspiros. Era una niña y estaba más atemorizada por no haber estado atenta con las indicaciones del revisor que por su situación y por estar perdida y sola en Suiza.

—No me deje por acá, Don, por favor, se lo suplico —me pedía sin dejar de llorar y gemir.

Por esa época solíamos darles a todas las mujeres que viajaban un número de teléfono para que, en caso de emergencia, nos pudieran llamar. Era un número de prepago, de los que no dejaban rastro, que vendían sin presentar ningún tipo de documento identificativo. Nosotros los usábamos y los tirábamos una vez que se agotaba el crédito o los veíamos demasiado *quemados* hasta los atentados de Atocha en Madrid, donde perdieron la vida tantos inocentes. A partir de entonces tuvimos que abandonar este método, porque ya no se podía obtener ninguna tarjeta para un teléfono celular sin la correspondiente identificación personal o de la empresa.

—Tranquila, señora —le dije a Valeria—, que yo no la dejo morir en Suiza. Acérquese a la parada de taxis y búsqueme a cualquier taxista que hable el español. Pero antes se me calma, ¿eh? Páseme al taxista al teléfono y dígale que está su papá al otro lado de la línea telefónica.

Yo sabía perfectamente que en esa parada siempre había muchos taxistas de nacionalidad española; si en ese momento no hubiera habido ninguno en la cola, hubiese sido cuestión de tiempo que llegase.

Una vez que Valeria lo localizó, me lo pasó.

—Buenas noches, señor. Mire, soy el padre de Valeria y se me ha quedado tirada en su país. Ella le entregará los mil quinientos dólares que lleva encima y yo aquí, cuando llegue con mi querida hija, se los doblaré. Puede usted tranquilamente registrar el equipaje de la chica, verá por usted mismo que no es un asunto de drogas ni nada que se le parezca. Como comprobará, mi hija está sola, muy asustada, en un país que no conoce y con un idioma que no domina, y esta es la llamada de auxilio de un padre. Si usted tiene hijos, seguro que me entiende. Estoy desesperado, amigo mío.

Media hora después, el taxista salía desde Suiza rumbo a Barcelona para encontrarse conmigo en la autopista AP-7, a la altura de Molins de Rei, donde habíamos quedado.

Cuando llegaron al área de servicio, el primero en bajarse del coche fue el propio taxista, antes de que a Valeria le diera tiempo a abrir la puerta. Muy chulo y seguro de lo que quería decirme, empezó a hablar, sin siquiera saludarme.

—Sé de qué va todo esto. Tú no eres su padre... O me das el doble de dinero o voy a la policía a denunciarte —soltó el tipo.

Yo llevaba en el bolsillo de mi chamarra los mil quinientos dólares que había acordado pagarle, además de los que le había entregado en Suiza Valeria, que eran los que llevaban en concepto de bolsa de viaje todas las víctimas. Pensaba pagar religiosamente lo pactado a la entrega del «paquete», pero aquel tipo se había equivocado en tratar de chantajearnos a nosotros, que éramos unos expertos. Sin contestarle, hice un gesto con la mano y, a los dos minutos, ante la sorpresa del taxista extorsionador, otro coche con Mario y Luis dentro se puso delante del suyo impidiendo la salida de su taxi. Nosotros no solemos ir solos y, dependiendo de cómo se desarrolle la situación, con un simple gesto nos basta para atajar el problema de una u otra manera.

Mario y Luis se bajaron rápidamente del vehículo y se colocaron uno a mi derecha y otro a mi izquierda. Ambos jóvenes habían empezado con nosotros de porteros, pero por sus propios méritos ahora ocupaban puestos de responsabilidad y confianza dentro de la organización. Eran dos hombretones de mi estatura más o menos, alrededor de un metro ochenta y cinco centímetros, con cuerpos trabajados durante horas en el gimnasio, con la ayuda de esteroides anabolizantes. Lucían tatuajes por todas partes: símbolos tribales polinesios que asomaban por el cuello de sus camisas para perderse entrelazados por el torso y todas sus extremidades. Estos tatuajes estaban muy de moda entre nuestros porteros y personal de seguridad, todos con cuerpos parecidos, y contribuían a que su apariencia resultara aún más impresionante y provocara no sólo cierto respeto, sino casi terror a quienes pretendían enfrentárseles. En ese momento, su oponente no era otro que ese osado chantajista de tan sólo metro y medio. Y estaba cagado. El asunto le quedaba grande, se le escapaba de las manos y ya no sabía ni qué decir ni qué hacer.

Yo sonreí al verlo tan insignificante y le tomé el relevo en lo que a altanería se refería.

—Mira, te iba a pagar lo acordado —le dije sin dejar de clavar mis pupilas en las suyas—, como lo hacemos con todo el mundo, pero ahora te vas a ir por donde has venido y con las manos vacías... Así que ya me estás devolviendo los mil quinientos pavos que te ha dado mi queridísima hija —el hombre, con mucha celeridad, sacó el sobre con el dinero del bolsillo interior de su cazadora. Sonreí con condescendencia—. Bueno, como estoy magnánimo esta noche, te voy a dar calderilla para la gasolina de regreso. Como ves, yo tengo tu nombre y tu número de matrícula. Y te puedo localizar a ti y a tu familia muy fácilmente en Suiza... Así que ahora te largas, y, como según tú ya sabes de qué va el asunto, en el peaje tienes a la patrulla de la Guardia Civil por si quieres contárselo.

Nunca supe nada de aquel taxista. Está claro que listillos los hay en todas las casas y en todas las profesiones.

OPERACIÓN ILUSIONISTA

Decía mi mentor que el dinero, el sexo y las drogas rompen todas las voluntades y doblegan a todas las personas, pero creo que el

Flaco estaba equivocado, también las hay intachables, inquebrantables, imposibles de corromper. Son esas personas que aman sus profesiones y que además se sienten comprometidas con ellas.

Dentro de la policía he conocido grandes profesionales, hombres y mujeres sin mancha, que fueron un azote continuo para todos nosotros y lo siguen siendo en la actualidad para mis socios.

El trabajo de la UCRIF es un referente no sólo en la lucha contra la trata de seres humanos y contra nosotros, sino también en la protección de las víctimas; de hecho, son los cuerpos más especializados en la detección de mujeres en riesgo de trata, pero, por desgracia, en todas las casas, incluso en las mejores, hay una o varias manzanas podridas.

En Castelldefels se encontraba uno de los clubes más grandes de Cataluña. Su hermano mayor, el club Riviera, perteneciente a los mismos propietarios, la tarde del 10 de julio de 2007 vio cómo entraba por la puerta del majestuoso local todo un ejército de Mossos d'Esquadra. No era la primera vez que la policía inspeccionaba sus clubes, pero en esta ocasión no buscaban ni víctimas de trata, ni mujeres en situación irregular, ni tan siquiera a alguna menor de edad, como en el caso de algún rescate previo por parte de la UCRIF en las mismas instalaciones.

La cantidad de seis mil euros mensuales por club era el impuesto revolucionario que cobraban el comisario y varios inspectores policiales de la UCRIF de Cataluña para impedir que los clubes Saratoga y Riviera sufrieran engorrosas redadas y distintos controles de la policía. Un precio que a los propietarios de ambos burdeles les daba carta blanca para tener hasta ciento cincuenta mujeres por noche, muchas de ellas indocumentadas, menores de edad, y desde luego todo tipo de víctimas explotadas, con la seguridad de no ser molestados o, en caso de redada, ser avisados con tiempo suficiente para que estas mujeres y niñas se escondieran. Los dueños de los negocios pagaban con gusto el precio acordado: ese mísero impuesto que lavaba el honor de las placas de los policías y que a ellos les hacía un gran favor.

Todo funcionaba a la perfección hasta que un inspector procedente de los grupos especiales de la policía, que había estado infiltrado en Terra Lliure, fue incorporado a la UCRIF catalana como jefe del grupo 1 de la brigada de Extranjería. Era un policía muy violento, que estaba acusado de maltratos a los detenidos y de falsificar pruebas.

Este inspector debió de pensar que los corderitos de los prostíbulos no serían peor que los lobos de su anterior destino. Protagonizando redadas, exigió a los dueños de los clubes Riviera y Saratoga una mordida mensual de tres mil euros si querían evitar los controles y quedarse tranquilos; lo que no sabía el listillo del inspector era que sus jefes de la brigada de Extranjería ya cobraban, por los mismos servicios, el doble de lo que él solicitaba cada mes.

Para sorpresa también del inspector, los corderitos dueños de los locales de alterne eran en realidad unas feroces hienas; y lo comprobó no en cuanto recogió el sobre con el soborno —esos tres mil euros que depositó con delicadeza, sobre la mesa, el encargado del Saratoga, según sus indicaciones—, sino cuando se disponía a salir del hotel de Barcelona donde se habían citado. Fue entonces cuando la Guardia Civil le pidió que parase para proceder a su detención. El inspector hizo caso omiso y se montó raudo en su coche, dando comienzo una espectacular fuga por las calles del centro de la Ciudad Condal. En esta persecución de película, sin embargo, el perseguidor se convirtió en perseguido, el poli bueno era el delincuente... El tráfico de la ciudad fue lo que frenó la carrera frenética del inspector corrupto, que fue detenido al fin por la Guardia Civil allí mismo.

Dice la rumorología que durante la cinematográfica persecución, a través de la ventanilla del conductor del Renault Megane que conducía el inspector corrupto, salían volando los billetes de cien euros del sobre utilizado para el soborno.

Cuando cayó detenido, el hombre ya había hecho desaparecer todo el dinero que le había entregado el encargado del Saratoga. Como si de un gran mago ilusionista se tratara, el inspector consiguió hacer desaparecer hasta el sobre, así que luego debió de respirar tranquilo pensando que, sin pruebas, no había delito. En cuanto a la aparatosa fuga, Jordi, que así era su alias, esgrimió que no había reconocido el coche deportivo de los picoletos, pues no era un vehículo al uso de las fuerzas y cuerpos de seguridad del Estado y que por eso había salido huyendo. Todo aclarado, no había caso... Salvo por un pequeño detalle: con lo que no contaba el inspector era con que los dueños de los negocios habían grabado la conversación de la extorsión.

En el juicio correspondiente, Jordi, sentado en el banquillo de los acusados, le contaría a la magistrada de lo penal del juzgado 33 de Barcelona que lo único que quería era conseguir pruebas y denunciar a sus jefes por aceptar sobornos de los clubes a cambio de tenerlos informados de las posibles redadas, avisarlos de posibles investigaciones y mantener a raya con redadas o controles selectivos a toda posible competencia de tan afamados clubes.

El mayor de los corruptos, su jefe, el comisario de la UCRIF en Cataluña, se apersonó voluntariamente ante la jueza para manifestarle su preocupación por tan dolorosas y molestas acusaciones de su subordinado, ante lo cual la valiente y decidida magistrada no sólo no lo escuchó, sino que ni siquiera lo recibió. Pensaría el disoluto comisario que la mujer lo acogería como las meretrices dentro del club, con una gran sonrisa pintada de carmín. Su prepotencia acuñada por sus múltiples medallas, su placa y su pistola de *sheriff* debió de hacerle confundir los neones y la semioscuridad de los puticlubes con las luces claras y directas y los taquígrafos de los tribunales de justicia.

Cuando la jueza decidió «invitar» al comisario de la UCRIF, tuvo el detalle de llamarlo en compañía de sus secuaces para que no estuviera solo, sino con sus subordinados y cómplices, así como con los proxenetas dueños de ambos clubes, el Riviera y el Saratoga, que los compraron no sólo con esos seis mil euros mensuales, sino también con trabajo para sus familiares, fastuosas cenas, operaciones de estética, relojes o viajes de lujo y, por supuesto, de barra libre de los favores sexuales de las prostitutas.

Para que siguieran en pandilla y no rompieran sus lazos de camaradería, la jueza decidió alojarlos a todos juntos en un mismo «hotel»; cierto que no era tan lujoso como las dos macrocárceles burdel que estaban acostumbrados a frecuentar y defender a capa y espada, pero eran los únicos de los que disponía el Gobierno para casos de este tipo. Allí siguen todos juntos, en la prisión...

Cuando estalló toda esta operación contra la cúspide del Saratoga y el Riviera, a nosotros no nos sorprendió demasiado. Además, cuando ocurren este tipo de casos, no pensamos ni en posibles daños colaterales *a posteriori* ni tampoco en las posibles consecuencias, porque los enemigos de nuestros enemigos son nuestros amigos. Y, en este caso, su clausura nos beneficiaba en un mil por ciento, porque nosotros también teníamos clubes cercanos, concretamente, en Reus y en El Vendrell, con lo cual aquellos cierres y detenciones nos liberaban de la competencia.

Debo decir que nunca pensamos que la élite de la UCRIF de Barcelona pudiera estar implicada al completo en la trama de corrupción. Sobre todo porque en esa misma unidad yo había conocido a grandes profesionales, que llevaron a prisión a verdaderos tratantes y proxenetas, además de rescatar a mujeres y niñas víctimas de trata; pero el gran mago ilusionista, en su afán de notoriedad y avaricia, dio el mejor resultado para la propia policía, porque al delatarse él mismo delató también a sus corruptos mandos, sin que estos pudieran evitarlo.

Yo empecé a sospechar que en la brigada algo no funcionaba bien cuando grandes policías de dicha unidad, que realmente estaban muy comprometidos con su trabajo, pedían ser trasladados a otras unidades y destinos.

Tras la Operación Ilusionista, la UCRIF de Cataluña se desmanteló, y sus competencias fueron asumidas por los Mossos d'Esquadra, la policía autonómica. Atrás quedaron muchos casos resueltos y muchas vidas salvadas, pero la codicia de unos pocos pesó más que el altruismo y dedicación de muchos.

Lo que nunca se subrayó fue la valentía de la señora magistrada que llevó el caso, con el resultado del cierre total de esas prisiones de lujo y el encarcelamiento de tantos altos mandos de la policía. Eso sí que nos dio que pensar a nosotros, los corruptores de tantos policías: ¿qué pasaría si de pronto, donde no había vuelta atrás, en los tribunales topáramos con personas tan incorruptibles y entregadas al servicio de su deber como su señoría? ¿O acaso allí también podríamos encontrar alguna manzana podrida?

PROFESIONALES DE LA INTIMIDACIÓN

Para que nuestro negocio funcionara como un reloj, además de precisar de todos esos selectos profesionales de los distintos gremios anteriormente mencionados que se dejaban corromper gracias a nuestro dinero, necesitábamos a otros que nos resultaban imprescindibles, porque eran quienes nos ayudaban a llevar

a cabo una de las partes más oscuras de nuestra organización. Me refiero a los delincuentes, gracias a quienes podíamos materializar las corrupciones, los sobornos, las amenazas, las extorsiones...

El objetivo de todas esas acciones eran nuestros enemigos, pero también cualquier persona de bien que se interpusiera en nuestro camino.

La corrupción debía seguir un patrón vertical, por el que había que ir ascendiendo, disciplinadamente, peldaño a peldaño y con mucha paciencia, pero sin tregua.

Para logar el éxito en la trata no sólo se necesitaba dinero, además se requería un equipo de personas afines por completo a nosotros que estuvieran dispuestas en todo momento a aplicar las enseñanzas que en su día me transmitió mi mentor, mi compadre el Flaco: paso corto para no caer y mala leche para traicionar, ya no solamente a mis enemigos, también a mis semejantes si hiciera falta.

El delincuente común era más que necesario en este tipo de organizaciones. Su presencia resultaba indispensable, porque desempeñaba una parte muy importante para la correcta marcha de la maquinaria. Ellos debían ocuparse de todo, excepto de las víctimas, que eran cosa nuestra. Su trabajo consistía básicamente en eliminar toda posible competencia; en primer lugar de la forma más común, es decir, con amenazas y llevándolas a término si los amenazados no se daban por enterados o incumplían nuestras órdenes.

Como en cualquier empresa, íbamos reclutando el personal más adecuado para cada uno de los distintos puestos. Pero en este caso tales puestos debían de ser siempre de fácil observación, para que así pudiéramos estar atentos a su comportamiento, escuchar sus comentarios y premiarlos por sus acciones de fidelidad y su silencio, o castigarlos en caso contrario.

El Flaco aseguraba que la puerta del club era el lugar más importante del negocio y que controlando la entrada controlabas todo; entonces, qué tarea mejor que la de portero para evaluar al personaje seleccionado. Si los que empezaban en la portería lo hacían bien y se ganaban nuestra confianza, les dábamos cabida rápidamente en nuestra organización y muy pronto ascendían a otras labores de mayor responsabilidad dentro de la empresa.

Si el sueldo medio mensual de un portero de club estaba entre los mil quinientos euros y los dos mil euros, una vez seleccionados para avanzar dentro de la organización podían llegar incluso a triplicarlo.

Una vez dado el paso de confianza, lo primero que les enseñábamos era el manejo de las armas. Tenían que aprender a usarlas, a esconderlas por completo o al menos camuflarlas, y también dónde, cuándo y con quién podían utilizarlas. Se les asignaba un puesto de chofer con alguno de los socios veteranos, que seguiría estudiando su personalidad y comportamiento, para ver si podía continuar ascendiendo dentro de la empresa y ocuparse de otro tipo de trabajos, que se pagaban todos aparte y cada uno con su propia tarifa. Era lógico: no era lo mismo tener que amenazar, que extorsionar o que cobrar una multa... Ellos estaban justo por debajo de nosotros y solo recibían órdenes nuestras. Y así debía ser, porque eran nuestros ojos y oídos, tanto en los negocios ilegales como en los legales.

No compadreaban con nadie del trabajo para evitar una relación afectiva con el personal, porque sabían que en caso de un despido improcedente su obligación sería amedrentar al trabajador o amenazarlo para que no recordase jamás el funcionamiento interno de la empresa.

Respetábamos sus opiniones e incluso sus decisiones en cuanto formaban parte activa de todo, porque, aunque solían ser hombres sumisos y manipulables cuando los captábamos, sobre todo por su juventud, también eran leales, inteligentes y muy disciplinados. No fumaban, no bebían, no se drogaban..., su único *hobby* era el gimnasio, que les hacía estar muy fornidos y tener una apariencia muy impactante.

Teníamos su silencio asegurado, porque una vez entraban en la espiral de los actos cometidos, hablar también les perjudicaba a ellos, aunque no tuvieran nada que ver con la explotación de las víctimas de trata. Su cometido dentro de la organización era otro.

Por ejemplo, si nosotros disponíamos de máquinas tragamonedas o de música en propiedad, no visitábamos a los dueños de otros locales que tenían instaladas máquinas de otras empresas, sino que, directamente, nuestro equipo operativo hacía una visita «de cortesía» a la competencia, es decir, al distribuidor de esas otras máquinas, y los obligaba a que las retirasen y las cambiasen por las nuestras.

Si existían casas de citas que por cercanía a alguno de nuestros clubes podían hacernos la competencia, bastaba con que formáramos escándalos en las mismas para provocar la vergüenza de los vecinos y el terror de las prostitutas. ¿Cómo lo lográbamos? Pues mandábamos a nuestros chicos al lugar correspondiente y actuaban...

«¿Dónde vive el presidente? —empezaban preguntando. Y continuaban—: ¿Usted es el presidente? ¿Y cómo consiente que viva en este edificio un proxeneta? ¿No le da vergüenza? Tiene un piso lleno de putas ilegales, seguro que muchas obligadas.»

«Sí, sí, aquí en el segundo, aquí están las putas», gritaban bien alto para que los oyeran todos los vecinos.

«Hay que limpiar el barrio de esta escoria, esto sólo trae cosas malas, escándalos, drogas... Las putas que se vayan a algún club.»

Empezábamos con los escándalos y seguíamos con peleas a gritos, pintadas en las fachadas, en los rellanos de los pisos, en el ascensor, en la portería... Con estas acciones se terminaban por cerrar las casas de citas, sin necesidad incluso de la intervención de la policía. Eran los propios vecinos quienes las clausuraban, como fue el caso de una con mucho renombre y solera, denominada La Gata y ubicada en Castellón, que, después de diecisiete años de actividad, cerramos en una sola noche, porque el mismo día abríamos nosotros nuestro macroburdel en la misma ciudad.

Si se inauguraba algún club que no perteneciera a ninguno de nuestros socios o compadres y no se aviniera a nuestras leyes, lo destruíamos por completo o lo saqueábamos, como hicimos con el club de Graja de Iniesta, en Cuenca. Poco antes de su apertura nos presentamos de noche en dos camionetas y una vez que neutralizamos al vigilante jurado, dejándolo encerrado en su garita, nos llevamos los refrigeradores, las camas, los aparatos de aire acondicionado, las bebidas e incluso las ventanas. Lo saqueamos todo y luego trasladamos el botín a nuestros locales de Castellón y Valencia.

En otros locales se producían «fortuitamente» cortocircuitos justo antes de su inauguración, que por supuesto habíamos provocado nosotros.

Un día que me encontraba en el despacho de mi club, Mario llegó sobre las diez de la noche y entró a verme, una vez que me pidió permiso y yo lo autoricé a entrar.

—Miguel, ese que acaba de llegar me ha dado un recado para ti —me dijo.

Se refería a un tipo que trabajaba explotando clubes en Andalucía, con quien ya habíamos tenido varios desencuentros. Él y sus secuaces acababan de hacerse con un club situado justo frente al nuestro.

—¿Sí? ¿Y qué quería? —pregunté yo.

—Decirte que abren el club dentro de diez días y que no quieren problemas con nosotros. Que saben dónde estudia tu hijo...

—Dime las palabras exactas, Mario, no omitas una coma.

—Que sabe dónde vive tu mujer y dónde estudia tu hijo, Miguel. Eso es todo lo que me ha dicho. Textual.

Poco después me acusaron de delito de incendio, con resultado de cuatro muertes. Estuve detenido en la comisaría de Valdepeñas hasta que tanto la policía científica, los TEDAX (Técnicos Especialistas en Desactivación de Artefactos Explosivos), emergencias civiles e incluso los bomberos de Ciudad Real comprobaron, cada uno por su lado, que lo que provocó el incendio del club situado frente al nuestro había sido un desafortunado accidente. Al parecer, tenían la luz enganchada directamente desde la torreta...

Cuando ocurren tiroteos con resultado de muertes, la policía y los medios de comunicación los llamaban «ajustes de cuentas».

—Si es que el coche ha recibido cuarenta y cinco impactos de bala y, según los láseres, la trayectoria viene desde dentro de vuestro local; desde la portería, unos cuantos disparos, y otros, desde ese balcón de arriba —venían a decirnos.

—No, señor agente —contestábamos nosotros sin dudar—, estos gitanos se pusieron a discutir entre ellos en nuestro estacionamiento. Nosotros cerramos la puerta y allá ellos con sus problemas. Fíjese que ni siquiera entraron al local, estaban a lo suyo... Y recuerde que fuimos nosotros quienes les avisamos... Puede hacernos a todos la prueba de la parafina —es con la que se comprueba si hay restos de pólvora en las manos o bien en el rostro después de disparar—, ya verá que no encuentra nada.

Nos achacaban infinidad de historias, tanto personas de bien como de mal, que nosotros no desmentíamos porque nos venía muy bien alimentarlas incluso, para aumentar el respeto y el temor de las víctimas de trata y del resto de la ciudadanía.

REDES SOCIALES

A finales de la década de 2000, una mujer brasileña protagonizó una fuga de nuestro club de Reus. Nueve años más tarde me encontré a esa misma mujer en el club grande de Valdepeñas.

Llegó allí después de un viaje por el resto de los distintos clubes que teníamos por casi toda la península.

Serían aproximadamente las tres de la madrugada cuando entré en el local con la intención de dejar las armas en mi despacho para ir a tomarme un par de cafés y una bebida energética a la barra del salón. Tenía que salir de nuevo de viaje, esta vez a Jaén. Tras múltiples llamadas telefónicas intervenidas en diversas investigaciones policiales habíamos aprendido que era preferible gastar dinero en gasolina que en abogados, y más valía hacerse los kilómetros necesarios para tratar los asuntos de importancia cara a cara. Llegué a hacer un viaje desde Valdepeñas a Bilbao sólo para contestar con un *sí*, después de comprobar que hacerlo por teléfono me podía salir muy caro.

El caso es que, como tantos otros días, me tocaba viajar de madrugada, así que me senté en la barra del salón delante de los dos cafés bien cargados y los mezclé con la bebida energética. Como siempre y por seguridad, lo hice de cara a la puerta, para ver quién entraba o salía del club. Vi que un desconocido salía de repente del local y regresaba enseguida, y pensé que igual me había reconocido de alguna fechoría y estaba *calzándose...* Cuando comprobé que sólo había ido a hacer una llamada a un lugar desde donde no se escuchara la música y a pegarse un par de *tiritos de la blanca* me di cuenta de lo paranoico que estaba...

En cuanto me terminé la bebida, me levanté y me dirigí de nuevo a mi pequeña oficina, con paso lento. Saludé con un «buenas noches» a cuatro mujeres que estaban sentadas en una mesa de la terraza, sin pararme y sin apenas mirarlas a la cara. Ya las había observado con discreción a través de los espejos y no necesitaba ni medio vistazo más para saberlo todo de su comportamiento, sus edades, su descaro con los clientes...

Una vez en mi despacho, llamé a mi encargado por el interfono. A los cinco minutos estaba conmigo.

—Buenas noches, Miguel. Se te ve cansado, ¿cómo estás?

—¿Comparado con qué? —le dije un poco pesado.

—Joder, Miguel, sólo es una forma de saludar...

—Ya, lo siento —me disculpé—. Es que estoy muy cansado. ¿Ves a esas que están en la mesa de la terraza?, la número seis y la otra —le dije, señalando la mesa a través de las cámaras de vigilancia.

—Sí, dos son nuevas, llegaron hoy de Valencia y pidieron plaza, ¿por?

—Por nada, tranquilo. Dile a la morena, a la brasileña, que se acerque a la oficina. O mejor me la traes y me dejas a solas con ella. Por favor.

Cinco minutos después, el encargado regresó a la oficina con Eleney y se fue.

Me levanté de la silla para saludarla y le indiqué que se sentara en la silla de enfrente:

—Buenas noches, señora, ¿cómo está usted?

—Yo bien. ¿Qué desea, don?

La mujer no me había reconocido. Habían pasado nueve años. Y eran muchos años, muchas caras, muchos tipos...

—Saludarla, señora, tan sólo eso —le dije con una sonrisa forzada.

—¿Nos conocemos? —me contestó ella, efusiva y zalamera.

—No me dio usted tiempo, señora.

La mujer cambió de gesto. La sonrisa se congeló en sus labios y la angustia afloró en su mirada. Acababa de reconocerme y sus halagos y arrumacos previos se volvieron puro nerviosismo.

—Mire, señor —se apresuró a decirme—, yo es que me fui porque tenía problemas en mi país.

—Ya —respondí yo sin inmutarme—. Supongo que los mismos problemas que la empujaron a venir, ¿no?

—¿Qué me va a hacer, señor? —preguntó ella con evidente desesperación.

—Saludarla nada más, como hacen viejos amigos, tranquila. Dígame, señora, ¿cómo le fue en estos años? ¿Cómo es que todavía sigue en la noche? Dígame la verdad.

La mujer, balbuceando, con la boca seca, empezó a relatarme su historia.

—Me fui del club porque necesitaba dinero para enviar a mi familia y ustedes casi no me dejaban nada. Estuve en muchos otros y me cambiaba con frecuencia porque siempre tenía miedo de que apareciesen ustedes a reclamarme la deuda o a hacerme daño. Después me cogió la policía y me hizo una carta de expulsión...

—¿Por qué no denunció? —le pregunté, cortando su discurso—. Le hubieran dados los papeles.

—A pesar de haberme escapado, no crea que soy valiente. Tenía mucho miedo a denunciar.

—¿Y ahora no me tiene miedo a mí, señora?

Se quedó unos minutos en silencio, tragando saliva.

—¿La verdad? —dijo cuando recuperó el habla—. Ahora mismo me estoy meando encima.

—Por un momento pensé que ya no nos tenía miedo, señora.

El «señora» yo siempre lo pronunciaba muy despacio y elevando el tono, y esto las acojonaba.

—¿Qué me va a pasar ahora? —insistió la mujer, que en este momento ya no podía contener el llanto.

—Siga contándome cómo fue su viaje por los distintos clubes..., señora.

En ese instante, la mujer ya no pudo más y comenzó a llorar a moco tendido. Las lágrimas corrían por sus mejillas en un puro torrente. Nos quedamos en un silencio que sólo rompía la respiración jadeante de la muchacha. Le pasé mi botella de agua y traté de calmarla.

—Tranquila, tranquila... Cálmate, por favor, y sigue contándome, Eleney.

Al escuchar su nombre, la mujer dio un respingo y casi se cae de la silla. Con un gesto le indiqué que bebiera agua de la botella.

—Murió mi mamá y yo quise regresar a mi país, pero como tenía la carta de expulsión no podía regresar. Como usted sabe, cuando te expulsan ya no te permiten entrar por ningún país. Al no poder volver, intenté buscar trabajo, pero no tenía residencia y no me aceptaban en ningún sitio salvo en alguna casa, como interna; sin embargo, al no tener papeles, el abuso era tan grande que seguí buscando. Algunas veces conseguí trabajar de mesera, aunque fueron tan pocas que no me quedó más remedio que volver a esto. ¿Qué otra cosa podía hacer? No tenía ninguna salida...

—¿Y no consiguió nunca papeles? ¿No viajó en estos años a su país? —volví a preguntar con interés.

—Sí. Un abogado me arregló los papeles, me quitó la carta de expulsión y pude traerme a mi hija. Entonces sí que conseguí un trabajo normal en una empresa de limpieza, pero la cerraron, se me acabó el dinero y... Mi hija está estudiando, ¿sabe? Y mi pareja sabe que estoy en esto. Él también trabaja, es un buen hombre, pero gana muy poco dinero. Nos alcanzó para comprar un pisito en su pueblo, pero... Además, tengo otra niña de dos años... —Hizo una pausa y comenzó a llorar de nuevo—. Yo no le puedo pagar aquella deuda. ¿Qué me van a hacer?

—Tranquila, todo va a ir bien, de verdad —le aseguré yo—. Aquellos eran tiempos duros y estos no son muy distintos. Siento lo de su madre, y me alegro de lo de sus hijas.

Me miró un poco más calmada y relajada, aunque las lágrimas seguían su curso. Ahora bajó la cabeza y se quedó mirando sus zapatos de plataforma negros. De nuevo se hizo el silencio entre nosotros.

—Eleney, esté usted tranquila, no me debe nada —le dije—. Si hiciéramos cuentas, le debería yo a usted mucho más. Si alguna vez alguien de nuestra gente la reconociera y le reclamara algo, dígales que me llamen a mí, que usted ya me pagó.

Nos despedimos con un apretón de manos, y ella salió de la oficina casi topándose con mi encargado, que entraba en ese momento para ver si todo iba bien.

—¿Pasa algo con ella, Miguel?

—No, nada, la conocí de cuando la trajeron con deuda.

—¿Fuiste tú? —preguntó él algo extrañado.

—Por aquella época yo era otra persona... —acerté a responder.

No fueron muchas las mujeres que escaparon de nuestros clubes antes de 2009, pero a partir de entonces y hasta la actualidad, cuando llegaban nuevas mujeres a nuestros negocios les dábamos un teléfono celulat y las animábamos a que se dieran de alta en una red social que les permitiera chatear vía Internet. Les aconsejábamos que lo hicieran con la excusa de que así podían estar en contacto, si lo deseaban, con los clientes de confianza, con su familia o con nosotros de una forma gratuita. Ellas, por supuesto, accedían de forma voluntaria y gustosa, porque todo era nuevo para las recién llegadas, y pensaban que con ese gesto les dábamos cierta libertad de acción, aunque no la tuvieran de movimientos. El celular incrementaba su confianza en nosotros, porque les hacía creer que no estaban sometidas ni vigiladas, y a nosotros nos venía bien que lo utilizaran, porque eso demostraba, ante cualquier juzgado, que no estaban ni cautivas. Si la labor de captación e intimidación estaba bien hecha, no había nada que temer. ¿Adónde iban a ir? No conocían a nadie, no confiaban en nadie aquí y en su propio país no pedirían ayuda, de ninguna manera, para que sus padres y otros allegados no se enterasen de lo que estaban haciendo. Si las convencíamos para que se integrasen en una red social, no era por ellas. Nosotros —ya lo he dicho— no hacíamos nada por ellas. Nuestro interés se debía a que el uso de esa red social nos permitía saber constantemente dónde se encontraban. Si una mujer de deuda se fugaba del club, nunca tiraría su teléfono los primeros días, como mucho, bloquearía nuestros números para no escuchar amenazas o coacciones, pero durante las primeras cuarenta y ocho horas seguiría con su mismo número porque era el único vínculo que las unía a sus familias e incluso a sus clientes más «amigos». Además, necesitaría mantener el número por unos días para seguir en contacto con alguna mujer cómplice de la fuga que se quedara en el club y que la informaría de nuestros movimientos y reacciones. Por lo tanto, disponíamos de un tiempo límite de unas cuarenta y ocho horas para localizarlas.

Las mujeres nunca pensaban que la misma red social que les permitía estar cerca de sus familias era la que nos facilitaba su situación exacta. Cuando las víctimas se fugaban, normalmente iban a otro club, porque o llevaban poco tiempo en España y no sabían dónde ir, o creían haber pagado ya con creces su deuda y decidían intentarlo por su cuenta, para ganar, por fin, algo de dinero para ellas y sus familias. Estaba claro que desconocían la conexión existente entre todos los clubes.

Dos mujeres paraguayas se fugaron desde el club de Almansa, donde teníamos sociedad con el Cabrero y compartíamos la explotación de las mujeres de trata, aunque no el resto del negocio. Lo hicieron dejando toda su ropa. Se llevaron únicamente el bolso, por supuesto con el celular, porque de esta manera parecía que iban a dar un paseo al pueblo para luego regresar al club. La aplicación de su celular nos proporcionó su localización exacta en un club de Albacete, propiedad de uno de nuestros compadres, Paquito el Frutero. Esa misma tarde salieron para allá nuestros dos chicos de confianza, Luis y Mario. Al llegar al club preguntaron por el encargado para darle una explicación de su presencia en el local, con el respeto que exigían nuestras leyes.

Luis fue el primero en tomar la palabra.

—Hola, Antonio, buenas tardes —dijo—. Venimos con mucho respeto y vergüenza. Andamos buscando a dos paraguayas de nuestra propiedad que se fugaron de un club en Almansa de un socio nuestro. Esto ha sido esta mañana. No habrán llegado a última hora de la mañana estas dos mujeres pidiendo plaza, ¿verdad?

—No, no hemos tenido ninguna visita inesperada hoy —contestó el encargado, tranquilamente.

—Bueno, no pasa nada. Te dejamos las fotocopias de sus pasaportes y si las ves les dices que sí, que les das plaza, y nos avisas, por favor.

—Estas deben de andar lejos, no creo que vinieran al mismo Albacete, ¿no crees, Luis?

—Yo no creo nada, Antonio. Sólo te pregunto otra vez, y no te lo voy a preguntar más, ¿no han venido las dos paraguayas pidiendo plaza?

—No, seguro. Entre nosotros hay confianza... Hoy por ti y mañana por mí.

En ese momento, tanto Luis como Mario sacaron sus respectivas armas y dejaron el buen tono.

—Bueno, Antonio, basta ya de gilipolleces, diles a las dos putas que salgan inmediatamente, que nos las llevamos. O salen por las buenas o entramos a las bravas por ellas... ¡Y no nos mientas más!

Antonio, el encargado, no pronunció ni una palabra, pero su cara, descompuesta, lo decía todo.

—Mira, Zapatitos —este era el mote de Antonio. Una vez que utilizas el alias se rompe la cordialidad, porque hacerlo significa que estás faltando al respeto—, hemos venido con educación, vergüenza y por supuesto con respeto, según nuestras leyes. Te hemos pedido permiso para entrar, te hemos contado la situación y tú nos has mentido. Las putas nos las llevamos, para dar ejemplo en el club al resto. A ti te ponemos una multa de seis mil euros, a tu jefe de doce mil euros, que es la suma de las deudas de ellas con nosotros, y respetamos el local por ser asociados nuestros en otros negocios... Otra cosa —añadió Luis, amenazante—, mañana nos lleváis el dinero, los dieciocho mil euros. Que los traiga tu jefe, o si no quiere pagarnos, que nos *caiga* con toda la fuerza que tengáis; porque si no viene mañana con el dinero, seremos nosotros quienes vendremos con todo lo que tenemos.

Mario y Luis llevaron a las mujeres, asustadas y entre llantos, a nuestro club de Valdepeñas, para aleccionarlas un poco, esa misma noche. A la mañana siguiente, Paquito el Frutero pagó la deuda contraída y siguió siendo socio nuestro en el local de

Castellón. Su encargado, Antonio el Zapatitos, fue desterrado a un club de Córdoba.

El Frutero pagó porque no le quedaba otra si no quería iniciar una guerra. No era una cuestión de dinero. El Frutero explotaba, además del club de Albacete, otros grandes macroburdeles en Huelva, Cádiz y Valencia. Algunos de estos locales los tenía en solitario y otros junto a otros asociados, de los que unos cuantos, a su vez, eran socios nuestros en otros clubes. En el ambiente, todos éramos los mismos desde hacía más de treinta años. Y si no hubiera pagado la multa que le impusimos, la guerra sería únicamente entre el Frutero y nosotros, nunca en contra de sus socios o de los nuestros. Teníamos nuestras leyes y estaban para cumplirlas. Si el Frutero hubiera decidido no pagar, se le hubiera abierto un proceso. Un hombre de respeto hubiese actuado de mediador, escuchando a ambas partes por separado; después se habría convocado una reunión entre las partes afectadas y un hombre de honor que ya habría escuchado con anterioridad la evaluación de los hechos de los labios del hombre de respeto. Entonces, el hombre de honor fallaría la resolución del caso, y fuera la que fuese, todos tendrían que acatarla. En caso contrario, comenzaría la guerra.

Los platos sucios siempre los lavábamos en casa, aunque casi nunca con nuestras propias manos. Siempre encontrábamos parásitos que se ocupaban de hacerlo por nosotros. Eran los parásitos de la prostitución.

CAPÍTULO 7
CABALLO DE TROYA

DOBLE VIDA

Si algo no podíamos pensar mis socios y yo en aquellos tiempos, ya tan lejanos, en los que en España aún no había trata y nosotros empezábamos en el ambiente, es que algún día llegaríamos a ser los putos amos de la prostitución en España. Y de pronto, ocurrió: nos consolidamos como líderes indiscutibles de un sector cada vez más rentable. Llegamos a ser los propietarios de algunos de los mejores burdeles de España: El Leidys, en Denia; El Glamour, en Córdoba; El Privé, en Tarragona; La Rosa Élite y El Venus, en Valdepeñas; Los Charlys, en Consolación; El Estel, en el Vendrell; El París, en Puerto de Sagunto; El Cuatro Hermanas, en el Puxol; Las Palmeras, en Castellón... En cuatro años construimos un imperio gracias a la explotación de las mujeres en nuestros clubes y a todos los delitos y tropelías que cometimos como los tratantes que éramos. Nos amparaba la falta de escrúpulos y la ambición por las ingentes cantidades de dinero que nos deparaba ese rentabilísimo negocio que hubiéramos hecho cualquier cosa por preservar. El mismo dinero que acrecentaba nuestro poder y contribuía a que cometiéramos toda clase de delitos y tropelías.

En lo personal, cumplí sólo a medias con la palabra que le había dado a Michel. Como me pidió, arreglé los papeles a sus hermanos y me los traje de Colombia; pero falté a mi promesa de abandonar el oscuro mundo que ella tanto aborrecía. No es que no tuviera ganas, sino que, según iba pasando el tiempo menos

311

encontraba la manera de hacerlo. Me resultaba imposible salir de aquel laberinto. Estaba atrapado en el ambiente. Era preso de mis propios actos. Gracias a Michel, poco a poco fue desapareciendo el desapego y la desidia que yo sentía por la vida en general y por los seres humanos en particular. Su familia recién llegada de Colombia, ajena a mi pequeño y turbio mundo, me hizo reflexionar, casi sin darme cuenta. Ellos eran una piña. Ver la unión que existía entre ellos, su manera de hablarse, el cariño que sentían los unos por los otros, cómo se protegían... Eran una familia. Eso que yo jamás había tenido y que pensaba que no echaba de menos, hasta que lo tuve cerca. Al principio los observaba con curiosidad, como si fueran bichos raros, pero en muy poco tiempo sentí la extraña necesidad de involucrarme más y más en sus asuntos, de formar parte de su historia, de gozar de ese raro privilegio que supone ese amor tan generoso e incondicional. A partir de ese momento noté que crecía en mí, de manera alarmante, la necesidad de abandonar esa vida que llevaba y que cada vez me pesaba más; pero siempre posponía la decisión para el día siguiente. «Mañana será otro día», me decía a mí mismo. Pero ese día daba paso a otra noche y a otro día y a otra noche más... Y llegaban más mujeres, más esclavas para abastecer nuestros negocios, y yo seguía trayéndolas, llevándolas, engañándolas y explotándolas, sin saber que cada una de ellas me alejaba más de esa salida de los infiernos que yo ansiaba ya casi tanto como las propias víctimas.

—Gracias, Miguel, por lo de mis hermanos —me dijo una Michel feliz.

—Si tú estás bien, flaca, todo está bien.

Amaba profundamente a esa mujer y deseaba cerrar la página de tanta maldad y violencia para poder compartir con ella una vida normal, decente, sin tanta miseria humana, tanto miedo, tanto dolor... Quería darle una vida de verdad y no aquella otra con la trastienda repleta de engaños.

—Miguel, ¿estás trayendo mujeres de mi país?, ¿seguís trayendo a pobres infelices engañadas? —me preguntó un día Michel en uno de esos momentos dulces del día que compartía con ella.

—Mañana tengo que llevar el coche al taller —dije sin responder a su pregunta y levantándome del sofá de un salto.

—No me cambie usted de tema y venga acá.

En vez de sentarme otra vez me puse a pasear de una esquina a otra del luminoso salón del departamento rentado en Valdepeñas como si fuera una bestia enjaulada. De nuevo tenía que mentir a Michel para poder seguir llevando la doble vida que pretendía ocultarle.

—Cuando abran los dos clubes grandes nuevos, yo ya estaré fuera. Te lo prometo, flaca —contesté finalmente, mirándola a los ojos.

Michel se levantó, vino a mi lado y me abrazó con ternura.

—Vayámonos lejos de aquí, Miguel, no quiero esta vida ni para ti ni para mí. Por favor, por favor —me suplicó con los ojos húmedos.

Yo hubiera hecho lo que fuera por Michel. Y sabía que ella detestaba esa vida, pero ¿acaso podría ofrecerle otra? Llevaba veinte años siendo tratante de mujeres, sometiéndolas, esclavizándolas... Durante ese tiempo habían ocurrido muchas cosas y yo tenía un pasado que no sólo era difícil de borrar, también imposible de olvidar. No era sólo que no lo fueran a olvidar esos incontables enemigos que teníamos después de tantos malos actos cometidos; también estaba la justicia. Podríamos huir, pero siempre quedaría rastro... Durante años habíamos traicionado a nuestros propios socios y compañeros y denunciado a nuestros enemigos a la UCRIF. Eran muchos los que nos tenían en el punto de mira. Estando dentro de la organización los podía tener bajo control, pero fuera del ambiente todo se podría volver en mi contra, tanto por parte de los damnificados como de la ley. Y había algo que aún temía más: si ya no me temían a mí, podían hacerle daño a Michel. No. No era nada fácil salirse de aquel entramado criminal. Por eso tenía que engañarla. Debía hacerle creer que yo iba abandonando paulatinamente los clubes hasta quedar fuera por completo. El problema era cuándo y cómo. Cada vez teníamos más clubes y se necesitaban más y más mujeres para que la máquina de hacer dinero no dejara de funcionar. Y aunque a mí eso ya no me interesaba, sabía que yo era una pieza clave del engranaje y que a nadie le gustaría saber siquiera que pensaba en dejar mi puesto.

Una tarde, sentado en la pequeña oficina del club de Valdepeñas, tomé la decisión de engañar a Michel; pensé que era la única solución. No sabía que ese sería el principio del fin de nuestro matrimonio. Creé una empresa fuera del ambiente, de las que nosotros llamábamos *legales*, ajena a los clubes. Se trataba de una empresa de licores al por mayor que abastecería a nuestros clubes y a los de nuestros asociados y nos serviría incluso para ahorrar algún dinero. Pero eso no era lo importante. Lo que yo quería era que Michel viera en aquel negocio una nueva vida, un nuevo camino. Que la empresa fuera la tapadera de mi actividad principal de siempre, la trata, que continuaba desarrollando a sus espaldas. Dedicaba el día a la empresa de licores, pero desde el almacén que había alquilado, a las afueras de Valdepeñas, también me ocupaba de organizar la captación de víctimas en distintos países, donde teníamos a nuestros hombres siempre en busca de materia prima. Cuando cerrábamos, a eso de las cinco, me trasladaba al club, y por la noche controlaba la recaudación del negocio. Le contaba a Michel que viajaba para visitar a los proveedores de bebidas, pero jamás lo hice. Mi ruta era la de siempre. Seguía yendo a controlar nuestros clubes, que estaban a pleno rendimiento, además de las obras de los que queríamos poner en marcha tan pronto como fuera posible. Quería irme, pero ¿podría alguna vez? Entrar en el ambiente era muy sencillo, pero una vez en él, estabas tan atrapado como las propias mujeres. La prostitución explota, esclaviza y jamás suelta. A todos los que tienen que ver con ella.

Tuve que delegar la gestión del almacén de bebidas en otras personas porque me resultaba imposible ocuparme de tantos asuntos. El trabajo de los clubes me devoraba y, en vez de ir soltando lastre, cada vez me encontraba más enganchado. Michel, que no era tonta, me miraba inquisitiva cuando salía de viaje. Por más que quisiera creerse lo contrario, intuía que mis ausencias poco tenían que ver con el almacén de bebidas. Yo empezaba a estar muy harto; sólo quería estar con ella, con mi familia fuera de aquella podredumbre, pero era imposible. Llegué a pensar que lo mejor que me podía pasar era que me capturara la policía. Esa parecía la única manera de poner freno a esa carrera disparatada y sin control.

Lo que no sabía es que me acechaba un tiempo de recogida. Y no precisamente de buenos frutos. Si uno siembra vientos, recoge tempestades, y todo nuestro pasado reciente estaba a punto de volverse en contra. Los traicionados un día, esperaban el momento para traicionarnos y quedarse con nuestros clubes, con nuestras mujeres y con su explotación, como nosotros habíamos hecho con ellos. Estaban dispuestos a pagarnos con la misma moneda; a disfrutar de esa venganza que habían esperado pacientemente a llevar a cabo cuando les fuera más propicia.

Así, un día, sin avisar, nos declararon una guerra feroz. Entraron en nuestros negocios armados hasta los dientes, atemorizando a los clientes y a las mujeres, tiroteando las fachadas de los clubes en funcionamiento y destruyendo las edificaciones de los que teníamos en construcción. Nosotros nos defendimos con la misma violencia, claro está. Pero tanta convulsión nos llevó a cometer demasiados errores y algunos de los nuestros cayeron presos.

No era más que el comienzo... La Guardia Civil nos intervino un vehículo con armas en el peaje de Sagunto y detuvo a dos de los hombres de mayor confianza; en Salamanca, otro compañero fue apresado por la Policía Nacional justo tras dispararle cuatro tiros a bocajarro a un macarra y acabar con su vida a plena luz del día. A otro de nuestros escoltas también lo arrestaron en Albacete, cuando salía del club, armado... Las fuerzas y cuerpos de seguridad, alarmadas por toda esa violencia extrema entre los clanes de la prostitución, trataron de contrarrestarla efectuando más redadas en nuestros burdeles, además de apostar coches Zeta de la policía en la entrada de los clubes cada noche y de establecer controles continuos de la Guardia Civil en las inmediaciones; pero ni siquiera la atención exhaustiva de ambos cuerpos pudo evitar que el ambiente se vistiera de luto.

Entretanto, yo seguía tratando de engañar a Michel, ya que en ese momento no sólo trabajaba en la captación y explotación de las mujeres sino que, además, dirigía toda la parte operativa contra nuestros enemigos de Andalucía. Demasiados frentes abiertos y de mucha gravedad como para seguir vendiendo unos putos licores.

Michel intentaba creerse mis cuentos. O al menos eso me parecía a mí, porque la veía contenta. Seguramente pensaba que, si no había abandonado del todo ese mundo inhóspito de maldad, al menos sí lo había dejado en parte. La realidad era la contraria: aquel era el momento más duro y complicado de toda mi «carrera». Imposible salir corriendo a ninguna parte. Todo lo que estaba sucediendo nos perseguiría a cualquier lugar.

—Qué tal, Miguel, ¿cómo va la empresa? —me preguntaba Michel, ingenua—. ¿Ves lo tranquilo que estás? Este verano podríamos ir a ver a tu hermana a Barcelona, me gustaría mucho.

—Sí, este verano lo intentaré —respondía yo, tratando de zafarme del asunto—. Aunque el verano es mala época para cerrar el negocio, porque es cuando cierra la competencia. Si me quedo, podría arañar algún cliente... Pero te prometo que iremos, al menos una semana.

—Miguel, nunca hablas de tu madre... —insistía ella.

—Ella está bien, más adelante te la presentaré, es que viaja mucho —zanjé yo—. Me voy a duchar y a preparar la ropa para ir a la feria de alimentación de Sevilla. Creo que estaré como mínimo una semana fuera. Tú tranquila, flaca, todo está bien.

—Miguel, una cosa, cuando vuelvas de Sevilla tengo que contarte una cosa muy importante para los dos —me dijo ella, de pronto, misteriosa.

—¿Qué pasa, Michel? Suelta el toro que ya estoy en la plaza...

—No es nada, tranquilo, tonterías, que voy a pintar la casa y a arreglar una habitación..., nunca se sabe quién puede venir.

—Lo que decidas estará bien, flaca —acepté yo.

—Miguel, ¿y por qué vuelven Mario y los muchachos a andar contigo? —me preguntó.

—Están de fiesta por los clubes y quieren pasar algunos ratos conmigo. Recuerda que durante muchos años han sido mi única familia —mentía yo.

Resuelta la coartada para estar fuera de casa durante una semana, disponía de ese tiempo para organizar el contraataque contra los clubes andaluces, propiedad de los que nos habían declarado la guerra.

Esa misma mañana convoqué a la mayoría de nuestros socios en el club pequeño de Valdepeñas para que, de madrugada, tras el cierre de los negocios, nos encontráramos todos allí para planificar cómo actuar contra nuestros enemigos. Les dije que cada uno visitara a un asociado para que también estuvieran en la reunión. Era imprescindible, además, que habláramos en persona, no se podía decir ni media palabra de ese tema por teléfono. Los socios se pusieron manos a la obra y se recorrieron cada uno la parte de España que les correspondía para visitar a los asociados e invitarlos a la asamblea. Nadie puso objeciones para llegar esa madrugada, al cierre del negocio, al pequeño club de Valdepeñas. En cuanto cerramos, a eso de las cinco, las mujeres se fueron a sus habitaciones y nosotros preparamos el comedor del personal para recibir a los convocados. El asunto principal que nos ocupaba era el análisis de la fuerza de nuestros atacantes. La idea de declararnos la guerra era cosa del sobrino de un jefe de la policía de Granada, que había decidido explotar un buen club en Jaén. El sobrinísimo era un portero de discoteca que había visto demasiadas películas de mafiosos. El discotequero, que se asoció con unos rusos afincados en Marbella y unos gitanos de Andújar para explotar el burdel, planeó el enfrentamiento, que se saldó con la muerte de uno de nuestros porteros. Fue precisamente uno de los gitanos de Andújar quien lo mató. Desde entonces el cañí andaba en busca y captura. Al cerebro del asunto lo llamaban don Lolo, alias *el Medallas*, y era un recién llegado al mundo del ambiente. Desconocía nuestras leyes, nuestra unión y, por supuesto, nuestra mala leche... Mientras repasábamos la situación, nos tomábamos café mezclado con bebidas energéticas para mantenernos despiertos y darle tiempo a los hombres que faltaban, sobre todo a los que venían de Tarragona, para que pudieran llegar. El Chepa y el Granadero decidieron aprovechar la espera para ir a poner gasolina juntos. Yo le pedí al Membrillo que los escoltáramos él y yo hasta la gasolinera, cada uno en un automóvil, dado el estado

de alerta en el que nos encontrábamos. En cuanto el Granadero
se bajó de su coche al llegar a la estación de servicio, apareció de
pronto, como por arte de magia, un Porsche 928 negro que, haciendo un espectacular *trompo*, se situó frente al coche del Chepa.
Alguien bajó la ventanilla del *fotocopia* (copiloto) desde dentro
del Porsche, muy lentamente, y de ella salió un brazo con una
recortada —«una lobera de ojos negros»— que apuntó directamente a nuestro socio y amigo. Casi en el mismo momento, y sin
pensármelo un segundo, desenfundé mi Browning automática y
disparé las trece balas del cargador contra el coche de los agresores, que se dieron a la fuga de inmediato, saliendo de la gasolinera para incorporarse a la nacional IV, la autovía de Andalucía,
en dirección contraria. Terminamos de repostar y regresamos los
tres coches juntos al club, donde ya nos esperaban todos. Nada
más entrar con el resto del grupo al comedor, recibí una llamada.
No era un teléfono conocido y era una hora extraña, porque los
negocios ya estaban cerrados. Pedí silencio a los presentes con
un gesto y contesté. El Medallas estaba al otro lado del teléfono.

—Miguel, soy Lolo, creo que esto ya se está yendo de control.
¿Cómo podemos arreglarlo y cerrar la guerra? —me preguntó
directo, sin saludar siquiera.

—Muy sencillo —le respondí yo con voz amenazante—. Tal
y como ha ido la cosa y todo lo que nos habéis hecho, con veinte
años de cárcel para la mitad de tu gente y unas cuantas tumbas
en el cementerio para la otra mitad. Y nosotros, te lo aseguro, no
compartiremos cementerio.

—Miguel, ya me han contado mis hombres lo que acaba de
pasar en la gasolinera. Yo no di esa orden, de verdad, sólo tenían
que vigilaros... —se excusó el tipo—. Si tú quieres, cuando regresen, los amarro y te los entrego, pero uno viene malherido.

—No, Lolo, déjalo así, ya los cogeremos nosotros. Pero está bien. Ya que me has llamado para comunicarme que esta guerra ha terminado, te advierto que si un negocio nuestro sufre algún daño más, deberás procurar que los tuyos funcionen lo suficiente para cubrir nuestras pérdidas. ¿Queda claro?

—Te doy mi palabra —respondió el Medallas con contundencia—. Por mi parte, esto queda así.

—Pues nada, dicho queda. Supongo que ha hablado un hombre...

Tras el relato de lo sucedido a los presentes por mi parte y la reacción del Lolo, el ambiente era muy tenso. Todos estaban intranquilos. Nadie sabía lo que valía la palabra del Medallas y si para él era ley, como para nosotros. Y, precisamente, aquella reunión se había convocado para dar un escarmiento a ese osado grupo de discotequeros recién llegados a la prostitución. Todos estábamos furiosos y la llamada del Lolo no había apaciguado nuestros ánimos.

—Señores —tomé de nuevo la palabra—, lo ocurrido esta noche pone punto final a nuestros problemas con el Medallas, lo pasado, pasado está. Seguiremos con nuestra vida, y si él cumple lo hablado, lo respetaremos. Otra cosa es que reinicie la guerra. Entonces le daremos la bienvenida a la noche y lo haremos minero (matarlo y enterrarlo).

La cosa debía terminar ahí, al menos hasta que se viera si el Lolo cumplía o no. Era importante parar todo aquello por el bien de los negocios, pero lo cierto era que, entre los allí reunidos, varios habían sufrido demasiados daños y hubieran preferido actuar de otra manera. Los convencí de que no era un buen momento para hacerlo. Ahora teníamos que pensar y esperar.

Ese mismo día, al amanecer, llegué a casa. Michel aún dormía en nuestro cuarto. No quise despertarla, así que me senté en el sofá del salón y recosté la cabeza en el respaldo. Debí de quedarme dormido, porque no escuché salir del dormitorio a Michel. Abrí los ojos y me la encontré frente a mí, mirándome, contenta por mi vuelta, pero extrañada.

—Hola, Miguel —me dijo con suavidad—. ¿Qué haces aquí? ¿No ibas a estar una semana fuera de casa? ¿No ibas a Sevilla?

—Sí, flaca, pero estaba cansado y no tenía ganas de viajar —improvisé yo—. Mandé al indio en mi lugar. Él sabe más de proveedores que yo.

—¿Y dónde has pasado toda la noche? —preguntó entonces ella con el semblante serio.

—Me quedé en el almacén ajustando unas cuentas de unos nuevos clientes de Jaén, liado con los recibos. Después vino Mario a pedirme consejo y fuimos a cenar algo. Al terminar regresé para acabar el trabajo y a hacer algunas llamadas a los encargados de los clubes que servimos, sabes que con ellos sólo puedo hablar por la noche, por el día duermen...

Me levanté del sofá, desperezándome, y la besé en la frente con rapidez.

—Michel, me voy a dormir un rato, luego tendré que volver a la oficina. Por cierto, si vienen a buscarme o preguntan por mí, les dices que he dormido toda la noche en casa —dije rápidamente, como si no tuviera importancia, mientras me dirigía al dormitorio.

Michel me siguió hasta la habitación, donde yo, sentado a los pies de la cama, empezaba a quitarme los zapatos. La cara de Michel era un poema, un soneto triste.

—Sigues en los clubes —sentenció.

—Mira, flaca —empecé yo con tono cansado—, los licores dan para lo que dan, no es por dinero, es por lealtad. Estoy fuera, sólo que... si no quieres que el pasado perjudique nuestro futuro, tenemos que solucionar algunas cosas en el presente.

—Es demasiado pasado para intentar solucionarlo en tan poco presente, Miguel. ¿No lo sabes? ¿Tan atado estás a todo esto?

Michel ya lloraba. A pesar de ser una mujer fuerte y con mucho carácter, cada vez llevaba peor todo lo relacionado con mi trabajo, e intuía mis mentiras. No podía verla así. Se me rompía el alma. Me levanté de la cama y la abracé.

—No llores, flaca, créeme, estoy fuera. Mira, para que te relajes mañana haré que tu hermano se coloque en el almacén. Estarás más tranquila cuando él venga a contarte mi trabajo allí. Pero no llores, preciosa. Ningún hombre merece las lágrimas de una mujer.

No hablaba el proxeneta, sino el hombre enamorado, el mismo hombre, en todo caso, que hasta ese momento había sido incapaz de tener el más mínimo remordimiento ante el sufrimiento de tantas mujeres como Michel. Pero algo había cambiado. Todas esas víctimas empezaban a pesar sobre mi conciencia como una losa. De pronto recordaba las caras y los nombres verdaderos de todas ellas, sus miradas de cervatillo asustado al llegar al aeropuerto, su angustia al saber lo que les esperaba, su desazón pasados los meses al comprobar que eran esclavas... Con todo, a la mañana siguiente volví a Barajas a recoger a varias mujeres paraguayas en la cafetería del aeropuerto para llevarlas al club grande de Valdepeñas. Al llegar allí con ellas, me encontré con que me esperaban tres de los macarras dueños de algunos otros negocios a los que llevábamos a las víctimas de trata para vendérselas o para compartir su explotación. Eran hombres que la noche anterior habían estado en la reunión en el club pequeño. Esperé unos minutos a que Basy regresara del almacén, seguramente de beberse un buen chorro de whisky directamente de la botella, dejé a las chicas con ella y me encerré con mis compadres en la oficina.

—Miguel, ya sabemos dónde vive Christian, el *fotocopia* —me informaron—. Vive aquí, en Ciudad Real, en Membrilla. Fue él quien sacó la *lobera*. El otro, el conductor, llegó herido al club de Jaén, después de que el Medallas hablara contigo, pero luego fue a esconderse a casa de sus padres.

—Bien, y entonces ¿qué es lo que queréis hacer?

—Al *fotocopia* lo vamos a llevar al campo esta noche. Te recogemos y lo secuestramos. Será un aviso para que el Medallas y su gente cumplan su palabra y se dejen de hostias ya, y, además, para darle un escarmiento al pistolero que se extralimitó sin recibir orden de hacerlo.

—Vale, contad conmigo. ¿De cuántos hombres más disponemos?

—Estaremos nosotros cuatro. También vendrá alguno de los nuestros de Córdoba, y de Madrid están llegando el Lindo y el Nono.

—De acuerdo, unos ocho es un buen número —acepté—. Quedamos aquí sobre las diez de la noche. Es una buena hora para empezar el baile. Pero una cosa, si los de Jaén no contestan después de hacer esto y cumplen su palabra de cerrar la guerra, entonces ellos a su mundo y nosotros al nuestro. ¿De acuerdo?

—Miguel, nuestro mundo ya es el de ellos también; por lo tanto, si han decidido incorporarse, que aprendan a bailar... —me dijo el que llevaba la voz cantante, con mucha autoridad—. Y una cosa más, Miguel. El vigilante de la gasolinera ha identificado tu coche y está hablando con los señores de Valdepeñas. Nosotros nos ocupamos del vigilante, ¿te puedes encargar tú del inspector de la comisaría?

—Tranquilos, salgo para la comisaría y a la noche os cuento.

En cuanto mis compadres salieron por la puerta, llamé a Basy para que me trajera a las dos recién llegadas a la oficina para aleccionarlas sobre el funcionamiento del club y las normas. Les cambié como siempre sus nombres por unos nuevos que ellas mismas eligieron y las «invité» a que se incorporaran a trabajar para empezar a saldar su deuda, no sin antes recordarles a su familia e hijos que se habían quedado en Paraguay. En un par de días las separaríamos y a una la enviaríamos a Denia para dividir las fuerzas. Lo de costumbre. Después salí del club hacia el almacén de licores para dejar ya colocado en el puesto de mozo de almacén a mi cuñado y que Michel se sintiera tranquila. Una vez le di instrucciones a mi cuñado de su trabajo, me acerqué a casa para hablar con Michel. La había visto tan derrotada emocionalmente la noche anterior que tenía la necesidad de contentarla y de que me contara eso que quedaba pendiente. Cuando llegué, Michel estaba terminando de preparar la comida. Me preguntó si quería comer con ella, pero negué con la cabeza. Ese día ya no me era posible almorzar. Cuando vas a cometer un delito donde pueden asomar las armas, es mejor no comer por si caes herido. Estar en ayunas facilita las cosas tanto a los médicos como a los anestesistas. Me preparé un café para sentarme un momento a la mesa con ella y darle algunas instrucciones.

—Mira, flaca, aparte del dinero que hay escondido en el mueble, si alguna vez me pasara algo, tu bienestar depende de este maletín. —Me levanté para coger el viejo y gastado maletín marrón camuflado entre libros y fotos en el aparador del salón—. Si mi gente te abandona, llevas estos papeles y esta documentación a Pepe, el policía de Madrid. Y si no, a Fernández, el policía de esta comisaría. Pero antes de entregárselos, haces fotocopias y se las das al Chepa.

Michel no pronunciaba ni una palabra, pero su cara lo decía todo. De nuevo, lágrimas empezaron a aflorar a sus bellos ojos.

—Tranquila, tranquila —le dije mientras colocaba de nuevo el maletín en su lugar—. No pasa nada, Michel. Y no va a ocurrir nada. Pero es bueno que sepas que tienes recursos si no cumplen contigo. Michel, escúchame con atención —insistí, clavando mis pupilas en las suyas—, todo el contenido del maletín se lo entregas a los policías que te he dicho, pero sólo a ellos. No te fíes de nadie que no sean estos dos, ellos son incorruptibles. Ese maletín es tu seguridad, ¿de acuerdo?

—Pero ¿es que pasa algo en concreto? —preguntó sin poder parar de llorar.

—Nada. Absolutamente nada. Todo está bien. Pero tú sabes que uno siempre está en la carretera visitando clientes para la licorería y puede ocurrir cualquier accidente de tráfico... Y cuando pasa algo, cada uno va a lo suyo, nadie conoce a nadie. Con estos papeles te darán lo que es tuyo, nada más... Michel —proseguí con voz dulce y calmada—, también sabes, porque sé que la has visto, que en el aparador del salón hay una pistola. Tranquila, no vas a tener que utilizarla, está ahí por nuestra seguridad.

Por más que tranquilizara a Michel, la realidad era que no tenía ni la más remota idea de cómo saldría todo aquello. La conversación pendiente con el inspector de policía que investigaba el tiroteo de la noche anterior en la gasolinera, el secuestro de Christian... Me sentía inquieto y, por primera vez, con la sensación de tener que dejar las cosas bien atadas con Michel para garantizar su seguridad física y económica. En el mundo de la delincuencia nunca sabes cómo pueden acabar las cosas. Te puedes despedir con un «hasta luego», pero sabes que no depende de ti regresar, sino de cómo se desarrollen los acontecimientos. Si todo sale bien, volverás a casa; si por el contrario algo se tuerce, ese «hasta luego» puede durar hasta que pasen unos cuantos años de prisión. Pero a mí nunca me había importado. Hasta entonces no había sentido apego por la vida. Nada ni nadie significaban tanto para mí como para que me preocupara. Por eso, hasta entonces no le había temido a nada. Por primera vez quería de verdad a una persona y veía el futuro con gran inquietud. Me dirigí a la comisaría a encontrarme con el inspector. Como era habitual, al llegar a la entrada le pregunté al número de la puerta si el inspector Benito estaba de servicio ese día y el policía le llamó por el teléfono interior. Benito dio la orden de que subiera, así que dejé una vez más mi identificación en la puerta y entré. En el despacho del inspector estaba también el policía de la científica Fernández, justo el hombre en el que, como le había dicho unos minutos antes, Michel podía confiar. El inspector Benito me señaló una silla para que me sentara y fue él mismo quien tomó la palabra.

—¿Qué pasa, Miguel? ¿Cómo estás? Mucho jaleo últimamente os traéis por allí arriba en los clubes, ¿no?

Yo no respondí. Quería ir directamente al asunto de la noche anterior.

—¿Eres tú quien estás llevando el caso del tiroteo en la gasolinera?

—Sí. ¿Tienes que decirme algo? ¿Sabes quiénes han sido? —me preguntó con interés.

—Sí, lo sé. He sido yo.

—Coño, Miguel —respondió él, sorprendido—. ¿Eso no me lo dirás por escrito?

—No, Benito, eso vas y lo demuestras. Cuando tengas algo contra mí, vienes y me detienes.

—Me queda claro, Miguel, entonces iré por ti.

—Pues queda dicho —dije levantándome y dirigiéndome a la salida, mientras lo apuntaba con el dedo—. Irás por mí con dos cojones, la pistola y tu placa de policía, Benito. Que no se te olviden los cojones porque no te lo voy a poner fácil.

De todos los policías que he conocido en mi vida, y he conocido muchos, este era el más cobarde y falso. Por eso sabía que mis palabras lo atemorizarían lo suficiente como para que se quedara bien atado a la silla. Al salir del despacho tan sólo me despedí de Fernández, que, atónito, se quedó escuchando toda la conversación.

—Buenas tardes, señor Fernández, que tenga usted un buen servicio.

Salí de la comisaría hacia el club, donde ya debían de estar esperándome los siete hombres venidos de las diferentes provincias para llevar a cabo el secuestro en pleno centro del pueblo, en un bar, a la vista de todos los parroquianos allí presentes. Nuestra exhibición de fuerza aterrorizaría tanto a los posibles testigos que garantizaría su silencio. Poco antes de medianoche llegamos en tres coches al pueblo de Membrilla. Christian se encontraba dentro de un bar, en plena plaza del pueblo, a escasos metros de la policía municipal. Estacionamos los tres vehículos de tal manera que bloquearan la calle para impedir la entrada de algún conductor despistado o de la propia policía. Acto seguido entramos en el pequeño bar. El Nono se quedó bloqueando la puerta para que nadie saliera y para tener el exterior controlado, y el Lindo sacó su arma y la blandió apuntando hacia todas las direcciones, mientras yo encañonaba a quemarropa al asustado Christian, que compartía mesa con otros dos jóvenes. Al momento, este comprendió que toda esa parafernalia de fuerza era justo para él. Sin mediar palabra, lo sacamos del bar. Ya en la calle, y antes de introducirlo en la cajuela del coche del Nono, le rompimos la pierna derecha con un bate de beisbol, como solíamos hacer para evitarnos innecesarias y tontas carreritas. Siempre llevábamos un kit de beisbol compuesto por un bate de aluminio, una o varias pelotas y el guante. En caso de que nos parara la policía, si solo había el bat de aluminio se podía entender que era un arma y, además de retirártela de inmediato, te multaba con trescientos euros, así que había que llevar el kit completo de beisbol o un palo número 8 de golf, que también nos servía para estos menesteres.

En cuanto lo metimos, arrancamos los tres vehículos y nos dirigimos en fila a las afueras del pueblo. En el campo, nuestro único testigo sería el silencio de la noche.

Condujimos durante una media hora hasta encontrar una zona muy poblada de arboleda y allí nos estacionamos, para que no nos pudieran ver desde la carretera.

Al abrir la cajuela y sacar al maltrecho Christian, disparamos al aire todo un cargador de la Luger (pistola Parabellum). El muchacho gritaba como un verraco, y no dejó de hacerlo hasta que perdió el conocimiento por la paliza que le dimos. En ese momento, mis compadres propusieron darle un tiro de gracia al desfallecido. Yo no había visto a aquel chico en toda mi vida. Para mí había sido sólo un brazo asomando por la ventanilla de un coche. Tan sólo me fijé unos minutos en él a través de la ventana del bar desde donde estuvimos observándolo antes de entrar a buscarlo.

Le quité el seguro a mi arma, eché para atrás la corredera del cañón y volví a bloquearla con el mismo seguro. Así, ya montada, no sólo tenía el arma preparada y lista para poder utilizarla rápidamente en caso de tiroteo, sino que además, al cerrarse, el propio sonido que emitía paralizaba al adversario antes de disparar.

Apunté a la cabeza de Christian y miré a todos los allí reunidos.

—Bueno, señores, este hombre disparó ese día y nosotros también lo hicimos. Seguro que ha pegado a alguien y ha recibido lo suyo por nuestra parte, pero nadie ha muerto, así que él tampoco morirá esta noche... ¿Estamos? —dije, dejando claro lo que había que hacer y no dando opción a nada más—. Además, somos ocho bocas, ¿estaremos siempre en silencio? Jamás he matado a un inocente, y a este, que intentó matar al Chepa y no lo consiguió, ese intento de cargarse a uno de los nuestros ya le ha salido suficientemente caro.

—¿Y qué hacemos con él? —preguntó el Nono.

—Lo dejamos a las afueras de Membrilla y nos vamos.

El hombre, que ya había recuperado la consciencia, me escuchó.

—Dile a tu jefe que esto es el ambiente y estas son nuestras leyes —le advertí—. Que si su tío es poli, nosotros somos macarras, y que las placas de los *primos* las coleccionamos como trofeos. Nada más.

Lo metimos de nuevo en el maletero del coche y arrancamos. Al dejarlo a las afueras del pueblo, le avisé de nuevo.

—Hoy queda así... Mañana depende de vosotros. Dile al Medallas que «entrar y salir», «matar o morir», ese es nuestro lema. No lo olvides.

Cada uno tomó un camino rumbo a su club correspondiente. Los negocios eran lo único que no se podía abandonar.

Aquella madrugada volví agotado a casa. No era un cansancio físico, sino mental. Esa batalla había quedado ganada, pero no era más que una batalla y aún quedaba mucha guerra por delante. No me importaba siquiera perderla, pero sí perder a Michel. Eso me dolía de verdad y estaba seguro de que iba a pasar. La noticia que me quería dar Michel no tardó en llegar. Esperaba a nuestro primer hijo. Nos sentimos felices y ella incluso distraída de todo lo demás, pensando sólo en su próxima maternidad. Yo estaba tan contento como ella en lo personal, pero en lo profesional mi vida era un caos absoluto. Un 21 de noviembre recibí dos llamadas trascendentales. La primera, como tantas otras desde que empezaron las traiciones, era de mis compadres, que me alertaban y reclamaban. La segunda era de Michel. Y, sin duda, una de las llamadas más importantes de mi vida.

—Miguel, me he puesto de parto, ¿vas a venir? —me preguntó con urgencia.

No podía. La guerra de proxenetas y tratantes me impedía asistir al parto de mi hijo. Mandé un taxi de confianza a recoger a Michel y llevarla al hospital mientras yo acudía al club pequeño... Me moría por ir con Michel, pero no podía hacer otra cosa.

Luego fui al club grande de Valdepeñas y me quedé al frente, controlando la seguridad tanto de este como del mío, del pequeño, a la espera de algún enfrentamiento. Decidí unir fuerzas y tener a todos los hombres conmigo, así que cerré el pequeño y trasladé a las treinta y tres mujeres de este club al grande, donde quedaron hacinadas junto a las otras.

No pude ir al hospital a abrazar a Michel y a mi pequeño recién nacido hasta muy entrada la noche, cuando me relevaron y se quedaron al frente del club Mario y Luis.

Verdaderamente, Michel era mucho más fuerte que yo. Mientras tomaba al pequeño entre mis brazos, ella me limpiaba las lágrimas. Unas lágrimas de emoción, de dolor, de rabia, de impotencia, o de todo mezclado.

La decisión ya estaba tomada: mi hijo no se criaría en ese ambiente. Asumiría nuestro lema con todas las consecuencias: «entrar y salir», «matar o morir». Aunque estaba claro que no me podía ir con tanta rapidez como me hubiera gustado, porque en aquel momento estaba más atrapado que nunca. Teníamos tantos frentes abiertos que era imposible que lo dejara todo de un día para otro sin que eso repercutiera severamente en nuestras vidas. Pero se me ocurrió que, tal vez, estaba equivocando la estrategia y que lo que debía hacer no era irme yo, sino conseguir que el ambiente me quisiera fuera a mí, que los propios socios forzaran mi salida.

Recordaba las palabras de mi querido mentor:

—Compadre, todo lo que yo le he enseñado para el tipo de ambiente que viene no vale, y usted tampoco vale.

—Yo sólo quiero tener mi propio club.

—Usted, compadre, es una bomba de relojería, y el día que le toquen el resorte, ¡ay de quienes estén cerca!

Si la violencia había sido la tónica general de nuestro mundo, violento por naturaleza, este era el momento de triplicarla por mi cuenta y riesgo para resultar un incordio peligroso para mis socios y que fueran ellos mismos quienes me dieran puerta. Comencé a trabajar para mí. La rumorología de las múltiples humillaciones con las que mis hombres y yo tratábamos a nuestros enemigos del ambiente empezaron muy pronto a correr por todos los locales. Los dueños de otros negocios que se atrevían a entrar en los nuestros sin permiso, violando así nuestras leyes, eran «invitados» a pasar a la oficina y obligados a desnudarse y a salir como sus madres los trajeron al mundo por todo el salón del club, para después echarlos a la calle completamente desnudos. En los estacionamientos, prendíamos fuego a los coches de alta gama de nuestros enemigos. Entrábamos en sus clubes y pegábamos una paliza al encargado delante de los clientes y de las mujeres; luego, salíamos rápidamente: «entrar y salir». Si la Guardia Civil montaba controles de alcoholemia cerca de nuestros clubes, nosotros prendíamos fuego a los márgenes de la carretera para que retiraran los controles y se dedicaran a cooperar con los bomberos. Se celebraron más de ciento cincuenta juicios de faltas durante esos años en la suma de todos nuestros locales... Y eso empezaba a ser más que molesto para mis socios.

Y mientras, en casa, Michel se sentía feliz con nuestro pequeño. Para que no se encontrase sola le traje a su mamá desde Colombia. Hablé con ella y esta vez no la engañé. Le dije que para salir de todo aquello tenía que ejercer toda la ira y violencia necesaria para que mis enemigos se pensasen si atentaban otra vez, no ya contra la organización, sino contra mi familia, para que me temiesen de verdad aunque estuviese fuera.

CABALLO DE TROYA

En el club grande de Valdepeñas todas las mujeres de nuestra propiedad eran latinas, a excepción de cuatro rumanas que compartíamos con sus dueños y que cada vez que regresaban con ellos lo hacían repletas de heridas, golpes y diversos síntomas de haber sido tratadas como siempre lo hacían los rumanos, con una violencia extrema. Estas hablaban con las nuestras y les contaban las palizas a las que eran sometidas, además de hacerles saber que no les daban ni un solo euro ni para ellas, ni para enviar a sus familias. Los rumanos venían a recoger la recaudación de las cuatro mujeres al término de la jornada de trabajo, cada día, a las cinco de la mañana; y a las pobres infelices no les llegaba nada, ni aunque se hubieran ocupado con cuarenta hombres esa noche. Una tarde, nada más abrir el club, llamé a mi despacho a la encargada del grupo de las rumanas y le pregunté por su situación. La mujer me contó que a ellas y a sus compañeras de otros clubes las explotaban unos proxenetas rumanos muy violentos que trabajaban con dos españoles a los que yo conocía muy bien porque nos habían proporcionado chicas para varios de nuestros locales. Los españoles ejercían la misma violencia que los rumanos, así que la animé a que los denunciara a todos, para ganar su libertad y la de otras compañeras, algunas de ellas menores de edad.

—Además, así —le dije—, gracias a la denuncia, podrán conseguir los papeles... Y su vida cambiará.

Pese al pánico que les producía sólo el escuchar la palabra «denuncia» se convencieron las unas a las otras y siguieron mi consejo con la condición de que yo las protegiera en todo momento. Esa misma tarde llamé a la brigada central de Madrid y me dieron cita para el día siguiente a primera hora, en la capital.

Si en otros momentos convencí a muchas para que denunciaran y así quitarme de en medio la competencia y quedármelas después en propiedad, ahora era de corazón. Sentía una profunda lástima por estas infelices a las que se trataba peor que a un perro.

A María —que así se llamaba la encargada del grupo—, aunque tenía auténtico terror a sus proxenetas, ahora le pesaba más el recuerdo de las palizas y vejaciones a las que eran sometidas constantemente que el propio miedo. Sólo tuve que aceptar protegerlas como me pedían y asegurarles que las acompañaríamos a denunciar a Madrid, ante la UCRIF, con un policía amigo, para que confiaran y aceptaran. Esa misma noche ordené a uno de mis hombres de confianza que llevara a las cuatro mujeres a Madrid, aunque la cita en la UCRIF no era hasta el día siguiente a primera hora. Ellas debían estar fuera del club antes de la llegada de los proxenetas recaudadores al final de esa jornada. Las dejamos hospedadas en el hotel del Cerro de San Rafael, en dos habitaciones, donde compartían cuarto por parejas. En una tercera habitación se quedó mi hombre de confianza.

La más joven del grupo estaba tan contenta que no se le ocurrió otra idea que la de llamar a otra amiga rumana que estaba en otro club para contarle lo que tenían planeado hacer al día siguiente. Tan feliz estaba que incluso le dijo que aguantara, que muy pronto la rescatarían a ella también... Cuando la chica le contó a su compañera de cuarto lo que había hecho, esta, asustada, salió corriendo a decírselo al hombre que las protegía en ese viaje, y este me llamó a mí a Valdepeñas de inmediato.

Nada más colgar, de nuevo sonó el teléfono. Me temí lo peor, que los rumanos hubieran hecho su aparición con tanta celeridad en el hotel.

—Dime —contesté, muy seco.

—Hola, cabezón, ¿cómo estás?

Era mi hermana Ana, ella siempre me llamaba muy tarde, incluso de madrugada.

—Bien, Ana, ¿y tú? ¿Qué me cuentas?

—Miguel, dile a Michel que tiene que acostar al niño boca abajo, he leído que se pueden ahogar si vomitan. Cabezón, sé bueno con ellos, demuéstrales que los quieres.

—Ana, ¿te pasa algo? Te lo digo porque tengo que salir ahora mismo de viaje.

—No, nada, ¿qué me va a pasar? Sólo quería decirte que te quiero, y que siempre te he querido. Lo sabes, ¿verdad?

—Ana, yo también. Te dejo, que tengo mucha prisa.

—Cabezón, una última cosa: si te caes, te levantas, y si tienes miedo, grita.

Ni siquiera me despedí. Colgué el teléfono y, en menos de veinte minutos, salí en mi coche con Luis al volante y Mario de *fotocopia* para llegar lo antes posible al hotel de las afueras de Madrid, donde estaba seguro de que harían su aparición en poco tiempo los rumanos para intentar llevarse a sus mujeres por la fuerza. Y así fue. A las tres de la madrugada aparecieron tres tipos en el hotel. Pensaban encontrarse sólo con las incautas y un hombre de fuerza, pero éramos cuatro, uno más que ellos, y dispuestos a todo.

Por suerte, no llegamos a sacar las armas y esa noche todo se resolvió con insultos y amenazas entre los dos bandos; a la mañana siguiente, a primera hora y escoltadas por los cuatro, las mujeres pudieron denunciar a sus captores y explotadores. Ese mismo día llamé a los dos proxenetas españoles y les conté que todo era un malentendido, que nuestra intención no era otra que la de engañarlas y comprobar si eran capaces de llevar hasta las últimas consecuencias la amenaza de denuncia. Y mientras les contaba ese cuento a los proxenetas, la UCRIF iniciaba toda la investigación para desarticular esta organización de los más crueles amos de vidas ajenas. El miércoles siguiente, nuestro club grande de Valdepeñas sufrió una redada por parte de la UCRIF acompañados de efectivos policiales de Valdepeñas para tomar declaración a todas las compañeras de las cuatro rumanas salvajemente explotadas. A los proxenetas, de nuevo, los convencí de que tan sólo había sido un mero control de pasaportes donde no había habido ninguna denuncia. La realidad era que después de todo aquello se iniciaría una investigación que duraría más de ocho meses, con el resultado de la desarticulación de la red de tratantes y grandes condenas de prisión. Una vez finalizada la operación, no todos fueron detenidos. Muchos quedaron en busca y captura. Entre ellos, uno de los españoles que estaba a la cabeza de la red.

Un viernes por la mañana del mes de octubre recibí una llamada de los no detenidos para convocarme a una reunión y ver la posibilidad de que las mujeres retirasen sus denuncias o de que no se presentaran al juicio, que ya estaba muy próximo. Cerré una cita con ellos a las afueras del pueblo, en la nave destinada al almacén de licores, para el lunes a las diez de la mañana.

La madrugada del viernes al sábado, estando en el club pequeño, me llamaron desde Barcelona para comunicarme que Ana, mi querida hermana melliza, se había suicidado, se había arrojado por el balcón. Antes de ponerme en marcha rumbo a la Ciudad Condal, llamé al Chepa para pedirle que fueran él y sus hombres los que acudieran a la reunión con los proxenetas.

Viajé a Barcelona con Michel todo lo rápido que pude, pero no pude ver a mi hermana. Que me impidieran abrir el ataúd y abrazar a la mujer que más me había querido y cuidado en mi vida me provocó un espantoso dolor. Tras el entierro, ahogado de tristeza, no nos despedimos de mi madre y salimos de nuevo para Madrid, donde me quedé yo solo, mientras a ella la acompañaba el chofer hasta el pueblo.

Pasé la noche en la capital con la intención de reunirme el lunes siguiente tanto con el comisario como con los dos inspectores jefes de la UCRIF. Debía organizar la protección de las mujeres para conseguir que vencieran el miedo y pudieran llegar hasta el final, al juicio, manteniendo su denuncia.

Estábamos en el bar de enfrente de la comisaría tomando un café cuando sonó mi teléfono. Me retiré un poco de la barra para alejarme de los tres hombres.

—Buenos días, Miguel. Son las doce de la mañana y a la nave no llegó nadie a la reunión. Hemos venido a tu casa para ver si tu mujer nos daba alguna explicación. Bonita camisa de cuadros lleva tu hijo, por cierto, y a tu zorra no le sientan nada mal los vaqueros.

Se me heló la sangre, pero no perdí la compostura.

Estaba claro que mis socios no habían acudido a la reunión por miedo a que salieran las armas, pero tampoco habían tenido el detalle de informarme. El tipo que estaba al otro lado del teléfono era el jefe de los proxenetas, el español que seguía en libertad.

—Me pillas lejos del pueblo, no puedo acudir de inmediato —le dije, tratando de disimular mi intranquilidad.

—Podrían los cobardes de tus socios, supongo. Pero tienen el móvil apagado... Así que tú decides: o vienes o nos dices qué hacemos con tu puta y tu hijo.

—Escucha, Gallego —le advertí con contundencia (su apodo daría nombre después a la operación policial)—, estoy a doscientos kilómetros de casa. Son los mismos kilómetros que te saco a ti de la casa de tu puta madre, que sé dónde vive en Madrid, así que ahora eres tú el que tiene que decidir, o sales de mi casa o vistes de luto.

—Hombre, Miguel, te has pasado, que es mi madre...

—Y esos que tienes tú allí, ¿acaso son dos perros?

—Está bien, te doy dos horas —me advirtió él—. Esperamos a que vengas y hablamos. Pero sin trampas, Miguel, a ella y al niño no los hemos molestado, tan sólo hemos preguntado por ti. Eso sí, mientras no llegues, ella y el niño no salen de casa. Te la paso al teléfono para que veas que todo está bien, por ahora.

Michel tardó unos minutos en ponerse al teléfono.

—Mira, flaca, estate tranquila, no pasa nada, son amigos —le dije, tratando de serenarla—. Quédate en casa hasta que yo llegue. Y no hables ahora, sólo pásale el teléfono al maricón ese —el «amigo», de nuevo, cogió el aparato, lo que aproveché para decirle—: Lo dicho, Gallego: hago una gestión en Madrid y salgo para allá.

—Deja en paz a mi madre, Miguel...

—De ti depende.

Al colgar, los tres hombres me estaban mirando.

—¿Pasa algo, Miguel? —preguntaron.

—Nada que no tenga solución, comisario. Como hemos hablado, las mujeres se quedarán en el club grande de Valdepeñas hasta el juicio, es el mejor lugar para protegerlas. Yo respondo por su vida. Tiene mi palabra, comisario.

Salí del bar y, sin cruzar la calle, me subí al primer taxi y puse rumbo a Valdepeñas. Desde el vehículo llamé a mis muchachos para informarles.

Al llegar a casa había dos coches fuera, el del proxeneta español y el de sus compinches rumanos.

Nada más bajar del taxi me fui quitando la cazadora de cuero, la camisa y el cinturón del pantalón, para que vieran que no iba armado, pero, aun así, me registraron de cintura para abajo.

Se bajaron todos de los dos coches y entramos en casa.

Mi chiquillo dormía tranquilamente en el sofá del salón, ajeno a lo que estaba ocurriendo. Michel estaba sentada a su lado. Ellos cuatro tomaron asiento en la mesa del comedor, mientras libremente abrían el mueble bar y sacaban las bebidas que deseaban. Tiraron varias copas al suelo, que, al romperse, despertaron de golpe a mi hijo. El niño, sobresaltado, se puso a llorar desconsolado. Michel lo acunó en sus brazos y se puso de pie para poder mecerlo y así tranquilizarlo.

—Las mujeres ya están convencidas de retirar la denuncia —les mentí, mirando al *Gallego*—. Además, don Julio se puede hacer cargo de vuestra defensa.

—¿Qué decías de mi madre? —dijo el *Gallego*, señalándome con el dedo meñique de la mano con la que sujetaba el vaso de whisky que él mismo se había servido.

Me acerqué a Michel y la miré con fijeza.

—Flaca, haz café, que la noche va a ser larga —le pedí—. Deja al niño en el sofá, tranquila.

Michel lo dejó con mucho mimo donde le había dicho y abrió el aparador del salón que estaba justo a mi lado. Tomó las tazas de café, la bandeja... y mi Browning del 45, que me pasó con tanta rapidez que los hombres que estaban sentados al otro lado del salón poniéndose morados de whisky no se dieron cuenta de nada. Cargué la pistola y les apunté, al tiempo que entraban en la casa Mario y Luis con sus cargadores pegados a la cabeza del chofer, que se había quedado en la puerta vigilando sus vehículos. Los echamos de casa y nunca más los volvimos a ver.

Las cuatro mujeres, testigos protegidos, estuvieron escondidas y custodiadas por nosotros en el club grande de Valdepeñas hasta el día del juicio.

Gracias a nuestra ayuda, a los españoles les cayeron diecisiete años de cárcel a uno y seis al otro. Los detuvieron en Cádiz. Uno de los cabecillas rumanos desapareció. Supongo que regresaría a su país, porque nunca más se le volvió a ver por el ambiente. La policía hizo un buen trabajo y desarticuló esa red de tan violentos proxenetas. La paradoja era que quienes los ayudaron a hacerlo fueron otros proxenetas.

Conseguí salir indemne de todo ese episodio de guerras, denuncias y amenazas, pero sabía que, pese al «éxito», mi vida se desmoronaba por momentos. Tenía demasiados frentes abiertos, entre ellos mi propio juicio, el de la denuncia interpuesta por Claudia, que cada día estaba más cerca. Sabía que si abandonaba la organización en ese momento me vería solo y sin recursos con los que hacer frente a esos veintisiete años de cárcel que pedía el fiscal por delitos relativos a la prostitución y trata de seres humanos. Vamos, a la «trata de blancas», como todo el mundo lo llamaba por entonces. Supongo que lo de «blancas» me restó algunos años de petición de condena, porque las negras no se contemplaban en el código penal... «¡Trata de blancas!» ¡Qué ignorancia! Con la de mulatas y negras que importábamos y explotábamos nosotros!

Como los clubes funcionaban a la perfección, pese a tantos enfrentamientos entre nosotros, decidí que era el momento de centrarme en el juicio. Una tarde me cité con Martín, mi abogado, para pedirle que atrasara lo máximo posible las comparecencias o declaraciones de cara al juzgado.

—Tranquilo, Miguel, hago un escrito y ya nos metemos en Navidades —me aseguró él.

—Bien, Martín. He dejado a Roca al frente de la empresa de licores, de momento, pero yo voy a salirme de este mundo como sea y soy consciente de que van a caer muchas cabezas de las nuestras cuando lo haga.

Martín me interrumpió al momento con cara de consternación.

—¿Más cabezas todavía, Miguel? —preguntó, aludiendo a la Operación Gallego.

—De las nuestras, Martín. De mis socios o de todo el que se interponga en mi salida. Voy a esperar al juicio y, dependiendo de cómo salga todo, me plantearé el futuro de una u otra manera. Me iría ahora mismo con mi familia a Colombia, pero antes tengo que solucionar lo de los rumanos que entraron en mi casa para secuestrar a Michel y a mi hijo. Ese tema no está zanjado todavía... De momento, tú ve preparando una reunión con el Chepa. Hay que hacer cuentas para una posible vía de escape si la sentencia es muy dura.

—Se hará como tú digas, Miguel, pero de momento compra una casa para Michel y el niño, es importante. También dala de alta como limpiadora en uno de los clubes.

—Ella no quiere nada de los clubes.

—No te preocupes, no se enterará. Entrégame su documentación y yo la doy de alta, no tiene por qué saberlo.

—Otra cosa, Martín: a don Julio —nuestro abogado estrella— lo usaremos cuando sea necesario para la defensa del testaferro, pero quiero que seas tú quien se encargue de la mía.

—No sé si estoy preparado para ello, Miguel —dudó.

—Lo harás bien, Martín, llevaremos a muchas de nuestras mujeres que yo personalmente aleccionaré para que declaren en mi defensa —lo tranquilicé.

A partir de ese día pedí a una gran cantidad de mujeres —empezando por las de máxima confianza— que me acompañaran cada día un rato en mi despacho para tal fin. Lo hacía egoístamente por mí y sólo por mí, para que declarasen a mi favor, pero en las conversaciones que sostuve con ellas encontré algo que no me esperaba: la razón más importante para abandonar aquel mundo, pero también para que mi vida diera un giro de ciento ochenta grados.

Sabía desde el principio que ninguna de nuestras chicas contaría nada que me pudiera perjudicar, sabiendo como sabían todas que teníamos a los suyos controlados en sus países de origen. Pero que dijeran lo felices que estaban trabajando como prostitutas y lo bien que las tratábamos no me parecía suficientemente convincente de cara a desmontar la autenticidad de la declaración de Claudia, mi denunciante. Y pensé que aquellas «máquinas expendedoras de dinero» harían lo que se les dijera, una vez más, simplemente porque tenían que hacerlo, pero me encontré con la sorpresa de que lo que nosotros siempre habíamos considerado mera mercancía eran personas con alma e infinitamente mejores que sus propietarios y carceleros. Escuchando sus palabras, prestándoles atención tal vez por primera vez, me di cuenta de lo ciego que había estado durante todos esos años en los que no había percibido el valor que le daba cada una de ellas a cualquiera de mis gestos amigables, por pequeños que fueran, y que en casi todas las ocasiones iban destinados a manipularlas y conseguir que siguieran trabajando sin dar problemas. El respeto con que las trataba, cómo las defendía de los clientes y de mis propios socios, mis palabras amables..., todo aquello confundía a las mujeres, que se negaban a creer que el motivo de tal comportamiento fuera exclusivamente económico. Ellas me veían de otra manera, distinto a todos los de aquel mundo, por más que yo pensara que no había sido mejor que los demás.

Cada una de ellas, al pasar por la oficina, relataba las cosas buenas y malas que había compartido conmigo y analizaba mi actitud con ellas. Y ganaban las buenas. Yo las escuchaba sorprendido y emocionado, deseando pedirles perdón por tantas cosas y agradeciendo esa generosidad suya que para mí era toda una lección de vida.

Ni una sola dejó de mencionar mis mentiras y manipulaciones para hacerlas trabajar más, pero todas hablaron también de Milena, la joven colombiana que llegó embarazada y a cuyo hijo yo apadriné. No se les pasaba por la imaginación que lo hubiera hecho sólo para que ella siguiera trabajando para nosotros. Recordaban que me había jugado mi propia vida para impedir que los hombres de aquel proxeneta rumano tan bestia conocido como *Tarzán* se llevara a las dos mujeres que teníamos escondidas en el club como testigos protegidos, o cómo había desestimado dañar a la familia de Claudia pese a haberme denunciado. No olvidaban que había sido yo quien retiró de la prostitución a la Patata, mi pobre Aline, ni tampoco la denuncia a uno de mis socios por pegarle a una de ellas. Guardaban en la memoria que había liberado a muchas de sus compañeras de otras organizaciones, sin siquiera pensar en que, casi con total seguridad, lo había hecho para que luego trabajaran en la nuestra.

Me hablaron de muchas cosas buenas y malas, pero destacaron que yo las escuchaba siempre, que cuando estaban muy mal me preocupaba por ellas, que nunca les negué el envío de algo de dinero para sus familias, que permití algunas fugas y que las defendí de los clientes que se sobrepasaban con ellas incluso delante de otros clientes... Tampoco olvidaban que las había explotado, exprimido y utilizado. Y sabían que no era un héroe. Pero para ellas tampoco era un villano y, de alguna extraña manera, se sentían seguras a mi lado en aquel mundo tan cruel.

A partir de todas esas conversaciones con las mujeres, algo cambió en mí. No fue algo radical e inmediato, pero poco a poco empecé a mirarlas y a verlas... Las llamaba por su nombre, no les preguntaba cuántos pases habían hecho, sino cuánto necesitaban para sus familias, les perdonaba las deudas... Esto último lo hacía también para fastidiar a mis socios, pero para ellas era una liberación y lo agradecían. Éramos unos genios de la manipulación, sin duda alguna.

Por algo mi querido mentor decía aquello de: «Niño, a las mujeres hay que cuidarlas, hay que protegerlas».

La lección de generosidad que me dieron todas estas mujeres fue lo que me convenció de manera definitiva para colaborar con la UCRIF de una forma más continua, y ahora de corazón, sin otro interés que el de ayudarlas a ellas y a todas las que estaban por venir.

En esta última etapa de mi vida delictiva me convertí en un caballo de Troya, sin griegos en el interior, pero actuando desde dentro de esa organización que conocía tan bien y recopilando todo lo que podía para reventarla: datos, nombres de testaferros, sistemas de contabilidad...

Mis socios no aceptaban mi cambio de actitud, pero no decían nada. Nos unía el silencio cómplice de los miles de actos delictivos cometidos, además de la presión a la que nos sometían la UCO, la UDYCO y la UCRIF. Ahora las multas de los Ministerios de Hacienda, de Trabajo y Seguridad Social eran de cientos de miles de euros, pero nunca llegaron a pagarse porque se las imponían a empresas que sólo tenían un valor de tres mil seis euros y porque desconocían por completo el funcionamiento del entramado financiero de nuestra organización. Aquellas sanciones no sirvieron de nada y el tesón de las fuerzas y cuerpos de seguridad del Estado tampoco de mucho, porque no consiguieron meter en la cárcel a ninguno de los grandes amos de la prostitución y de la trata. Tan sólo lograron apresar a algún que otro testaferro.

LA ÚLTIMA MUJER

Existía una norma muy estricta en nuestro trabajo: si quieres ser tratante de mujeres no te involucres en sus vidas. Esta norma yo sólo la incumplí con Michel, de la que me enamoré. Yo traje a muchísimas mujeres y conseguí seguir la regla al pie de la letra hasta el final. A partir del momento en que comencé a verlas como personas, mi despedida de todo aquello no tenía marcha atrás.

Siempre hay un principio y un final para casi todo. Yamileth fue mi primera víctima y Marisa la última. No pensé que esta lo sería el día que la recogí en el aeropuerto de Barcelona, a donde llegaba vía Italia, desde Paraguay. También a ella la reconocí por la ropa. Era una joven de apenas dieciocho años, morena y guapetona. En su viaje al horror, como en el de todas, compartimos trayecto en mi coche hasta el club grande de Valdepeñas, y la conversación de siempre. Una vez más, me habló como de costumbre de su familia, su ilusión por trabajar para ayudarla, mientras lloraba y reía como Yamileth y todas las demás. La diferencia era que a ella la escuché de otra manera, y la miré de otra manera. La atendí como si fuera mi igual. La consideré una persona. Y, tal vez por eso, aquel día sentí que se cerraba una etapa de mi vida cuando tomé la decisión, casi sin proponérmelo, de abandonar ese mundo definitivamente. Nunca me importó el dinero, sólo la satisfacción del poder, y, de pronto, aquella decisión me hacía ser más poderoso que nunca, aunque ahora el poder fuera de otro tipo. La llegada de Yamileth me provocó una subida de adrenalina por pensar que era el comienzo de la puesta en marcha de un sueño y la sensación de éxito que me produjo; Marisa, la última de mis víctimas, provocó en mí la misma sensación de bienestar.

La dejé en el club de un conocido a las afueras de Toledo. Era un club completamente ajeno a nuestra organización. Hablé con Juan, el dueño, saqué la maleta de ella y no le recogí los dólares que llevaba encima como bolsa de viaje.

—Señora —le dije—, este es el club. Usted trabaje, y cuando me vea, me paga. Este es mi nuevo número de teléfono —añadí, ofreciéndole una de mis tarjetas—, cuando necesite algo, me llama.

Supongo que no tuvo problemas, porque nunca me llamó. A mis socios les dije que no la dejaron pasar, que la devolvieron... ¡Y se acabó! Con Marisa terminó mi labor de tratante. Ella fue la última. Habían pasado muchos años desde la llegada de la primera. Y muchas víctimas. Pero no hubo diferencia en su captación. Pese al tiempo transcurrido, Marisa, como Yamileth, como todas las que hubo en medio, fue captada por su vulnerabilidad. Una característica común a todas las mujeres pobres. Nacer mujer y pobre no era pecado, pero sí una desgracia.

Delegué el trabajo de ir a recoger a las chicas a los distintos aeropuertos a un chofer de confianza, y también llamé al Negro James a Colombia para que no les hablara de deuda salvo únicamente la del pasaje de avión para llegar a España.

Marisa cerraba una etapa, pero para llegar a finiquitar definitivamente el ciclo de mi vida dentro de la prostitución y la trata necesitaría un poco más de tiempo.

Apenas pasaba ya por los clubes, y cuando lo hacía era para ver cómo estaban las mujeres, y para que ellas pudieran hablar conmigo y contarme sus penas y miserias. A muchas, que ya habían pagado con creces esa deuda que jamás se extinguía, se la perdoné por completo.

Por el club grande era por el que menos pasaba, me dolía no ver a Basy, la echaba de menos, habíamos estado juntos tantos años...

Al principio, cuando empezó conmigo de encargada de las mujeres, todo fue bien. De hecho, fuimos muy amigos y yo confié mucho en ella. Pero sus borracheras la perdieron. Ni siquiera se preocupaba por las mujeres salvo cuando el Dandy visitaba el club. Entonces, para hacerse la dura con ellas, como sabía que le gustaba al Dandy, se paseaba por el salón con un palillo mondadientes entre las manos y disfrutaba pinchándoles las nalgas para alertarlas de que no se podían estar quietas, porque su misión era pagar una deuda... «¡A chupar y follar!», les decía. Pero era una buena mujer y sé que me quería a su manera. Ahora ya no estaba, el Dandy le había propinado una paliza tan grande en mi ausencia que le había roto la cadera. Después de recibir el alta médica del hospital, ya no volvió nunca al negocio.

En una de mis esporádicas visitas al club, me contaron que había llegado una mujer escapada de otra organización pidiendo plaza en nuestro club.

Pedí entrevistarme con ella. Era paraguaya. Me contó lo mucho que había sufrido en su explotación y añadió que había escapado del club dejando a otras tres compañeras allí. La tranquilicé cuanto pude y la invité a que me contara la situación que había vivido y que seguían padeciendo las otras.

Esa misma noche mandé llamar a una de mis mujeres de confianza, también paraguaya, que llevaba ya tiempo trabajando por libre desde que yo le perdonara su deuda. Tenía veintisiete años, pero aún estaba estupenda y era muy buena gente. Le pedí que fuera al club del que se había escapado su compatriota y que pidiera plaza, no sin antes decirle los nombres de las otras tres que se habían quedado en el local para que las localizara y, juntas, planearan la fuga. Lo organizamos para que se fueran en su tiempo de descanso. Y así se hizo. Cuando salieron a dar un paseo, hice que las esperase uno de nuestros choferes y las trajera a nuestro club grande, a donde entraron por la puerta de atrás, que era el acceso directo a la *suite* número 28. Allí las escondí, al tiempo que trataba de convencerlas para que denunciaran. Me costó mucho, en esta ocasión, porque eran sus propias familias quienes las habían vendido. A una de ellas la controlaban sus hermanas y a la otra una tía, siempre junto con los proxenetas que se ocupaban de su explotación en el club. Finalmente, gracias al apoyo de otras mujeres y a la promesa de que obtendrían sus papeles, las convencimos de que interpusieran denuncia pese a todo.

Las llevé al juzgado de Almadén. Allí, delante del juez, las valientes chicas, muy nerviosas y entre lágrimas, contaron con todo lujo de detalles la situación de esclavitud extrema que habían vivido. Pero no sirvió de nada. El juez, pese a escuchar aquella película de terror con atención, no admitió la denuncia a trámite porque el club del que habían escapado quedaba fuera de su jurisdicción. Entonces las llevé al juzgado de guardia de Córdoba, pero tampoco hubo suerte: el juez no vio delito alguno en que se prostituyeran para pagar la deuda que voluntariamente habían contraído. No me rendí y me fui con ellas al juzgado de Puertollano, donde me derivaron al de Ciudad Real. Y ya cansado de tanta desidia e incompetencia, después de tres días de odisea, con las pobres mujeres narrando su calvario una y otra vez ante unos tipos que se lavaban las manos y le pasaban la patata caliente a otro, me las llevé a Madrid, a la brigada central de la UCRIF, donde por fin las atendieron e iniciaron una investigación cuyo resultado fue la desarticulación de una de las tramas de trata más importantes de España.

Lo de estos jueces fue vergonzoso. O no sabían nada de nada o no les importaba lo que se jugaba una víctima cuando daba el paso de denunciar. En muchas ocasiones, por la ignorancia de sus señorías con respecto a la trata las mujeres han desestimado seguir con la denuncia. Por eso sería tan importante que hubiera un único juzgado para el delito de trata de seres humanos. Tanto jueces como fiscales y abogados defensores estarían formados para combatirla y serían conscientes de la importancia de que una víctima denuncie, pese al miedo y las múltiples presiones. Conocerían de primera mano las coincidencias entre los testaferros, dueños y encargados de los clubes y descubrirían que todos somos los mismos. Los abogados defensores, fiscales y jueces comprenderían por qué las víctimas no son constantes en la denuncia y por qué sus «contrataciones» son fruto de los engaños y las amenazas. Solo desde el conocimiento pleno de este delito en toda su dimensión podrían dar seguridad a las que se atreven a denunciar y conseguirían que se mantuviesen firmes en sus acusaciones.

Pero nada de eso existía. Y a los jueces, por lo menos a muchos, parecía no importarles las circunstancias de estas mujeres indefensas. Porque ellos eran los mismos que, cuando localizaban y se demostraba que en una vivienda había una venta de drogas minorista, autorizaban la demolición del lugar en menos de veinticuatro horas... Sin embargo, apenas cerraban los clubes donde se vendían y alquilaban seres humanos. ¿Acaso era menos importante la venta de un ser humano inocente que la de unos gramos de cocaína? ¿O quizá es que no querían que desaparecieran de las carreteras esas luces de neón a las que estábamos tan acostumbrados, como lo estábamos de los toros de Osborne?*

Lo que estaba claro era que si los clubes estaban abiertos y las putas dentro, no molestaban en las ciudades, ni tampoco a los vecinos. Si las mujeres se encontraban «recogidas» en los locales, no se escuchaba el ruido de sus llantos y de su sufrimiento, tapado por los decibelios de esa música que nadie oía, al estar estratégicamente alejados de los núcleos urbanos. Todo en su sitio. Bien escondido y tapadito para que la ciudadanía lo usara cuando quisiera y se olvidara de su existencia el resto del tiempo. Parecía que era eso lo que quería una sociedad que no les ofrecía alternativas tras haber sido explotadas.

Algunas chicas, antes de su declive total, pasaban por los locales donde habían ejercido vendiendo algunos gramos de coca. La mayoría, con suerte, terminaba trabajando en el servicio doméstico, o como limpiadoras de oficinas. Otras, de mamis de la limpieza en los propios clubes. Pocas, en casas de citas, mientras buscaban un trabajo. Y las que no conseguían tener una fuente de ingresos regular con la que pagar sus gastos cotidianos, sin apoyos, sin ayudas, acababan ejerciendo en la calle por muy poco dinero o, las más avispadas, en algún grupo de presión a favor de legalizar la prostitución, casi siempre controlado por los propios proxenetas.

Había mujeres que permanecían en la prostitución durante años y años. Llegaban a España muy jóvenes y, al ser muy fuertes física y mentalmente, lograban pagar esa deuda inextinguible y ejercer en grandes clubes por un periodo de hasta quince años. Conseguían ganar mucho dinero. Luego regresaban a su país y veían que sus familias también las habían engañado y que, de todo el dinero que enviaron con tanto esfuerzo, no quedaba nada.

* Siluetas de toro de lidia, originalmente concebidos para publicidad, hoy día usados para facilitar la visibilidad en carretera.

Primero las engañábamos los proxenetas y después sus familias... En todo caso, las que regresaban a su país de origen eran muy pocas, porque casi nunca conseguían ahorrar ni para mejorar sus vidas ni las de sus familias, que era lo que habían venido a buscar en nuestro país y seguían buscando eternamente. Sus hijos crecían sin su madre y no les tenían cariño porque apenas las conocían, tan solo eran las proveedoras. Sus padres se convertían también en sus proxenetas de un modo indirecto, porque cuando se enteraban de que sus hijas trabajaban como prostitutas, casi pensaban que el dinero se lo regalaban, que lo suyo era una fiesta continua. Les daban consejos como: «¡Hágale, hija! ¡Mire que usted está todavía muy joven!» Las que tenían marido en su país les pagaban sus gastos mientras ellos se acomodaban y, normalmente, acababan con otra mujer. En cuanto a las relaciones más o menos estables que a veces conseguían aquí, terminaban siendo dinamitadas por los celos y la desconfianza.

Unas vidas de esclavitud, miseria, resistencia, esfuerzo sobrehumano y fracaso total protagonizadas por unas mujeres desprotegidas, sin amor, solas, sin esperanza...

JUICIO Y CÁRCEL

Parecía que no llegaría nunca el día, pero al final, en junio de 2003, se celebró mi juicio en la Audiencia Provincial de Ciudad Real.

Esa mañana los periódicos locales, en su primera página, se hacían eco del acontecimiento: «Desarticulada una organización de proxenetas», «los *amos* de la trata en el banquillo»... No sé de dónde sacaron esta información, falsa casi por completo, porque no se había desarticulado nada de nada y los únicos que nos sentábamos en el banquillo aquella mañana como consecuencia de la denuncia interpuesta por Claudia éramos uno de mis testaferros —el pobre Ramón, que fue muy inoportuno estando en el sitio perfecto a la hora adecuada— y yo. Catorce años después de todo aquello, mis socios siguen captando más y más esclavas, abriendo más y más burdeles, y aprendiendo de los errores cometidos en el pasado para no volverlos a repetir y no entorpecer la gestión de sus rentabilísimos negocios.

Mi paso por el banquillo no debía haber sido al lado de Ramón. En realidad, el que ejercía como gerente de la sociedad que explotaba, entre otras cosas, el club grande era un gil, un tipo medio bobo al que podíamos atar corto, pero se enamoró de una de nuestras mujeres brasileñas y se fugó con ella a Galicia. Vamos, que tan tonto no debía de ser.

El caso es que el Chepa y yo tuvimos que buscar deprisa y corriendo un nuevo testaferro para hacer el cambio de titularidad. No sabíamos quién podía ser, pero de pronto miramos y, justo detrás de nosotros, cambiando una bombilla, se encontraba Ramón, un hombre de unos cuarenta y cinco años, separado y sin hijos, que colaboraba con nosotros en labores de mantenimiento. Allí mismo le propusimos que siguiera al frente del mantenimiento de todos nuestros negocios y lo persuadimos para que se convirtiera en el gerente del club y de todo lo demás. Ramón era muy buena gente y firmó sin más, por amistad con nosotros y sin saber muy bien lo que firmaba.

Está claro que la casualidad, que es muy puñetera, decidió que Ramón estuviera a mi lado aquella mañana en el banquillo. Ramón y nadie más; ninguno de los socios y colegas a los que creía amigos, que compartieron tantos años de tropelías y de una supuesta amistad y complicidad que, de pronto, se había desvanecido. La sala, quitándonos a nosotros dos, a algunos curiosos y algunos representantes de la prensa, estaba vacía. Pero fuera, en la sala de espera donde aguardan los que serán llamados a declarar, se encontraban veintisiete mujeres citadas como testigos de la defensa y dispuestas a hablar de mi buen comportamiento. Yo, el tratante, el proxeneta, uno de los artífices de la implantación de la trata en España, sólo contaba para mi exculpación con el testimonio de las que había captado y explotado.

En ese momento de soledad volvieron a mi mente las palabras que mi hermana solía decirme de niño: «Cuando tengas miedo, cabezón, grita. Y las peleas, cuando las creas perdidas, empiézalas por el final».

Pensar en mi difunta hermana me hizo sentir una punzada de dolor en el corazón. Ella era la mujer que más me había querido y más se había preocupado por mí. En realidad, la única persona que me había querido y protegido de verdad. Seguro que, de haber estado viva, la hubiera tenido a mi lado aquel día.

En aquella ocasión, sus palabras no me servían para lo que me tocaba hacer, pero su recuerdo sí me daba fuerzas para hacerlo. Sabía que me tocaba cumplir la condena que me impusieran para después, a mi salida de prisión, poder cambiar de vida y colaborar, además, en la erradicación de la trata.

La generosidad, el apoyo y el cariño de las mujeres no me sirvió de nada. El juicio estaba perdido desde el principio. Y he de decir que casi sentía dolor al escucharlas allí, declarando en mi defensa, cuando yo las había manipulado tanto para que siguieran trabajando y produciéndome beneficios...

Las pruebas acusatorias e incriminatorias eran demasiado contundentes para que nadie pudiera rebatirlas. «El portero que se convirtió en tratante de esclavas a quien cazó la policía.»

Me acusaron de delitos relativos a la prostitución y a la trata de seres humanos y salí condenado aquella misma mañana. La fiscal pidió veintisiete años de cárcel, que al final quedaron reducidos sólo a tres. ¡Qué barato me salió todo aquello! ¡Qué poco pagué por cada una de las víctimas que esclavicé y engañé! Aquel día, como tantos otros, se aplicó la ley, pero en ningún caso se hizo justicia.

La fiscal pidió ingreso inmediato en prisión provisional hasta sentencia firme para ambos, pero la juez, a quien yo conocía de haber presentado a varias mujeres para que denunciaran, no vio riesgo de fuga y, a pesar de la condena, nos permitió regresar a casa.

Desde ese día hasta que ingresamos Ramón y yo, pasaron tres años. Primero elevamos el caso al Supremo, luego esperamos el tiempo de confirmación de la sentencia, después nuestros abogados solicitaron el indulto y así durante tres años, hasta que la sentencia adquirió firmeza y hubo que ejecutarla. La justicia en España es lenta... Y cuando la justicia es lenta, no es justicia.

En aquellos años, antes de entrar en prisión, seguí trabajando en los clubes para colaborar desde dentro con la policía, mientras llevaba una vida familiar normal y feliz junto a mi mujer y nuestro hijo mayor. Precisamente, durante esta prórroga de libertad nació nuestro segundo hijo, al que también le di todas las atenciones posibles.

En los clubes cuidaba de las mujeres. A las que llevaban un poco de tiempo con nosotros les perdonaba la deuda, las aconsejaba y escuchaba; estaba pendiente de ellas.

Mis socios no sabían qué hacer conmigo. Estoy seguro de que en más de una ocasión quisieron liquidarme, pero como no eran conscientes ni de los chivatazos ni de la información que yo pasaba a la policía debieron de pensar que esas pocas deudas perdonadas no importaban mucho si ellas se quedaban trabajando en los clubes y se las explotaba de otra forma. Además, como habíamos ganado tantos millones de euros, no les merecía la pena arriesgarse a buscar gente de fuera del ambiente para que me matara, ni tampoco que, tras mi muerte, empezara una nueva guerra entre sus hombres y los míos.

Cuando recibí el oficio de la Audiencia Provincial de Ciudad Real requiriéndome el ingreso en prisión, en mayo de 2006, el Chepa me llamó a una reunión en el club. Allí, en el pequeño despacho, muy serio y solemne, me ofreció un millón de euros en metálico para que huyera a Colombia con Michel y los niños, además de prometerme que nos haría llegar otro millón a través del Negro James. Este gesto, viniendo del Chepa, era insólito. Sin duda, el mayor acto de amistad y generosidad que él se permitiría en toda su vida, porque este hombre de palabra con el dinero era como el del pato Donald y disfrutaba más incluso contando su efectivo que gastándolo. Pero no acepté su oferta. Quise apechugar con la condena impuesta para poder empezar después una nueva vida con mi familia.

Si viviera mi compadre, mi mentor, le diría que le hice caso en todo menos una cosa, quizá en la más importante, en lo de «paso corto»... Yo corrí tanto y me fui tan lejos que nunca antes pude detenerme a contemplar el paisaje.

Ahora era consciente de que durante tres años me perdería muchas cosas: estar con mi mujer, ver cómo crecían mis hijos..., pero era lo que tenía que hacer si quería liberarme yo y liberarlos a ellos.

El pequeño se quedó dormido en el sofá el día en el que yo tenía que ingresar en prisión. Su madre fue a levantarlo para llevarlo a la cama, pero le pedí que me dejara a mí.

—Flaca, ya lo hago yo. Cuando lo vuelva a ver, habrá crecido tanto que ya no podré hacerlo.

A mi hijo mayor su madre le contó que yo me tenía que ir a pescar ballenas. Le habló de un enorme barco que navegaba por el mundo, del mar, de los cetáceos y de mí y le aseguró que pronto volvería con ellos. Muchas tardes, después de mi partida, el niño, al llegar del colegio, se sentaba en una silla en la entrada de la casa y miraba al horizonte esperando verme llegar...

Ramón y yo nos presentamos en taxi el día del citatorio para el ingreso en el centro penitenciario de Herrera de La Mancha en Manzanares (Ciudad Real).

Antes de ingresar en prisión nos metieron a los dos juntos en una pequeña celda de admisión. Ramón se sorprendió. Él había visto fotos de la cárcel y pensaba que el lugar donde nos encerrarían era en unos pequeños chalés con jardín que había a la entrada, pero aquellas casitas eran las viviendas de los funcionarios... La cárcel era otra cosa.

Los primeros meses fueron muy duros. En la misma prisión cumplían condena varios de los proxenetas rumanos que yo mismo había denunciado, así que el patio se convirtió en un espacio peligroso para mí. Pero yo sabía manejarme entre los malos y conseguí ganarme un lugar y un respeto en las regaderas con la violencia. Como no tenía miedo a la muerte, siempre salía victorioso de las peleas. Y siempre estaba dispuesto para ellas. En los primeros días, cuando me acorralaban dos o tres rumanos en las regaderas, en lugar de amilanarme los provocaba e insultaba.

—Vamos, venga, nenazas... Os arranco la cabeza y juego al fútbol con ella.

Era tan insolente y chulesca mi actitud, teniendo en cuenta su superioridad numérica, que los dejaba bloqueados durante unos instantes que yo aprovechaba para empezar la pelea por el final, tal y como me había enseñado mi hermana.

En prisión la vida era oscura y monótona, pero comparada con los orfanatos era un colegio de paga. Cuando ya conocías las normas y te hacías respetar por el resto de los internos, lo único que necesitabas era paciencia para esperar que los días y las noches se sucediesen.

Un día, estando en la cola del café, el director de la prisión me sacó de la fila, me apartó a un lado del comedor y me dijo que hablara con mis amigos policías de la UCRIF para que dejaran de llamarlo para contarle una y otra vez lo bueno que yo era, lo mucho que había colaborado con ellos y cuánto los había ayudado a la hora de desarticular varias redes de trata... Yo nunca dije a los policías que llamaran, pero saber que lo hacían por propia iniciativa me alegró el día.

A los pocos meses de estar allí dentro me dieron el puesto de «Pecunias y valores». Era un destino dentro de la cárcel que nadie quería, por la presión a la que te sometían tanto los internos como los funcionarios. Era el encargado de registrar lo que los familiares llevaban cuando iban a visitar a los presos y quien debía rechazar la mercancía que no podía entrar. Hacerlo me costaba la enemistad con algunos, pero aprendí a negociar con ellos poco a poco para no tener que dar nunca un parte a los funcionarios.

Este puesto me daba la posibilidad de recorrer todos los patios de la prisión con mi carretilla para entregar los paquetes a los presos y así fue como, en otro patio distinto al mío, me encontré con don Antonio, el banquero.

—Don Antonio, «presos, somos presos» —le dije la primera vez que nos volvimos a ver, sonriendo irónicamente.

Hacía lo que todos, reírme de nada, procurar sobrevivir y, sobre todo, distraerme para que esos días interminables fueran algo más cortos. Pero los días en los que repasaba mi vida me parecían eternos.

En la cárcel tienes tanto tiempo para pensar que los recuerdos se te agolpan en la memoria. Tumbado sobre aquella litera, entre esas cuatro paredes, revivía distintas situaciones de mi pasado y me preguntaba una y otra vez si había valido la pena caminar por donde lo había hecho. Si aquella noche de fin de año de 1980 no hubiera accedido a la suplencia de mi compañero en el club, ¿qué habría sido de mi vida?

No me arrepentía de lo vivido, pero sí de cómo lo había vivido. Del daño a las mujeres, de distintas decisiones muy duras y drásticas que tuve que tomar, de confiar en mis socios pensando que éramos iguales... Me detuve un momento en ellos. No es que fueran peores que yo. En absoluto. Pero éramos diferentes. Yo era más frío, más calculador, incluso más sicario, si cabe, con los que se lo merecían, pero quizá más amigo de mis amigos e incondicional con mi gente.

Durante los primeros meses, Michel venía a verme una vez por semana, y el día que lo hacía, para mí, volvía a salir el sol, incluso dentro de aquellos pequeños muros; pero cuando se marchaba me quedaba hecho polvo y no podía parar de llorar.

También venía el Chepa algún que otro sábado. Y siempre le ofrecía a Michel recoger a mis hijos para que lo acompañaran y pasaran un rato conmigo, pero yo me negué a que ellos me vieran en la cárcel.

El Dandy, que no venía nunca, se presentó un día y no paró de decirme tonterías y de hacerme reproches. Así que lo eché y lo advertí de que no quería volver a verlo nunca por allí.

Y poco más... A excepción de esa lentitud de los días, terrible pero llevadera, que se convertía en un puro tormento por las noches, cuando me resultaba imposible no recordar los rostros de todas las mujeres, sus nombres, los de sus hijos y todo lo que ellas vivieron en la trastienda de los clubes cuando se apagaban los neones de colores y la luz de la mañana iluminaba ese mundo miserable. Recordaba a muchas de ellas, llorando como niñas, mientras imploraban cincuenta euros que necesitaban mandar a su país para que ese día comieran sus hijos. Y también recordaba habérselos negado después de sus diez pases de esa noche, que suponían seiscientos euros de beneficio para nosotros... Entre las imágenes que me atormentaban cada noche, aparecían las de mujeres al borde de la muerte por sobredosis de esas drogas o ese alcohol con el que trataban de soportar su suplicio. También *veía*, casi con nitidez, a esas mujeres alegres y maravillosas a las que todo aquello les quitó las ganas de vivir y las empujó hacia la muerte, como a Lucía, cuando se cortó las venas intentando liberarse, como a la propia Basy, que se mataba un poco cada día, ventilándose botellas enteras de whisky, y había terminado sus días discapacitada. No se me iba de la cabeza el dolor y la desesperación de sus rostros o la transformación de sus miradas de niña, llenas de ilusión y esperanza, en miradas vacías, huecas, sin expresión. Tampoco las sonrisas a su llegada que el tiempo transformaba en puras muecas... Todo por haberse encontrado en la vida con gente como yo, capaz de motivarlas, engañarlas, manipularlas y dominarlas, aprovechando su vulnerabilidad, su pobreza, su mala suerte... Nunca sospeché que yo sería tratante ni proxeneta. E imaginaba que las víctimas de trata jamás creyeron que un día serían prostitutas esclavas.

En aquellas noches interminables en la celda también recordaba los propios clubes. Y, de pronto, me sentía como nuestras mujeres cuando se apagaban las luces: un deshecho de la sociedad. Notaba que yo mismo me iba apagando poco a poco en mi cautiverio, como ellas lo hacían en el suyo. Me pesaba ese silencio idéntico que tantas veces se apoderaba del club sin que yo le prestara atención y que siempre sorprendía a los representantes y los repartidores.

«¿Es que las mujeres duermen fuera del club?»

Claro que dormían en el club. Dormían repletas de cadenas invisibles que las ataban a todos nosotros. A sus captores, a los proxenetas, a los clientes, a cuantos dependían de ellas... Unas cadenas que ahora, en el silencio de la noche carcelaria, en la cama de mi celda, se apoderaban de mi conciencia y me empujaban a continuar con mi denuncia.

En septiembre de 2008 recibí por fin la condicional y, aunque tenía que regresar a la cárcel todos los días, ya mi vida era otra. Nada más obtenerla, me salté todas las normas y advertencias y me marché a Tarragona para hablar con el Dandy, que no daba crédito cuando me vio llegar. Me bastaron treinta minutos para decirle que lo abandonaba todo, que me alejaba del mundo de la prostitución y de la trata, para advertirlo de que iba a denunciar todo el entramado de la organización a la policía y para informarlo de que, si a partir de ese día empezaban a sufrir redadas e inspecciones, el culpable sería yo.

17 DE JUNIO DE 2017

Hace años que me retiré, que abandoné por voluntad propia el mundo del ambiente, pero lamentablemente nada ha cambiado, o muy poco. Los que fueron mis socios siguen trabajando, sólo yo pagué con la cárcel los delitos de trata cometidos por los tres. Mi relación actual con ellos es de respeto en el caso del Chepa y nula con el Dandy.

Los grandes burdeles en España siguen estando en las mismas manos que entonces. Las personas con las que el Chepa, el Dandy y yo comenzamos el negocio de la trata hace ya tantos años, esos veinte o veinticinco hombres sin escrúpulos, siguen siendo los amos del negocio actual y nunca han estado en prisión. Tan sólo han pagado por ellos, con pequeñas penas de cárcel, algunos testaferros. Ellos viven en mansiones que son fortalezas, alejadas de todo, que se construyen para sentirse seguros y que nadie vaya a molestarlos. Además de ellos, los jóvenes que se formaron con nosotros dirigen en la actualidad los clubes más pequeños. Son personas que se curtieron en nuestros locales durante esos veinte años de trabajo que iniciamos siendo perros salvajes... Ellos, nuestros pupilos, la nueva generación de proxenetas, son auténticos lobos que, con toda seguridad, tomarán el relevo de los grandes negocios en un futuro próximo. Estos «empresarios» en ciernes no conocen otro modelo de prostitución más que el de ahora, es decir, el de la trata. Pero lo conocen bien porque llevan toda la vida en el ambiente. Y están mucho más preparados que nosotros. Nadie de fuera sería capaz de valorar este negocio, ni tampoco sabría cómo ocuparse de él, cómo llevarlo, cómo captar y extorsionar a las víctimas...; sin embargo, ellos sí saben cómo hacerlo. Y están dispuestos a todo porque conocen su rentabilidad. Tienen estudios, educación..., pero carecen de escrúpulos. Como nosotros. O incluso más que nosotros. Estos lobos, que durante la crisis en nuestro país abrieron clubes en países europeos como Bélgica y Holanda, donde la prostitución es legal, serán el relevo de todos mis exsocios al frente de la prostitución y de la trata en España. Y no parece que alguien vaya a frenarlos.

Los vicios son el termómetro de la economía de un país, por esta razón, durante los años de la crisis en España, los grandes burdeles pasaron de tener noventa mujeres a tener cincuenta como máximo. En los tiempos más duros, incluso, en los clubes más exitosos se llegaba a tapiar con una pared de tablarroca parte del salón para que no se viera tan vacío.

Pero la crisis ya es agua pasada. Ahora, de nuevo empieza a haber más dinero para los vicios y los clubes empiezan a estar otra vez a pleno rendimiento. Algunos de los que se cerraron han reabierto sus puertas y todo vuelve a ser como antes. Salvo una novedad: la captación de víctimas de trata de nacionalidad española ya ha dado comienzo.

Cada día se captan más y más españolas para ejercer la prostitución, tanto en España como en burdeles europeos. Estas, al igual que las rumanas, pasan más desapercibidas de cara a un control policial, precisamente por ser ciudadanas europeas. Apenas se les hacen preguntas, ni suele investigarse su situación. Se da por hecho que, al ser europeas, son putas por propia voluntad y no existe la coacción.

Así que España ya no es tan sólo el primer país de Europa de tránsito y destino de víctimas de trata, sino que, poco a poco, se está convirtiendo también en un país de captación de mujeres.

Si antes de la implantación de la trata en España los chochales estaban llenos de españolas, ahora los clubes y las casas vuelven a llenarse de «producto nacional», algo que no sucedía desde hacía muchos años, en los que era imposible encontrarlas en la prostitución. La policía española lo sabe porque en las redadas cada vez encuentran más jóvenes de aquí, sólo que ellos ven a las prostitutas y yo veo a las víctimas de trata, aún más difíciles de detectar, porque al ser españolas tendrán la documentación en regla. Además, tras la crisis, estas se han convertido en una mercancía barata y muy solicitada por los clientes, que siguen llenando los locales desde los dieciocho años... Así que la batalla parece perdida. Y también la guerra.

También las colombianas han vuelto tras la exención de ese visado para la entrada en Europa de 2001. Y nuevamente están siendo captadas en su país, donde no parecen haber aprendido nada sobre las víctimas de la trata. Y, cómo no, siguen siendo explotadas mujeres rumanas, nigerianas, paraguayas, búlgaras y, ahora, también chinas.

Dicen que en España nunca existió la mafia, pero ¿qué éramos nosotros? ¿Qué son nuestros sucesores? ¿Acaso no existen la violencia, la trata y la esclavitud? ¿Y acaso esto no es crimen organizado?

Lo es, crimen organizado, y bien organizado por los tratantes. Tanto como para que no se los vea, no se los descubra y casi nunca se hable de ellos. De nosotros... Me incluyo porque sé que me corresponde una parte y no me quiero liberar de ella. Soy consciente del daño que hice. Y sé que ni con tres vidas me alcanzaría para poder pagarlo.

Tal vez por eso la vida no me dio nada de lo que soñaba y por eso cometí tantos errores. Y quizá fuera el motivo de que tuviera que comprarlo todo, incluso el amor.

Hace muchos años, la última vez que fui a visitar a mi madre a Barcelona, me sorprendió mucho cuando, en un momento de la conversación, me aseguró que, a pesar de la muerte de mi hermana, tan joven, y de mi encarcelamiento, la vida le había dado mucho más de lo que esperaba. La miré con ternura durante unos minutos mientras ella sonreía. Luego encendí un cigarrillo y sonreí yo también.

—Me alegro mucho, mamá —le dije.

EPÍLOGO

La historia que terminan de leer no es otra más sobre la trata, es la historia de la trata contada por un exproxeneta, un extratante de personas, condenado en sentencia firme y ejecutada, lo que le otorga ya credibilidad a su relato con rigores de ley.

«Soy un proxeneta...» Con estas breves pero impactantes palabras se presentaba, desde el otro lado del teléfono, Miguel, alias *el Músico*.

«Soy un proxeneta y me llamo Miguel.» Para darme seguridad, Miguel me dijo que teníamos un buen amigo común, José Nieto Barroso, inspector jefe de la UCRIF, que fue precisamente quien le había proporcionado mi número directo... Nieto fue la palabra clave, porque es un buen amigo, además de un policía honrado, comprometido y especialista en trata de seres humanos.

Al principio me contactó tímidamente, hasta que dejó claras sus intenciones: quería contar la verdad y quitarle a la prostitución, a la explotación sexual, ese aire de glamur, libertad, dinero y fiesta. Contar con todo lujo de detalles lo que se esconde de verdad detrás de las luces de neón que vemos y normalizamos cuando pasamos por la carretera delante de un puticlub. Su prioridad, la de Miguel, como también la mía, es intentar que ninguna mujer más sea sometida a las vejaciones de la trata.

La trata y la prostitución van de la mano, y son consecuencia de la vulnerabilidad de las mujeres sin apenas herramientas, sin recursos y también de la desigualdad de género. En cientos de ocasiones, para hablar de ambas cosas se hace únicamente tomando como referencia a las mujeres; que si «pobrecitas», que si «alguna sabía a lo que venía», que si es «un oficio digno» y «como otro cualquiera». Y, desde luego, siempre con el acento puesto en el morbo de sus cuerpos desnudos y no en la desnudez de sus derechos. También, lamentablemente, se habla siempre de los perfiles de las mujeres encasillándolas, poniéndoles etiquetas y, en la mayoría de los casos, revictimizándolas aún más. Todo esto contado en tercera persona, además, porque son muy pocas las ocasiones que podemos escucharlas a ellas, a las propias víctimas, debido al miedo, al estigma, al silencio como lugar de supervivencia, y porque son víctimas también de la exclusión social y legal. Por el contrario, nunca hablamos de perfiles de los varones puteros, cómplices de este delito, a los que llamamos «clientes», como tampoco se habla de los proxenetas explotadores, a los que incluso se les llama «empresarios de clubes de alterne» y no por su nombre, «delincuentes». Por esto era muy importante este libro, para poner voz a ese silencio y contar la verdad de lo que hay detrás de este gravísimo delito y negocio multimillonario.

Y así, el Músico y yo comenzamos a hablar, y poco a poco me fue introduciendo en su historia. De esas largas conversaciones surge su testimonio, el que aparece en las páginas de este libro que yo cuento en primera persona, y al que añado pinceladas de realidad producto de la investigación que he realizado estos últimos doce años, trabajando y documentándome contra la trata con fines de explotación sexual, tanto en los países de explotación como en los países de origen de muchas de las víctimas; asimismo, colaborando con policía, fiscalía y distintas asociaciones que trabajan para erradicar este delito, además de entrevistar a muchas mujeres y niñas víctimas de trata para la explotación sexual que con tanta valentía y generosidad compartieron conmigo su viaje al horror.

Miguel, el Músico, fue uno de los primeros tratantes que vio claro el gran negocio que suponía captar directamente a las mujeres en sus países de origen, para después, ya convertidas en una propiedad, y deshumanizadas a través de amenazas y coacciones, venderlas y alquilarlas en múltiples ocasiones.

«Nadie decide un día ser puta, simplemente te dan caza personas como yo. No hay más.»

Si la prostitución profesionalizada por sí sola dejaba mucho dinero, en la trata el beneficio era y es... ¡infinito! Su radiografía del negocio de la prostitución como lo que es en realidad —trata de seres humanos, comercio de esclavas sexuales— es tremendamente reveladora.

Gran parte de la historia que cuenta Miguel yo la había escuchado antes en las declaraciones de las víctimas, también la había escuchado de las distintas asociaciones que trabajan en contra de la trata, y por parte de la policía y de la fiscalía, pero nunca antes un proxeneta, un delincuente condenado y sentenciado, dueño de múltiples negocios, lo había admitido y corroborado.

Lo lamentable es que muchos de estos negocios que en su día regentaba el Músico con sus socios, en la actualidad siguen funcionando a pleno rendimiento, y no sólo eso, sino que han aprendido y siguen tres pasos por delante de la ley. Así, hoy en día ya no envían a las mujeres directamente a los grandes burdeles, sino que primero son aleccionadas durante un par de meses en viviendas particulares, casas de citas y chalés privados, lejos del control de la policía especializada, que, por supuesto, también aprendió a identificar a las víctimas. Una vez que están aleccionadas van apareciendo indocumentadas por los clubes, donde de nuevo se las asesora para conseguir sus anhelados papeles.

Los exsocios de Miguel y los antiguos asociados están abriendo estas casas de citas, donde resulta muy difícil localizar a las mujeres, tanto por parte de la policía como de las distintas ONG. Es aquí, en primer lugar, donde está llegando la nueva remesa de colombianas después de tantos años, así como la de paraguayas, que siguen siendo captadas y explotadas por los proxenetas españoles y también, directamente, por sus propias familias, y es aquí donde se las pone a *patinar*.

También en los últimos tiempos proliferan en nuestro país chicos muy jóvenes y transexuales llegados desde Venezuela con la falsa promesa de que en el mundo de la prostitución encontrarán la salida a sus dificultades y la obtención de dinero fácil. Esta trata sexual no es reciente, pero ahora será cada vez más ruidosa porque el número de víctimas es cada vez mayor y también porque los hombres tienen que ser explotados más rápidamente y su tiempo de «vida útil» es más corto que el de las mujeres.

Resulta muy difícil luchar contra un fenómeno criminal como la trata de seres humanos con fines de explotación sexual en un país en el que conviven con impunidad los carteles de neón anunciando los cientos de puticlubes esparcidos a lo largo y ancho de nuestro territorio, donde todos los días nos encontramos propaganda de mujeres semidesnudas en los parabrisas de nuestros coches, donde aún hay periódicos de gran tirada que publican anuncios de mujeres que ofrecen sexo a cambio de dinero, mujeres que, en su inmensa mayoría, prestan servicios por cuenta de un tercero a quien enriquecen —observen la coincidencia de los números de teléfono de muchos de ellos—... En definitiva, en un país donde no está perseguido penalmente el proxenetismo en todas sus formas. ¿Cómo se lo explicamos a nuestros hijos?

¿De verdad una sociedad democrática y libre puede garantizar de forma certera la dignidad y el respeto a los derechos humanos de las mujeres tolerando las formas más comunes de proxenetismo?

MABEL LOZANO

AGRADECIMIENTOS

A Miguel, por abrir tu caja de pandora y compartir conmigo con tanta sinceridad y generosidad tu vida, tu dolor, tu angustia y tu deseo de que un mundo sin esclavitud es posible.

Desde hace años, mi querida amiga Marta Robles me animaba a que escribiera un libro sobre trata de mujeres. Marta —literalmente— me llevó de la mano a conocer a Gregori Dolz, director de la magnífica editorial Alrevés. He tenido la inmensa fortuna de hacer esta travesía en la mejor compañía de este gran equipo, como Roger Clanchet, y el mayor lujo, contar con mi amiga Marta como editora de este libro.

A José Nieto Barroso, inspector jefe de la UCRIF central, que hizo de cupido entre Miguel y yo. Pepe ha sido cómplice de esta historia desde el primer día, además de sufrir mis múltiples llamadas de consulta de datos, fechas, nombres...

Parte de mi conocimiento sobre este delito se lo debo a la asociación APRAMP (Asociación para la Prevención, Reinserción y Atención a la Mujer Prostituida), con la que tengo la fortuna de colaborar y poder admirar el magnífico trabajo que realizan protegiendo los derechos de las víctimas y ofreciéndoles atención integral.

A Flor de Torres (fiscal delegada de Violencia de Género de Andalucía), cómplice e inspiradora, siempre cerca apoyando, ofreciendo su mano tendida en ayuda de las mujeres «desnudas de derechos».

A Joaquín Sánchez Covisa (fiscal de sala coordinador de Extranjería), uno de los profesionales que más saben de trata, uno de los hombres más comprometidos en la lucha contra este delito.

A Beatriz Sánchez Álvarez (fiscal adscrita a la Unidad de Extranjería de la Fiscalía General del Estado), por compartir tantas horas hablando sobre la trata y sus posibles soluciones para erradicarla.

A Eduardo, por tu apoyo incondicional, también por respetar mi ilusión por escribir este libro.

A mis hijos, para que no sean tibios de corazón.

Con este código QR podrá ver un avance del documental hecho con base en este libro por Mabel Lozano.